D

D1994221

Katechetische Bibliothek Fulda

M-00000458

Michéle Neuland (Hrsg.)

Schüler wollen lernen

Lebendiges Lernen mit der Neuland-Moderation

Neuland – Verlag für lebendiges Lernen
Eichenzell

Für Alena, meine Tochter,
die ihren Weg
durch ein hoffentlich verändertes Schulsystem
mit Freude gehen kann.

Abgegeben
Fulda 1.A. g.P.
09.10.18

Katechetisch-pädagogische Bibliothek
Bistum Fulda

CIP-Titelaufnahme der Deutschen Bibliothek

Neuland, Michéle (Hrsg.):
„Schüler wollen lernen“ - Lebendiges Lernen mit der Neuland-Moderation / Michéle Neuland. - Eichenzell: Neuland - Verlag für lebendiges Lernen, 1995
ISBN 3-931403-04-1

Das Werk einschließlich aller seiner Teile ist urheberrechtlich geschützt. Jede Verwertung ist ohne Zustimmung des Verlags unzulässig. Das gilt insbesondere für Vervielfältigung, Übersetzungen, Mikroverfilmungen und die Einspeicherung und Verarbeitung in elektronischen Systemen.
Copyright © 1995 Neuland - Verlag für lebendiges Lernen, Eichenzell
Umschlaggestaltung: Studio Bittner, Fulda
Satz: Simone Höhl, Marketingabteilung Neuland
Druck und Bindung: Fuldaer Verlagsanstalt
Printed in Germany

Vorwort

„Schüler wollen lernen!“ Hinter diesem Ausspruch steht eine zentrale Aussage. Schüler sind motiviert und willens zu lernen. Oft anzutreffende Äußerungen und Problemstellungen der Lehrer gehen schon fast vom Gegenteil aus. Zumindest Einschränkungen würden sie machen wollen, wie „Ja einige Schüler schon, der Rest aber nicht“ oder „Das kann man so pauschal nicht stehen lassen – das bedarf schon der ein oder anderen Einschränkung“.

Aber gerade das finden wir nicht. Einschränkungen zu diesem „Glaubensgrundsatz“ vornehmen zu wollen, würde den Beruf als Lehrer ad absurdum führen. Jemandem etwas gegen seinen eigenen Willen lehren zu wollen ist ein schwieriges und fast nicht durchführbares Vorhaben. Die Sinnhaftigkeit eines solchen Tuns ist geradezu in Frage gestellt.

Motivationsprobleme bei Schülern und Lehrern sind hauptsächlich auf die teilweise noch immer anzutreffende Lehrform des Frontalunterrichts zurückzuführen. Neben den Bemühungen, Projektunterricht durchzuführen und damit das entdeckende Lernen zu fördern, ist kaum mehr in der traditionellen Schulform zu finden. Die reformpädagogischen Ansätze verharren in Nischen und fühlen sich in solchen auch wohl.

Eine unserer bedeutendsten Ausbildungsstätten – „die Schule“ – leistet sich ein didaktisches Konzept, das erwiesener Maßen längst überaltet und ineffektiv ist. Der langfristige Lerntransfer und die Motivation der Lernenden (und Lehrenden) ist mit einer Kombination aus verschiedenen didaktischen Konzepten, die nicht alle aus dem System Schule stammen, wesentlich erfolgreicher.

In der betrieblichen Aus- und Weiterbildung ist die Innovationsfreude wesentlich größer. Anleihen aus der humanistischen Lernpsychologie, dem gruppendynamischen Ansatz und Managementtechniken haben die Personalentwicklung bereichert. Nun ist es an der Zeit, diese Erkenntnisse in das System Schule zu integrieren.

Die Moderationsmethode ist eine der erfolgreichsten Methoden der Arbeit in und mit Gruppen. Sie gehört zum Standard in der betrieblichen Aus- und Weiterbildung. Jeder Schüler wird früher oder später mit dieser Methode konfrontiert. Die Moderation ist in der Praxis entwickelt worden mit Anleihen verschiedener didaktischer und humanpsychologischer Methoden. Sie ist über den eigens entwickelten Horizont hinausgewachsen und liefert gerade heute Ansätze zu einem eigenen Führungsverhalten und ausgeprägter Philosophie.

Humanismus, Eigenverantwortung und Selbstbestimmtheit sind drei zentrale Begriffe, die die Philosophie und damit das Führungsverhalten beeinflußt haben. Entscheidend für die Anwendung der Moderationsmethode im System Schule ist die veränderte Lehrerrolle. Zentralgedanke ist die Eigenverantwortlichkeit des Lernenden. Ihn soweit zu begleiten (nicht zu führen), daß er selbstreflektiert und selbstständig lernt und arbeitet. Dies beinhaltet, daß der Lernende als selbstständige und vor allem wissende Person angesehen wird.

Die Rolle des Moderators (Lehrers) ist nicht die eines Wissens- sowie Prozessinhabers. Er versteht sich als Dienstleister des Lernenden. Er holt den Lernenden dort ab wo er steht! Begleitet ihn durch den Lernprozess indem er ihm Möglichkeiten der Vorgehensweise anbietet ohne dabei den Lernprozeß selbst festzuschreiben.

Die Offenheit und die Selbstständigkeit des Lernenden ist wohl das am höchsten einzuschätzende Lernziel und gerade das sollte im Interesse des Lehrenden sein. Jeder Stoff, sollte er noch so komplex sein, ist dann von Lernenden zu bewältigen. Die Ansprache verschiedener Aufnahme-„Kanäle" erhöht zusätzlich den Lernerfolg. Die grundsätzlich visuelle Unterstützung der Lernprozesse ist eine Art Markenzeichen der Methode. Zusätzliche Ansprachen auditiver Kanäle gekoppelt mit visuellen und haptischen Reizen helfen den langfristigen Lerntransfer zu sichern. Die ganzheitliche Ansprache des Lernenden steht hier als zentrale Forderung. Die Umsetzbarkeit dieses Anspruches ist nicht am Optimum zu messen, sondern am Erreichbaren - und genau dort liegen erste Ansätze.

Die Ausschließlichkeit einzelner Methoden verhelfen diesen meist nicht zum Erfolg. Die Zeit für die Anwendung der Moderationsmethode in der Schule ist da, aber eben nicht als ausschließliche Methode. Der große Vorteil der Moderation ist ihre universelle Anwendbarkeit und die Möglichkeit der Verknüpfung mit einer Vielzahl anderer Methoden. Und genau da liegt ihre Chance im Lernprozess. Die Moderationsmethode ist offen und nicht dogmatisch!

Michéle Neuland

Lebendiges Lernen – Auf dem Weg zu einer neuen Lernkultur

Prof. Dr. Rolf Arnold, Universität Kaiserslautern, Fachgebiet Pädagogik

Der Begriff des lebendigen Lernens selbst ist bereits Programm. Mit ihm wird eine Lernpraxis bezeichnet, die sich von den toten und mechanistischen Formen einer frontalunterrichtlichen Wissens-Mast grundlegend unterscheidet. „Lebendiges Lernen" folgt den Entwicklungsgesetzen der Natur. Deren Grundthema ist es, durch Selbstorganisation und Aktivität ständig neue Stufen von Komplexität und Umweltanpassung aus sich heraus hervorzubringen, d.h. zu lernen. Für die Konzeption des lebendigen Lernens ist es grundlegend, daß sie den Beteiligten eine ähnliche Kreativität, ein ähnliches Aktivitäts- und Erkenntnisstreben zugesteht und nach den Voraussetzungen fragt, unter denen sich diese humane Tendenz verwirklichen kann. Die Konzeption des lebendigen Lernens greift demnach zurück auf die ursprüngliche Lebendigkeit und Lernbegierigkeit, wie sie uns beim Säugling und bei kleinen Kindern immer wieder begegnet, und sie fragt nach den Bedingungen, die aus diesen lebendig lernenden Wesen passive, wissenskonsumierende und unselbständige Schüler hat werden lassen.

Erst in den letzten Jahren wird den Lerntheoretikern bewußt, daß sie die Lern- und Motivationsschwierigkeiten, für deren Überwindung sie neue Strategien zu entwickeln suchen, auch der schulpolitischen Anwendung ihrer eigenen Ansätze zu verdanken haben. So paradox es klingen mag, die tote Lernkultur an den Bildungseinrichtungen unserer Gesellschaft ist auch Ergebnis und Ausdruck einer Sicht vom lernenden Menschen, die diesen lediglich als zu motivierendes, zu belehrendes, zu beaufsichtigendes und zu prüfendes Wesen zu konzipieren in der Lage war. Lernen degeneriert dabei zur Fremdorganisation, und bei den Lernenden reift dabei die Einsicht, daß es auf ihre Aktivität nicht ankommt. Die Konzeption des lebendigen Lernens weiß um diese Paradoxie, sie weiß, daß Didaktik, Pädagogik und Lehrerhandeln allzu häufig auch das selbst erzeugten, was sie sodann mit umso raffinierten Konzepten zu bekämpfen trachten.

Für eine Ermöglichungsdidaktik

Die vorherrschenden Konzepte der Didaktik entspringen fast ausnahmslos einem mechanistischen Weltbild. Besonders im Zuge der sog. realistischen Wendung „von der Pädagogik zur Erziehungswissenschaft“ war die Didaktik bemüht, nach dem Vorbild der Natur- und Ingenieurwissenschaften Gesetzeswissen zu liefern, welches den Lehrer in die Lage versetzen sollte, sein Unterrichtshandeln durch die Anwendung dieses Wissens zu effektivieren. Vorbild war dabei der Ingenieur. Wie dieser Gebäude berechnet, Straßen baut und Brücken konstruiert, so sollte auch der Lehrer in die Lage versetzt werden, Unterricht lernzielorientiert zu planen bzw. zu „konstruieren“, Medien lernförderlich einzusetzen und z.B. Test in einer Weise anzuwenden, daß „objektive“ Leistungsbeurteilungen möglich wurden. Auch die antiquierten Konzepte der curricularen Didaktik (Achtenhagen u.a.) entspringen letztlich einem solchen technokratischen Ideal der Machbarkeit und lassen sich nicht davon abhalten, unter Lehrer/innen weiterhin die Illusion zu schüren, Lernprozesse seien durch Planung nahezu vollständig beherrschbar.

Was dabei übersehen wird ist, daß es in Lernprozessen schließlich – ganz anders als beim Ingenieur – das Subjekt selbst ist, welches letztlich darüber entscheidet, ob Lernangebote angenommen, Lehrbemühungen „greifen“ und neue Wissenselemente nachhaltig angeeignet werden können. Obgleich die Reformpädagogik bereits in den 20er Jahren unseres Jahrhunderts dafür sensibilisiert hatte, daß letztlich die Aneignungsleistung des Lernenden der entscheidende Faktor für den Erfolg von Unterricht sei, waren Pädagogik, Lehrerbildung und Unterricht lange Zeit darum bemüht, es den Natur- und Ingenieurwissenschaften gleich zu tun und Bildung, Unterrichtserfolg oder was auch immer zu „erzeugen“. Die eigentliche Professionalisierungsdimension blieb lange Zeit verschüttet, nämlich die Einsicht, daß Lehrer die Aneignungsprozesse von Subjekten letztlich nur „ermöglichen“, produktiv anregen und begleiten können, ohne jedoch die vorherrschende didaktische Perspektive übersah, daß die eigentliche Erfolgsvoraussetzung im einzelnen Schüler und nicht in den Lehr-Interventionen liegt, wurde versäumt, eine wirklich realistische und „funktionierende“ Didaktik für ein nachhaltiges Lernen der Subjekte zu entwickeln.

Denken vom Schüler her: Lernen statt Lehre

Notwendig ist eine subjektorientierte Wende in der Didaktik, die nicht von den Lehr-Interventionen des Lehrenden, sondern von den Lern- bzw. Aneignungsleistungen des Subjekts her entwickelt wird. Erste Grundlinie eines solchen subjektorientierten, d.h. vom Subjekt her entwickelten Verständnisses vom Lernen, hat kürzlich Klaus Holzkamp skizziert. Eine solche subjektorientierte Lerntheorie hat radikal zu brechen mit den behavioristischen und unterrichtstechnologischen Konzepten einer Erziehungsdidaktik, die letztlich auf einer Trivialisierung des Subjekts basieren. Lernen wird nämlich in dieser Konzeption als ein von äußeren Anregungen her abhängiger Prozeß der Wissens- und Fähigkeitserweiterung konzipiert und nicht als ein von den subjektiven Erfahrungen, Lernstrategien und

Interessen entscheidend abhängiger Prozeß der Wissens-Aneignung.

Weil die lehrerorientierte Didaktik letztlich den Lehrer-Blick in sich aufgenommen hat, abstrahiert sie von dieser Vielfalt und Eigendynamik der subjektiven Aneignungsprozesse und gelangt schließlich zu den verbreiteten Konzepten von Unterrichtsvorbereitung und Unterrichtsplanung, denen eines gemeinsam ist: Es handelt sich bei ihnen um Konzepte eines Lernens im Gleichschritt, d.h. alle Lernenden haben sich den zentralistischen Planungen von Lehrplan und Lehrer zu „beugen".

Beschreitet man den subjektorientierten Pfad von einer lehr- zu einer lerntheoretischen Didaktikperspektive weiter, so gelangt man zu einer völlig anderen didaktischen Konzeption des Lehrerhandelns. Lehrende stellen sich als Professionals dar, die kaum noch (nur) „lehren". Sie haben sich vielmehr von alten Dominanzansprüchen gelöst und eine sehr viel schwierigere Professionalität entwickelt, die sie in die Lage versetzt, die Lernpotentiale der lernenden Individuen zu erkennen, diese durch geeignete Lernarrangements zu fördern und durch wohldosierte Interventionen anzuregen und zu begleiten. Die Didaktik, die in einer solchermaßen veränderten Professionalität ihren Ausdruck findet, läßt sich als Ermöglichungsdidaktik bzw. als subjektwissenschaftliche Didaktik bezeichnen. Ihr liegt ein anderes Paradigma von Lernen zugrunde, welches sich nicht mehr um die Begriffe „Lehren", „Vermittlung" und „Führung" rankt, sondern von den zentralen Begriffen „Lernen", „Aneignung" und „Selbsttätigkeit" ausgeht (vgl. Jank/Meyer 1991, S. 265). In einer sehr deutlichen Form hat Carl Rogers diesen Gedanken bereits ausgedrückt, indem er feststellte:

„Je mehr ich gegenüber den Realitäten in mir und dem anderen offen bin, desto weniger verfalle ich dem Wunsch herbeizustürzen und „die Dinge in Ordnung zu bringen". Während ich versuche, mir und den Erfahrungsvorgängen, die sich in mir ereignen, zuzuhören, und je mehr ich versuche die gleiche zuhörende Einstellung auf einen anderen Menschen auszudehnen, desto mehr Respekt empfinde ich vor den komplexen Prozessen des Lebens. So werde ich immer weniger dazu neigen, hinzueilen, um Dinge in Ordnung zu bringen, Ziele zu setzen, Menschen zu formen, sie in eine Richtung zu manipulieren und zu schieben, in die ich sie haben möchte. (...). Ich weiß wohl, daß dieser Standpunkt fremd, beinahe orientalisch anmuten muß. Wozu denn das Leben, wenn wir nicht vorhaben, etwas aus den Menschen zu machen? (...). Wozu das Leben, wenn wir nicht vorhaben ihnen Dinge beizubringen, die sie unserer Meinung nach lernen sollen?“ (Rogers 1979, S. 37).

Schülermethoden und Methodenkompetenz

Der Erfolg lebendigen Lernens, welches nicht das Lehrerhandeln, sondern die Wissensaneignung des Lernenden in den Mittelpunkt stellt, ist in entscheidendem Maße davon abhängig, ob es dem Lernenden in seiner Bildungsbiographie gelingen kann, sich die Methoden anzueignen, die für die selbstständige Erschließung, Systematisierung und Aneignung von Wissen notwendig ist. Es ist deshalb in der Didaktik und in der Lehrerbildung gleichermaßen notwendig, nicht nur die methodischen Kompetenzen der Lehrer zu fördern, sondern – gewissermaßen von einer Metaperspektive her – kontinuierlich zu fragen, wie ein Unterricht „beschaffen“ sein müßte, in dem die Schüler ihre methodischen Kompetenzen entwickeln können. Die Perspektive ist demnach eine grundlegend andere: Nicht die noch so systematisch geplante und durch den „Einsatz“ unterschiedlicher Methoden einigermaßen unterhaltsam gestaltete Unterrichtsstunde kann als Modell eines in diesem Sinne erfolgreichen Unterrichts angesehen werden, entscheidend ist vielmehr, ob ein Unterricht selbsständiges Schülerhandeln zuläßt und die methodische Kompetenz und Souveränität der Schüler selbst fördert.

Grundlegend für ein solches „vom Schüler her“ entwickeltes Methodenkonzept (vgl. Klippert 1994) sind drei

Gesichtspunkte:

- Wir benötigen in der Didaktik und in der Lehrerfortbildung eine Sensibilität dafür, daß Lehren nicht per se etwas Gutes, zu Begrüßendes und zu Intensivierendes ist, sondern daß Lehren auch als „Lernbehinderung“ (vgl. Holzkamp 1993) wirken kann. Denn: Der Lehrer, der die didaktische Landkarte alleine geplant, die Lernschnellwege und -abkürzungen wohl abgesteckt hat, verhindert schließlich auch ungewollt, daß die Schüler lernen, ihre eigenen Wege zu gehen bzw. eigene Wege zu entdecken.

- Wir benötigen ein operatives Denken in der Didaktik, d.h. Unterricht muß stärker in möglichen Schülerhandlungen statt in Inhaltsblöcken gedacht werden. Daraus ergibt sich die Notwendigkeit, nicht – wie derzeit üblich – Lehramtsanwärter darin zu trainieren, eine „Blaupause“ für das zu erwartende Unterrichtsgeschehen zu schreiben. Lehrer sollen vielmehr nach der Mind-Maping-Technik zu arbeiten lernen, d.h. der Lehrer realisiert seine Unterrichtsplanung in der Form, daß er die Struktur des Lerngegenstandes für sich klärt, diese als Hintergrundstruktur für den gemeinsamen Lernprozeß „mitbringt“, gleichzeitig aber auch – wo es nur eben geht – darauf verzichtet, die Strukturen des Gegenstandes selbst zu erhellen; er hat sich vielmehr systematisch Gedanken darüber gemacht, welche Aspekte des Lerngegenstandes von den Schülern in welcher Form selbst erarbeitet werden können und läßt entsprechende Schülermethoden zu.

- Die didaktische bzw. fachdidaktische Diskussion über Unterrichtsmethoden muß radikal umorientiert werden. Unterrichtsmethoden stellen sich derzeit ausschließlich das als Lehrermethoden; erst in Ansätzen lassen sich Bemühungen feststellen, den Methodenaspekt des Unterrichts handlungsorientiert umzuschreiben, d.h. nicht mehr nach Lehrer- sondern nach Schülermethoden zu suchen.

Wandel der Lernkultur: Vom toten zum lebendigen Lernen

	Totes Lernen	Lebendiges Lernen
Paradigma	Mechanistisches Bild des Lernens	Systembild des Lernens
Grundsichtweise von Lernprozessen	· lineare Prozesse · schwache Wechselwirkungen zwischen Lehrenden und Lernenden (sowie zwischen den Lernenden) · programmierte Handlungsweisen · Evolution durch Fremdorganisation	· nicht-lineare Prozesse · starke Wechselwirkungen zwischen Lehrenden und Lernenden (sowie zwischen den Lernenden) · situativ-flexible Handlungsweisen · Evolution durch Selbstorganisation
Didaktische Folgerungen	Erzeugungsdidaktik = Stellvertretende Erschließung von Bildungsgehalten über Lehrermethoden, Planungsdenken: Unterricht = Realisierung von geplanten Lehrschritten	Ermöglichungsdidaktik = Selbsterschließung von Bildungsgehalten über Schülermethoden, Operatives Denken: Unterricht = Realisierung von Schüler-Lernprojekten
Professionalität des „Lehrers", Pädagogen	Förderung von · Lehren · Vermitteln · Führen	Förderung von · Lernen · Aneignung · Selbsttätigkeit
Vorrangiges Ziel	Vermittlung geforderten Wissens	Entwicklung von Methoden- und Selbsterschließungskompetenz

Lernarrangement: Die notwendige Relativierung des Fachinhalts

Bildungstheorie, Didaktik und Schulen waren bis weit in unsere Tage hinein auf die Inhaltsfrage fixiert. Wenn man an Schule dachte, dachte man an Lehrpläne und an die Auswahl und Legitimation dessen, was Schüler lernen sollen und auch heute noch sind Lehrer, Schüler und Eltern kontaminiert von einem materialen Bildungsdenken, welches das Lernen gleichsetzt mit einer Wissensmast. Je vollständiger Schüler mit Wissen angefüllt sind, desto mehr haben sie gelernt – so die verbreitete Sichtweise. Und je besser es dem Lehrer gelingt, alle vom Lehrplan geforderten Inhalte zu „behandeln", desto besser kommt er – nach herrschender Auffassung – seiner Aufgabe nach.

Paolo Freire, der lateinamerikanische Volkspädagoge, hat diese mechanistisch-manipulative Erziehung als „Bankiers-Erziehung“ entlarvt. In ihr werden – wie er sagt – wie Schüler „zu Containern gemacht“ (...), zu Behältern, die vom Lehrer gefüllt werden müssen (Freire 1973, S. 57f). Deutlich kritisiert Paolo Freire und mit ihm alle Protagonisten einer lebendigen, humanistischen Lernkultur, wie z.B. Erich Fromm, Carl Rogers, Ruth Cohn u.a., die verbreitete tote, nekrophile Lernkultur, in der lediglich die Intervention des Lehrers zur Entwicklung des Schülers führen „darf“ und der Unterricht weitgehend fremdorganisiert verläuft. Der Lehrer ist in diesem Konzept des toten Lernens die entscheidende Person, er ist der Unterrichtsmethodiker, er ist der „Experte“ für die Motivation der Schüler, und er ist der „Spezialist“ für die Visualisierung und den Medieneinsatz.

Schüler haben dabei nur die Aufgabe, der „methodischen Treppe“ (Freinet), die der Lehrer gebaut hat, zu folgen. Es bleibt kaum Raum für subjektive Kreativität, Suchbewegungen, Spiel, Verweilen, Vertiefungen und Abwege sowie Umwege. Diesem Erzeugungs- und Beherrschungsdenken liegt letztlich eine materiale Bildungstheorie zugrunde, die von der fragwürdigen Überlegung ausgeht, daß die Präsentation von Informationen (durch den Lehrer) automatisch zum Lernen führt; und man trifft auch die Steigerung dieser zwar verbreiteten, aber völlig abwegigen Einschätzung an: Die Präsentation von noch mehr Information führte zu noch mehr Lernen (Arnold 1993, S. 35). Dieses inhaltsfixierte Lernen ist Ausdruck einer toten Lernkultur, in der es nicht (mehr) um die Subjekte, sondern um die „Erledigung“ von Inhalten geht. Horst Rumpf schreibt dazu:

„Die Gegenstände, um die es geht, werden nur flüchtig berührt; das Lernen und Lehren spielt sich an den Menschen ab, sie sind nicht wirklich dabei. Die Befassung hat scheinhafte unwirkliche Züge. Eine große Erledigungsmaschinerie sind die Bildungsbetriebe. Durchgenommen wird vielerlei aber passiert einmal irgendetwas Ernstbaftes? Wirkliches Nachdenken? Eine wirkliche Bewegung? Schicksallos, körperlos, ohne Ernst, ohne Präsenz, ohne wirkliches Angerührtsein ist das Schullernen" (Rumpf 1986, S. 46).

Seit einigen Jahren zeichnet sich jedoch auf den Arbeitsmärkten und in vielen Bereichen unserer Gesellschaft ein Trend ab, der das lehrplan- und inhaltsfixierte Denken in der Gesellschaft deutlich in Frage stellt. Zwar wird es auch in Zukunft nach wie vor wichtig sein, allgemeinbildende Kenntnisse und ausreichendes berufliches Grundlagenwissen zu erwerben, doch wird es nicht mehr darauf ankommen, die letzten fachlichen Details oder eine tiefgehende fachliche Spezialisierung zu erwerben. Denn gerade solche Detail- und Spezialisierungskenntnisse können immer leichter von Computern abgerufen werden, und auch die Lösung komplizierter, beruflicher Probleme oder fachlicher Bearbeitung werden – häufig bereits zunehmend von automatischen Steuerungssystemen übernommen, während der Mensch immer stärker aus dem unmittelbaren Arbeitsprozeß heraustritt und planerische, vorbereitende, überwachende und korrigierende Funktion übernimmt.

Dies bedeutet, daß sich der Inhalt der Fachtätigkeit und damit der Inhalt des Fachlichen und der fachlichen Anforderungen in unserer Gesellschaft grundlegend wandelt. Um die heute geforderten Tätigkeiten ausführen zu können, müssen immer stärker andere als nur fachliche Kompetenzen erworben werden. Schulisches Lernen und moderne Berufsbildung müssen deshalb in immer stärkerem Maße neben einer (nach wie vor wichtigen) Fachkompetenz auch eine Methoden- und Sozialkompetenz entwickeln (helfen). Sie müssen der Tatsache Rechnung tragen, daß methodische und soziale Fähigkeiten heute bereits mehr und mehr fachlich notwendig sind. Und sie müssen schließlich ein didaktisch-methodisches Konzept entwickeln, das der Tatsache Rechnung trägt, daß man auf dem unsicheren und sich rasch wandelnden „Terrain" einer fachlichen Spezialisierung alleine heute keine lebenslang ausreichende Kompetenz mehr entwickeln kann.

Vielmehr muß der Wandel selbst in die Qualifizierung mit aufgenommen werden – dies ist das Leitbild einer neuen Allgemeinbildung: Menschen müssen wandlungsbereit und wandlungsfähig bleiben, sie müssen selbstschärfende Qualifikationen erwerben, und methodische sowie soziale Kompetenzen sind hierfür andauernde Voraussetzungen als die Verfügung über rasch veralterndes, fachliches Spezialwissen.

Pädagogische Gelassenheit

Wie bereits angedeutet, geht das lebendige Lernen mit einer anderen Form des Lehrerhandelns einher. Der Lehrer ist nicht mehr länger der technokratische Planer, Curriculateur und Didaktisierer des Lernprozesses der Lernenden, er plant vielmehr offener und verfügt über grundlegende persönliche und fachliche Voraussetzungen, um aus der konkreten Unterrichtssituation heraus den Lernprozeß anzuregen, produktiv zu unterstützen und ergebnisorientiert fördern zu können. Eine solche pädagogische Professionalität hat wenig gemeinsam mit den überlieferten Konzepten einer technokratischen Didaktik bzw. einer Erzeugungsdidaktik, die den Beruf des Pädagogen nach dem Vorbild eines Ingenieurs zu entwickeln trachtete.

Pädagogische Professionalität im Sinne einer Ermöglichungsdidaktik ist demgegenüber durch eine systemische Kompetenz gekennzeichnet, die der Tatsache der Selbstorganisation und der nur sehr begrenzten „Beherrschbarkeit“ evolutionärer Lernprozesse Rechnung trägt. Eine ermöglichungsdidaktische Professionalität basiert letztlich auf der realistischen Einschätzung, daß Lernprozesse nicht wie triviale Maschinen „gesteuert“ werden können, sondern vielmehr wie komplexe Systeme funktionieren, die auch durch noch so großartig konzipierte didaktische Interventionen allein nicht gestaltet und gelenkt werden können.

Komplexe Lehr-Lern-Systeme sind vielmehr bis zu einem gewissen Grad zukunftsoffen, unberechenbar und folgen einer eigenen – internen Entwicklungslogik. Für die Förderung, Anregung und Begleitung solcher selbstorganisierten Lernprozesse ist deshalb auch eine völlig andere didaktische Gestaltungs- und Lenkungsphilosophie erforderlich, die nicht auf das System einwirkt, sondern mit dem System, d.h. mit den Interessen, Erfahrungen und Fragen der Subjekte arbeitet. Frederic Vester spricht in diesem Zusammenhang von dem „Jiu-Jitsu-Prinzip", dem die Absicht zugrundeliegt, die Selbstorganisationskräfte des Systems nicht mit Gegenkräften in eine bestimmte Richtung zu zwingen, sondern vielmehr die Systemkräfte selbst für sich zu nutzen (Vester 1988, S. 82). Auf die Pädagogik und Didaktik gewendet, läßt sich aus solchen Überlegungen die Notwendigkeit einer neuen evolutionären Professionalität fordern. Es kommt nicht allein darauf an, den Unterrichtsprozeß nach einem zuvor geplanten Modell zu realisieren, viel entscheidender ist vielmehr die Fähigkeit, den Unterrichtsprozeß auf der Basis der in der konkreten Unterrichtssituation lebendigen Systemkräfte steuern und produktiv ausrichten zu können. In diesem Sinne hat der professionelle Pädagoge die Voraussetzungen dafür zu schaffen, daß die Lernenden sich selbst organisieren, d.h. lebendig neues Wissen erschließen und ihre Verhaltensmöglichkeiten erweitern können. Er schafft somit die Bedingungen für die Selbstorganisation der Lernenden, indem er Selbsttätigkeit und selbständige Wissenserschließung ermöglicht.

Grundlegende Voraussetzung für ein solches systemisches Handeln ist eine produktive Gelassenheit, denn der pädagogisch Gelassene hat sich von dem Ehrgeiz gelöst, Unterrichtssituationen unmittelbar im Sinne eigener Vorstellungen zu entwickeln und zu verändern. Er nimmt vielmehr in einer hochkonzentrierten Form die komplexen Zusammenhänge als das wahr, was sie sind, ohne sich jedoch als zuständige Instanz und schöpferischer Aktor aufzugeben. Sein Handeln ist weder übereilt noch unentschlossen, er wartet vielmehr für Interventionen den geeigneten Zeitpunkt ab, orientiert sich mit diesen an der Eigendynamik des Systems und beschränkt sich auf ein rechtes Maß des Tuns.

Schüler- bzw. Erschließungsmethoden

Lebendiges Lernen ist ein von Schüleraktivitäten getragener und deshalb nur begrenzt planbarer, zukunftsoffener Prozeß. Hieraus ergibt sich jedoch nicht, daß Lehrerinnen und Lehrer vollständig auf die Vorbereitung sowie die Planung und die Steuerung des Lerngeschehens verzichten sollten. Notwendig ist nicht die Aufgabe von Unterrichtsplanung und pädagogischer Intervention, gefordert sind vielmehr andere Formen. Von entscheidender Bedeutung sind in diesem Zusammenhang zunächst drei Aspekte: Die Abkehr von der linearen Unterrichtsvorbereitung, der Verzicht auf weitgehende Lernzielpräzisierung und die systematische Ermöglichung von Schülerselbsttätigkeit. Daneben gewinnen Aktologische Methoden sowie Selbsterschließungsmethoden eine wesentliche Rolle.

Learn-Mapping statt linearer Planung

Die Abkehr von der linearen Unterrichtsvorbereitung bedeutet auch in gewisser Weise die Abkehr von den herkömmlichen Stufungsverfahren im Unterricht. Ohne im einzelnen hier auf den Mythos von der Schülermotivation einzugehen, gibt es viele Gründe dafür, von aufwendig vorbereiteten Motivations- und Einstiegsphasen Abschied zu nehmen und auf dem Ritual zu insistieren, daß die Problemfrage „vom Schüler kommt" bzw. kommen muß. Es gibt vielmehr keine motivationspsychologischen oder didaktischen Gründe, die es „verbieten", im Unterrichtsprozeß sogleich „zur Sache" zu kommen. In diesem Sinne kann der „informierende Unterrichtseinstieg" (Grell/Grell) als notwendiger Bestandteil eines die Motivation, Selbstorganisationsfähigkeit und Selbsttätigkeit der Schüler ernstzunehmenden Unterrichtshandelns angesehen werden.

Nicht die lineare Stufung des Unterrichts steht bei der Vorbereitung lebendigen Lernens im Vordergrund, sondern die auf didaktische Reduktion gerichtete Sachanalyse. Der Lehrer oder die Lehrerin bereiten ihren Unterrichtsstoff dabei zunächst – wie in vielen herkömmlichen Unterrichtsplanungen auch strukturell auf, d.h. sie fragen nach der Struktur des Gegenstandes und versuchen, die Aspekte zunächst für sich zu klären, die für ein Verständnis des Stoffes von zentraler Bedeutung sind. Dabei spielen die bereits von Klaffki unterschiedenen Fragen nach dem Bildungsgehalt eines Inhalts (z.B. Zukunftsbedeutsamkeit oder Gegenwartsbedeutsamkeit usw.) eine zentrale Rolle. Entscheidend ist jedoch, daß der Lehrer oder die Lehrerin bei ihrer Unterrichtsvorbereitung den didaktisch reduzierten Stoff nunmehr nicht sogleich in eine lineare Struktur bringt, sondern zunächst eine didaktische „Mind-Map" bzw. „Learn-Map" erstellen. Die Learn-Map präsentiert die zum Stoff notwendig dazugehörenden Aspekte in ihrer vernetzten Struktur und ermöglicht es der Lehrerin gleichzeitig, sich einige zentrale Impulse, wie z.B. Erschließungsfragen oder Selbsttätigkeits-Aufgabenstellungen, zu notieren.

In welcher Form im konkreten Unterrichtsprozeß die einzelnen Strukturelemente des Gegenstandes dann aber tatsächlich angesprochen, aufgegriffen oder vertieft werden, überläßt der auf lebendiges Lernen setzende Lehrer jedoch der Situation, d.h. den kaum wirklich antizipierbaren Interessen, Fragestellungen und Selbsterschließungsvorhaben, die die Schüler und Schülerinnen im Unterricht artikulieren.

Verzicht auf weitgehende Lernzielpräsisierung

Im Unterschied zu dem lernzielorientierten Unterricht, der auf eine weitgehende Vordefinition und Operationalisierung der Lernziele setzt, kennt das lebendige Lernen nur Groblernziele. Unter pragmatischen Gesichtspunkten bietet es sich an, pro Unterrichtsstunde lediglich ein bis maximal drei solcher Groblernziele zu formulieren, damit man – wie Robert Mager mit seiner Seepferdchen-Geschichte zeigte – nicht „dort landet, wo man gar nicht hin möchte“ (nämlich im Rachen des Haifisches).

Versteht man das Unterrichtsgeschehen als einen systemisch und evolutionär sich entwickelnden Prozeß, so ist es notwendig, auf eine Zielpräzision weitgehend zu verzichten. Denn ein solcher lebendiger Lernprozeß entwickelt sich nach internen und komplex strukturierten Wirkungszusammenhängen, ganz so wie dies auch beim Schachspiel der Fall ist: Ähnlich wie der Schachspieler das „Grob-Ziel“ verfolgt, seinen Gegner matt zu setzen, und deshalb den Prozeß nicht völlig ziellos sich entwickeln läßt, ist auch der Lernprozeß pauschal auf ein Ziel ausgerichtet, ohne jedoch die einzelnen Zwischenziele und Zwischenschritte exakt vorweg definieren zu können. Zwar hat man in Zeiten der Lernziel-Euphorie (Ende der 60iger und 70iger Jahre) auf eine weitgehende Operationalisierung auf Einzelebene gesetzt, und so mancher (insbesondere benoteter) Unterricht war dadurch gekennzeichnet, daß er im 5-Minuten-Rhythmus mit starker Hand von Lernziel zu Lernziel geführt wurde, doch hat man in den letzten Jahren in immer stärkerem Maße eingesehen, daß ein solches Vorgehen auf einer recht trivialen Vorstellung vom Unterrichtsgeschehen basiert. Man hat erkannt, daß bei einer engen Lernzielorientierung eigentlich nur eines herauskommen kann: Ein Denken und Lernen in vorgefertigten Leitplanken.

Ein solches Vorgehen ist aber ähnlich unrealistisch, wie ein Schachspiel, bei dem die Spieler bereits zu Beginn des Spieles anstreben, daß bei der schließlich zu erreichenden Mattsetzung des Gegners dessen König auf E 7, der Läufer auf A 5 und die Dame auf C 6 zu stehen habe.

Subsidiäre Führung

Ein weiterer zentraler Gesichtspunkt der Planung lebendigen Unterrichtes ist die subsidiäre Führung. Der Begriff „Subsidiarität“ kommt letztlich aus der Politik bzw. der Politikwissenschaft und kennzeichnet die Eigenart unseres Gemeinwesens, daß der Staat nur in den Bereichen regelnd und eigene Strukturen bzw. Institutionen schaffend eingreift, in denen die gesellschaftlichen Kräfte keine eigenen Vorkehrungen getroffen haben (z.B. kirchliches Krankenhaus oder Kindergarten). In ähnlicher Weise müssen Lehrer und Lehrerinnen, die lebendige Lernprozesse entstehen lassen wollen, subsidiär verfahren, d.h. sich systematisch Gedanken darüber machen, welche der für den Unterrichtsprozeß notwendigen Schritte, Impulse, Problematisierungen von den Schülern und Schülerinnen selbst entwickelt werden können und welche der dann noch verbleibenden Aspekte sie selbst durch informierende Unterrichtseinstiege, ergänzende oder strukturierende Impulse „liefern“ müssen.

Eine subsidiär orientierte Unterrichtsplanung läuft schließlich auf eine andere Lehrerrolle hinaus, in der der Lehrer in sehr viel stärkerem Maße für das Vorher und Nachher des Unterrichtes zuständig ist; er muß sozusagen die Vorkehrungen für selbsttätiges Lernen schaffen, dieses Lernen selbst beratend und Wege aufzeigend fördern sowie als Ressource-Person begleiten. Dabei wird keinesfalls ein Unterrichtsprozeß angestrebt, in dem frontalunterrichtliche Impulse oder der Lehrervortrag keine Rolle mehr spielen. Es bleibt vielmehr gerade und unter pragmatischen Gesichtspunkten nach wie vor notwendig, alle die Aspekte durch zentrale Informationsvorgabe zu vermitteln, deren selbsttätiges Aufdecken durch Schüleraktivitäten wenig sinnvoll wäre.

Die Bedeutung aktologischer Methoden

Lebendiges Lernen ist auf Schülermethoden angewiesen. Damit ist zweierlei gemeint: zum einen kommt es darauf an, daß der Lehrer nicht nur monologische und dialogische Methoden in seinem Unterricht verwendet, wie dies in ca. 90 von 100 aller Unterrichtssituationen der Fall ist.

Es kommt vielmehr darauf an, im stärkeren Maße Methoden einzusetzen, die die Schüler zur Selbsttätigkeit animieren und selbstorganisiertes Lernen zulassen. Solche Methoden, in denen die Schüleraktivität im Vordergrund steht, nenne ich aktologische Methoden. Wenn man von „Schülermethoden“ redet, so soll allerdings damit auch betont werden, daß es für lebendiges Lernen nicht nur darauf ankommt, daß der Lehrer die richtigen Methoden einsetzt, sondern es gleichermaßen auch darauf ankommt, daß der Schüler über Methoden verfügt. Es spricht sogar einiges dafür, daß lebendiges, von den Schüleraktivitären getragenes Lernen überhaupt nur möglich ist, wenn auch die Schüler „über Methoden verfügen“, d.h. zuvor die Methoden selbstorganisierten Arbeitens systematisch gelernt haben.

Bei diesen Schülermethoden handelt es sich zum einen um ähnliche Methoden, wie sie auf Gymnasien und an Hochschulen teilweise in den Veranstaltungen „Einführung in das wissenschaftliche Arbeiten“ vermittelt werden. In diesem Sinne entstammen auch die allermeisten der von Heinz Klippert zusammengestellten „Übungsbausteine für den Unterricht“ einer solchen basalen Einführung in das wissenschaftliche Arbeiten, wie z.B.: „Methoden der Informationsbeschaffung und -erfassung (darunter z.B. „Texte markieren und unterstreichen“, „Informationen zusammenfassen“, „Arbeiten mit Nachschlagewerken“, „Streifzug durch die Bibliothek“ etc.), „Methoden der Informationsverarbeitung und -aufbereitung“ (darunter z.B. „Beiträge im Heft gestalten“, „Visualisierung im Klassenraum“ etc.) und „Methoden der Arbeits-, Zeit- und Lernplanung“ (darunter z.B.: „Auswendiglernen mit System“, „Gedächtnislandkarten erstellen“ ...). Eine systematische Förderung solcher Arbeitstechniken kann als ein wesentlicher Beitrag zur Entwicklung der Methodenkompetenz von Schülerinnen und Schülern angesehen werden. Und lebendige Lernprozesse setzen in gewisser Weise zumindest in Ansätzen bereits das Vorhandensein entsprechender Methoden auf Schülerseite voraus.

Gleichwohl ist es fraglich, ob man für die Herausbildung einer entsprechenden Methodenkompetenz ein eigenes Fach „Methoden-Training“ i.S. eines Crashkurses zur Entwicklung solch formaler Schlüsselqualifikationen vorsehen sollte. Es spricht vielmehr sehr viel dafür, daß eine lebendigere Gestaltung von Unterricht zunächst auch dadurch gekennzeichnet ist, daß das Unterrichtsgeschehen bewußt so didaktisiert wird, daß die Schüler sich nicht nur einen Inhalt weitgehend selbst erarbeiten können, sondern sich dabei gleichzeitig auch einige – und im Zeitablauf immer mehr – der notwendigen Arbeitstechniken aneignen. Methodenkompetenz umfaßt jedoch, heute mehr als die Beherrschung basaler Techniken der Erschließung von Informationen, des Umgangs mit Informationen und der Voraussetzung für eine entwickeltere Form lebendigen Lernens, ist vielmehr auch eine Kommunikations- und Lernkompetenz im weitesten Sinne. Schüler müssen mit Kommunikationstechniken, d.h. mit Formen der Gestaltung und Ordnung von Kommunikationsabläufen in Gruppen vertraut gemacht werden. Sie müssen das Zustandekommen von Kommunikationsschwierigkeiten verstehen lernen und entsprechende Formen einer vernünftigen Gestaltung von Kommunikationsabläufen beherrschen lernen. Eine zentrale Voraussetzung ist dafür die transparente Gestaltung von Kommunikations-, Denk- und Lernprozessen.

In den letzten Jahren hat in diesem Zusammenhang die sog. Moderationsmethode in der betrieblichen Weiterbildung und in der Erwachsenenbildung eine große Bedeutung erfahren. Zwar stellt sich diese Methode bei genauerem Hinsehen als weniger spektakulär dar, als sie sich auf den ersten Blick präsentiert, da es in der Methodenpraxis der Pädigogik viele ähnliche Vorläufermodelle bereits gibt, doch kann visualisierte Kommunikation in Gruppen, wie sie die Kärtchen-Methode ermöglicht, als ein wesentlicher Bestandteil der erfolgreichen Moderation von Gruppenarbeit angesehen werden.

In diesem Sinne verfolgt eine systematische Entwicklung von Schülermethoden auch das Ziel, den Schülern eine umfassende

Moderationskompetenz zu vermitteln, d.h. sie in die Lage zu versetzen, arbeitsteiliges und kooperatives Arbeiten in Gruppen zu moderieren, d.h. zu koordinieren, zu kanalisieren und produktiv auf die Erreichung eines gemeinsames Zieles hin auszurichten. Konkret gesprochen, gehören dazu zunächst bestimmte Fähigkeiten der Organisation von Gruppenarbeit. Schülerinnen und Schüler müssen lernen, daß in Arbeitsgruppen ein Moderator notwendig ist, daß man sich über das Prozedere verständigen muß und daß man Verantwortlichkeiten für die Protokollierung bzw. die Dokumentation der Ergebnisse regeln muß, um das Gruppenergebnis zu sichern.

Wenn die Schüler im sicheren Besitz solcher Selbsterschließungsmethoden sind, können aktologische Methoden eigentlich erst sinnvoll greifen. In diesem Sinne basiert das durch aktologische bzw. schüleraktivierende methodengekennzeichnete lebendige Lernen auf den Schülermethoden.

Methoden eines lebendiges Unterrichts, wie sie neuerdings im Kontext der Diskussion um die Handlungsorientierung des Unterrichts diskutiert und realisiert werden, sind nicht spektakulär, ihre Realisierung im Unterricht ist es gleichwohl.

So wissen wir aus der Unterrichtsforschung, daß ca. 80 Prozent des Unterrichts in frontalunterrichtlicher, d.h. vom Lehrer gelenkter und dominierter Form abläuft, wobei ca. 50 Prozent eines gelenkten Gespräches (fragenentwickelnde Unterrichtsmethode) realisiert werden. Die im Zusammenhang mit dem Projektunterricht, dem offenen Lernen, der Reformpädagogik und neueren betrieblichen Ausbildungsansätzen realisierten Methoden, wie z. B. Planspiele, Erkundungen, Exkursionen, Streitgespräche, Bearbeitung von Aufgaben in Gruppen, Arbeit mit Texten, Nachschlagewerken usw., Arbeit mit Foto, Film und Video, Bauen von Modellen, Instrumenten, Programmen usw. kommen in der Schulrealität nur vereinzelt vor.

Aus diesem Grunde ist es notwendig, Lehrerinnen und Lehrer in viel stärkerem Maß zur Verwendung aktologischer

Methoden zu qualifizieren. Gleichzeitig müssen sie in die Lage versetzt werden, sukzessive die Methodenkompetenz ihrer Schüler zu entwickeln, weil nur die mehr oder weniger sichere Beherrschung dieser Selbsterschließungsmethoden es zulassen, daß sich lebendiges Lernen letztlich zu einem dauerhaften, sich selbst tragenden Lernprozeß in den Schulen entwickeln kann.

A aktologische Methoden	- Projekte - Planspiel - Problemlösungsmethoden - Rollenspiele - Fallmethode - Erkundung - Exkursion - „Freiarbeit"		- Arbeit mit Selbstlernmaterialien - Bearbeiten von Arbeitsaufträgen - Gestaltung von Modellen - Lernfragenstrukturierte Gruppenarbeit - etc.		A aktologische Methoden ↓
↑ B Selbsterschließungsmethoden	Lernen lernen	Informationsbeschaffung	Informationsbearbeitung	Kommunikation und Kooperation	B Selbsterschließungsmethoden
	· Systematisches Auswendig lernen · Gedächtnislandkarten erstellen · Vorbereitung auf Prüfungen · Lernzeitplanung	· Systematisches Lesen · Texte markieren · Informationen zusammen- · Arbeit mit Nachschlagewerken · Arbeit in Bibliotheken	· Strukturalalyse · Fragetechniken · Visualisieren · Vortragstechnik · Referatgestaltung	· Problemlösungsprozesse organisieren · visuelle Kommunikation (Moderation) · Kommunikationstechniken	

Zur Abbildung Schülermethoden
Hinweis: Im Teil B teilweise in Anlehnung an Klippert, H.: Methodentraining. Weinheim/Basel 1994. Darüber hinaus vgl.: Meyer, H.: Didaktische Landkarte 4 In: ders. Unterrichts-Methoden II: Praxisband. Frankfurt 1987; Wolf L.P: Berufszielfindung und Studienstrategie. Anregungen zum Studium und Selbststudium für Studenten, Schüler, Berufs-

wechsler. Köln 1983; Neuberger, O.: Miteinander arbeiten – miteinander reden! Vom Gespräch in unserer Arbeitswelt. Bayer. Staatsministerium für Arbeit und Sozialordnung. München 1981

Mehr Selbstorganisation in Bildungspolitik und Lehrerbildung
Für die Gestaltung und Entwicklung der Lernkulturen der Zukunft ist es notwendig, daß wir den Systemen der Natur ihre Tricks und Funktionsmechanismen „abschauen". Dort zeigt sich immer wieder eindrucksvoll, daß isolierte Eingriffe in komplexe Systeme, die nicht ihrer Vernetztheit und Eigendynamik Rechnung tragen, kurz: ihre Lebendigkeit übersehen, sehr häufig kontraproduktive Wirkungen zeigen. Dies gilt auch für die Bildungspolitik. So fördern z.B. detailliertere und elaboriertere Lehrpläne und Vorgaben nicht unbedingt das Unterrichtsgeschehen, sie verengen auch Selbstorganisation und ersticken die „eigenen Kräfte". Im Umgang mit komplexen natürlichen und sozialen Sytemen mußten wir Bescheidenheit lernen und erkennen, daß auch die besten Reform- und Regelungsabsichten zu schlimmen Folgen führen können. Lebendige Systeme sind nämlich bis zu einem gewissen Grade autonom, d.h. sie regulieren sich selbst. Dies gilt auch für die Schule und für die pädagogischen Interaktionssysteme.

Deregulierungsoffenisve

Eine Bildungspolitik, die den Anspruch verfolgt, die Vorraussetzungen und Strukturen für lebendiges Lernen zu schaffen, kann nur glaubwürdig sein, wenn sie selbst den logischen Prinzipien der Selbstorganisation folgt. Hierfür ist es hilfreich, den Einsichten der neueren Managementtheorien zu folgen, die sich schon längst von der Illusion verabschiedet haben, komplexe Systeme (Betriebe, Organisationen) seien zentral steuer und entwickelbar. In der systemisch-evolutionären Managementtheorie hat man vielmehr begonnen zu begreifen, daß lebendige und entwicklungsfähige Organisationen eine andere Führungsphilosophie erfordern: Es kommt darauf an, mit den

Systemkräften selbst zu arbeiten, deren Dynamik zu fördern und das Vertrauen der Beteiligten in ihre eigenen Kräfte systematisch zu fördern. Gleichzeitig beginnt man auch in der Praxis zu berücksichtigen, daß Führung mehr ist als die „Bekleidung" einer hierarchischen Position. Führung ist vielmehr Entwicklung von Teams, Realisierung von Visionen und Konzeptionen sowie Sicherung von Akzeptanz, Engagement und Vertrauen.

Ist es völlig abwegig, darüber nachzudenken, ob folgende – in einigen Betrieben bereits realisierte – Regelung nicht auch bei der Besetzung hierarchischer Positionen im Bildungswesen „greifen" könnte. Auf Führungspositionen wird man zwar „von oben" berufen, über die dauerhafte Besetzung entscheidet jedoch – nach zwei bis drei Jahren – das Kollegium, und es wird dabei dann um die Frage des Vertrauens und der Akzeptanz gehen, d.h. darum, ob die Führungskraft als Impulsgeber sowie Förderer und Entwickler der Kooperations- und Lernkultur erlebt wurde oder nicht? Denn was kann schließlich eine Führungskraft noch bewegen, die keine Akzeptanz und kein Vertrauen (mehr) genießt?

Die Schule der Selbsttätigkeit

Plädoyers für eine andere Lernkultur, für lebendigere und nachhaltigere Formen des Lehrens und Lernens hat es in unserem Jahrhundert schon zahlreiche gegeben – mit geringem Erfolg, so hat man zumindest den Eindruck, wenn man sich die Lehr- und Lernpraxis in unseren Schulen heute ansieht. Mittlerweile hat sich auch die Presse des Themas angenommen: „Nie wieder Schule!" – so proklamierte der Focus am 24. Januar 1994 auf dem Titelblatt, und einige Monate später widmete sich auch der Spiegel in seiner Titelgeschichte dem Thema. Hier einige Kostproben:

„Die deutsche Schule steckt in einer Krise: Eine immer gewalttätigere Umwelt, aufgeheizt durch rechtsextremistische

Parolen und wachsenden Fremdenhaß hat die überkommenen Erziehungsmethoden obsolet gemacht. (...). Eltern werfen öffentlichen Lehranstalten vor, ihr Unterricht spiegele nur den allgemeinen Wirrwarr einer durch Arbeitslosigkeit und Sinnkrise verunsicherten Gesellschaft, statt die Talente ihres Nachwuchses zu entfalten. (...) Längst hält die Schulpädagogik mit dem rapiden Zuwachs des Wissens nicht mehr Schritt. (...) Gedrillte Befehlsempfänger werden es künftig schwerer haben, sich in der hochtechnisierten und komplizierten Gesellschaft zurechtzufinden, als Kinder, die gelernt haben zu entscheiden. Die internationale Wissenschaftler-Vereinigung Club of Rome verlangte bereits 1979 eine „intellektuelle Revolution", um die Zukunft zu meistern, und warf den Schulen die „Vergeudung menschlichen Lernpotentials" vor. (...) Nicht der fachbesessene Einzelkämpfer und Klassenprimus ist gefragt, sondern der vielseitige Teamarbeiter. (...) Doch die verstaubte Lehrerausbildung in der Bundesrepublik bringt vor allem fachorientierte Wissenschaftler hervor, zu Erziehern werden die Studenten selbst nicht erzogen."
– soweit der Spiegel (Fit für die Zukunft 1994, S. 41 ff).

Ist es radikal, wenn man in Anbetracht dieser Situation zu der Auffassung gelangt, daß es so wie bisher nicht weitergehen kann und daß die Änderungen, die anstehen, weit über das Maß der oftmals bloß kosmetischen Korrekturen der Vergangenheit hinausgehen? Und ist es vermessen zu fragen, ob sich der gigantische Aufwand an Vorgaben, Planungen und Kontrollen, der das Lernen in unsern Schulen „regelt", wirklich lohnt, zumal dieser Aufwand damit einhergeht, daß wir uns Schule nur noch als „Behörde", als staatlich reglementierten Raum vorstellen können? Fragt man nach der Nachhaltigkeit der schulischen Lernprozesse, so gelangt man oft bereits am Beispiel der eigenen Lernbiographie zu recht verheerenden Ergebnissen. Da schrumpfen Jahre eines mehrere Wochenstunden umfassenden Griechisch-Unterrichts auf die Erinnerung an die Bedeutung eines Satzes, und wer noch im Abitur Parabeln rotieren lassen konnte, hat im Erwachsenenalter Schwierigkeiten, den Unterschied zwischen Algebra und Arithmetik zu erläutern. Warum – so traut man sich mittlerweile, ermutigt durch das öffentliche Unbehagen an der Schule, zu fragen – vergeuden wir die Lebenszeit der nachwachsenden Generation in einem gigantischen Ritual, in dem wir sie in die Verstiegenheit einer fachlichen Detailfülle hineinführen, immer weiter an den Mythen strickend, daß alles, was gelehrt, auch gelernt, und daß alles, was gelernt, auch behalten werde. Unsere Schulen versuchen vielfach immer noch „Behaltensschulen" zu sein, obgleich wir die Epoche, in denen Wissensbestände überliefert und „behalten" werden konnten, schon lange hinter uns gelassen haben. Wir benötigen keine Behaltensschulen, sondern Kräfteschulung, ein Gedanke, der zwar nicht neu, aber aktuell wie noch nie ist. Kräfteschulung setzt Kräfteübung und damit Selbsttätigkeit zwingend voraus. Eine solche „Schule der Selbsttätigkeit" (Gaudig) ist eine Entdeckungs- und Erfahrungsschule. In ihr steht nicht mehr das Lehren, sondern das Lernen im Vordergrund. Ihr Ziel ist nicht in erster Linie eine Vermittlung von Behaltenswissen, sondern die Stärkung von Entdeckungs- und Erschließungskräften im lernenden Individuum. Es ist notwendig, „die Schule neu (zu) denken", wie es Hartmut von Hentig fordert. Dabei geht es ihm darum, „das Leben zu(zu)lassen", denn: „Die Schule ist ein Lebensraum – neben den Lebensräumen Familie und – Wohnung, und Straße – und – Nachbarschaft und Natur."

Bei einer solchen Neukonzipierung von Schule als Lebens- bzw. genauer: Erlebensschule geraten überlieferte, aber eigentlich verwässerte Vorstellungen von dem, was Bildung sei, deutlich ins Wanken. Beim Wanken und Zusammenbrechen der erstarrten Strukturen werden aber auch die eigentlichen Fundamente des europäischen Bildungsdenkens, die lange Zeit durch Ideologien einer materialen Bildung verschüttet waren, wieder sichtbar, und man erkennt verwundert, daß eine Schule der Selbsttätigkeit auf genau diesen Fundamenten errichtet werden kann. In einer Schule der Selbsttätigkeit kann der Geist der „neuzeitlich-faustischen Selbstbefreiung" (v. Hentig) vermittelt werden. In ihr können die Entdeckungs- und Erschließungskräfte des lernenden Individuums angeregt und gestärkt werden, und auch die Lehrkräfte selbst können ihre eigenen Kräfte entwickeln und sich von der „Erledigungsmentalität“ (Rumpf) der Unterrichtsschule befreien, indem sie u.a. vom Zwang zum dauernden Lehren geheilt werden und an sich selbst erfahren können, wie produktiv Selbstorganisation sein kann. Carl Rogers spricht in diesem Zusammenhang von dem Lehrer als dem „Facilitator“, dem Ermöglicher des Lernprozesses, und stellt in einer unnachahmlich deutlichen Form fest:

„So wie ich die Dinge sehe, sind viel zu viele Menschen angewiesen, geführt und gelenkt worden. So komme ich zu dem Schluß, daß ich tatsächlich meine, was ich sage. Für mich ist Lehren eine ziemlich unwichtige und weitgehend überbewertete Tätigkeit (...). Sobald wir uns darauf konzentrieren zu lehren, erhebt sich die Frage: Was sollen wir lehren? Was muß – von unserer hohen Warte aus gesehen – der andere wissen? Ich frage mich, ob in dieser modernen Welt die vermessene Annahme gerechtfertigt ist, daß wir Älteren über die Zukunft Bescheid wissen, während die Jugend keine Ahnung hat. Sind wir uns wirklich dessen so sicher, was sie wissen sollten? Dann kommt die lächerliche Frage nach dem Stoffpensum. Was soll in einem Kurs alles angeboten werden? Diese Vorstellung von der Stoffmenge gründet in der Annahme, daß das, was gelehrt, auch gelernt, daß das, was dargeboten, auch verarbeitet wird.“

Carl Rogers kommt zu einem Ergebnis, das ich teile: „Ich kenne keine so offensichtlich falsche Annahme“ (Rogers 1979, S. 104).

Neue Allgemeinbildung

In lebendigen Lernprozessen geht es um mehr als bloß „um die Sache“, d.h. um Fachwissen, Lehrplaninhalte oder Lerngegenstände. Es geht vielmehr gleichzeitig auch um die Förderung sozialer Kompetenzen und persönlicher Methodenkompetenzen, wobei einiges dafür spricht, daß diese beiden außerfachlichen Kompetenzebenen die eigentlich bleibenden Elemente schulischen Lernens ausmachen. Während Fachwissen sich immer rascher wandelt und – wenn nicht sogleich und kontinuierlich angewandt – verblaßt und dem Vergessen anheim fällt, handelt es sich bei den sozialen und methodischen Kompetenzen um reflexive und selbstschärfende Kompetenzen. Mit ihnen können sich die Menschen selbst auf den Wandel einstellen und neuen Anforderungen Rechnung tragen. Hier zeigt sich in Umrissen das Leitbild einer neuen Allgemeinbildung, das von den Lehrern und den Schulen verlangt, sich von inhalts- und stoffixiertem Denken zu lösen. Wir benötigen vielmehr eine Schule, in der Menschen lernen, wandlungsfähig und wandlungsbereit zu bleiben. Und methodische sowie soziale Kompetenzen sind hierfür andauerndere Voraussetzungen als die Verfügung über rasch veralterndes fachliches Spezialwissen.

Praktisch angewendet bedeutet dies, daß Lernprozesse sich so entwickeln können müssen, daß deutlich wird, daß Lernen etwas mit einem Gegenstand, mit der lernenden Person selbst und mit einer Gruppe, in der gemeinsam gelernt wird, zu tun hat. Diese drei Ebenen müssen ständig im Blick bleiben. Denn letztlich vollzieht sich Lernen auf einer Inhalts- und Prozeßebene, aber auch auf einer Geschäftsordnungsebene, auf der die Schüler das Prozedere klären sowie die Normen und Werte reflektieren, die das Lernen fördern oder hindern. Bei einem solchen reflexiven Lernen wird deshalb auch nicht nur das „Produkt", das Handlungsergebnis, sondern auch der Lösungsweg sowie der Prozeß der Zusammenarbeit thematisiert und besprochen.

Lernkulturwandel ist innere Bildungsreform durch Selbstorganisation

„Vieles muß sich ändern, damit alles so bleibt, wie es war", so ließe sich die bildungspolitische und didaktische Quintessenz meiner Überlegungen zusammenfassen. Notwendig ist eine andere Lernkultur, und diese kann nur wachsen auf der Basis einer realistischen Sicht dessen, worum es geht. „Realistisch" ist eine Sicht, die auch die Verfälschungen, die vom eigenen Interesse ausgehen, bedenkt. „Was täten die Lehrer beim Ausbruch der allgemeinen Bildung?" – fragt Johannes Beck in seinem neuen Buch „Der Bildungswahn": „Auch sie haben ein Interesse an dem, was sie Dummheit, Behinderung, Bildungsdefizit oder Förderbedarf nennen". (Beck 1994, S. 17) Dies gilt auch für das lebendige Lernen und die Selbsttätigkeit der Schüler: Welches Interesse hat ein Lehrender, der viele Jahre seines Lebens in die Perfektionierung und Profilierung seiner Kompetenz investiert hat, daran, daß Schülerinnen und Schüler in der Lage sind, sich die Lerninhalte ohne seine Hilfe anzueignen? Ist es nicht verständlich, daß auch Lehrer nach dem Mechanismus der Dissonanzverminderung an ihren vertrauten und bewährten Deutungsmustern festhalten, was möglicherweise erklärt, warum in vielen Lehrerkollegien die Floskel „ja, aber" zu den am häufigsten gebrauchten Formulierungen zählt?

Verständlich ist diese Skepsis schon, vertretbar jedoch nicht. Denn wo soll ein Wandel unserer Lernkulturen herkommen, wenn nicht von den Schulen? Wer sind die „geborenen" Agenten eines solchen Wandels, wenn nicht die Lehrerinnen und Lehrer? Bereits der Deutsche Bildungsrat hat 1972 in seinem Strukturplan gefordert:

„Die Bildungseinrichtungen müssen (...) die Fähigkeit besitzen, sich entsprechend den Notwendigkeiten zu wandeln, die sich aus Veränderungen in der Gesellschaft ergeben. (...) Im Bildungswesen dürfen Lehrgegenstände, Lehrmethoden und Lernverfahren nicht starr festgelegt werden. Es wird vielmehr darauf ankommen, Raum zu schaffen für sich modifizierende Lernverfahren, sich weiterentwickelnde Lehrmethoden und sich verändernde Lehrgegenstände". (Deutscher Bildungsrat 1972, S. 39)

Der Deutsche Bildungsrat ging dabei von einer Aufgabenbeschreibung für Lehrer aus, die neben dem Lehren, Erziehen, Beurteilen und Beraten auch das Innovieren als fünfte Funktion umfaßte:

„Es gehört (...) zur Verantwortung des Lehrers, kritisch aufzunehmen und zu verarbeiten, was an Ansätzen methodischer, didaktischer und curricularer Art in sein Blickfeld kommt. Innovationen sind zu einem besonderen Aspekt seines Berufes geworden. (...) Mit dieser Aufgabenstellung wird er zum ersten und wichtigsten Träger fortschreitender Schul- und Bildungsreform". (ebenda, S. 220)

Wer innovieren soll, der muß in seiner Ausbildung auch systematisch ermutigt worden sein, eigene Wege zu gehen. Wer innovieren soll, der darf nicht in einem Klima der Versagensangst sozialisiert worden sein. Wenn wir von unseren Lehrerinnen und Lehrern Innovationen und Mut zum lebendigen Lernen verlangen, dann müssen wir auch grundlegend über die Art und die Funktion von Lehrproben nachzudenken beginnen.

Vom Handeln unter Druck zur Einübung des Vertrauens in die eigenen Kräfte

Abschließend werde ich mich nicht mit der durchaus spannenden und wichtigen Frage befassen, ob benotete Lehrproben nicht – im Sinne des lebendigen Lernens – ein Widerspruch in sich sind – wofür vieles spricht –, und ich werde auch nicht die wichtige Frage erörtern, inwieweit eine Lehrerbildung nicht selber lebendig gestaltet sein muß, wenn sie zu einem entsprechenden innovativen didaktischen Handeln qualifizieren soll; ich beschränke mich vielmehr auf die Frage: Wie kann man die Lehre in lebendigen Lernprozessen beurteilen? Denn die Beurteilung scheint mir der Angelpunkt zu sein, an dem sich letztlich entscheidet, ob Neues entstehen kann oder nicht.

Während die bisherigen Beurteilungskriterien in der Regel in zu starkem Maße die Person des Lehrers bzw. die „Lehrerpersönlichkeit" und den Unterrichtsgegenstand in den Vordergrund stellen, kommt es m.E. darauf an, das Lehrerverhalten vor dem Hintergrund der skizzierten Anforderungen einer Didaktik des lebendigen Lernens (Learn-Mapping, Lernschleife, Schülermethoden) - z.B. mit Hilfe des Rasters in der Abbildung - daraufhin zu beurteilen, ob und inwieweit es der Lehrerin oder dem Lehrer im Unterricht gelingt,

- einen Zugang zu den Inhalten zu ermöglichen,
- soziales Lernen zu fördern und
- die Methodenkompetenz der Schülerinnen und Schüler zu stärken.

Dabei wird gleichzeitig deutlich, daß ein solches Lehrerverhalten nichts anderes ist als die Fähigkeit, komplexe Lehr-Lern-systeme produktiv durch Anregung zu steuern. Grundlage einer solchen systemischen Fähigkeit (= Fähigkeit zum produktiven Umgang mit selbstgesteuerten Systemen) ist - wie erwähnt - eine professionelle Gelassenheit, die sich allerdings nicht in einem Klima von Versagensangst, Einschüchterung und Demütigung entwickeln kann.

Lehrer und Lehrerinnen, die auch innovieren und die Lernkultur an unseren Schulen wandeln wollen, brauchen Freude, Engagement und Gelassenheit, wenn sie in einer lebendigen Form Menschen zur Selbsttätigkeit anregen sollen. Ein solcher gelassener Pädagoge hat sicherlich um es in einem von mir häufig verwendeten Bild von Ed Nevis zu sagen - auch mehr mit dem Detektiv Colombo als mit Sherlock Holmes gemeinsam:

„Ganz im Gegensatz zu Sherlock Holmes, der gut organisiert, präzis, wissend, überlegen in der Wahrnehmung und im logischen Argumentieren, rational und deduktiv ist, ist Colombo (scheinbar, RA.) naiv, ungeschickt langsam (...). Er scheint keine genauen Punkte zu haben, die er klären will, noch scheint er zu wissen, welches sein nächster Schritt sein wird.

Es scheint, als wisse er nicht, wo er seinen Fuß als nächstes hinsetzen will, während er in der Szene des Verbrechens herumgeht. Während man Holmes kaum je einen Fehltritt machen sieht (...), scheint Colombo ziellos wie ein Falter herumzuschwirren. Von Colombo mag man sagen, daß er wie ein Schwamm handelt, indem er in sein Milieu eintaucht und auf wichtige Hinweise wartet, die man ihm zuträgt, so wie Metallteile zu einem Magneten hingezogen werden. Holmes andererseits gleicht einem gut trainierten Jagdhund, der seine Umgebung attackiert, und er bleibt nie ruhig, bis er in seinem Geist die verschiedenen Teile des Puzzles zusammengebracht hat." (Nevis 1983, S. 361)

Lehrer-verhalten

Lehrerverhalten	1	2	3	4
Zugang zu Inhalten ermöglichen				
(1) Transparenz dessen, was „kommt" herstellen				
(2) Wo möglich und sinnvoll mit Schülermethoden „rangehen"				
(3) Lehrplangemäßheit mit Aktualität und Lebensnähe verbinden				
(4) In faßliche Teile untergliedern (helfen)				
(5) Mit bereits Vorhandenem (Gelerntem, Erfahrenem usw.) verknüpfen				
Soziales Lernen fördern				
(7) Arbeitsaufträge bearbeiten lassen				
(8) Geschäftsordnung der Gruppenarbeit klären				
(9) Hilfe geben, ohne zu dominieren				
(10) Störungen Vorrang geben				
(11) Den Prozeß der Auftragsbearbeitung besprechen (reflektieren)				
Methodenkompetenz stärken				
(12) Zur Selbsterschließung Raum geben				
(13) Selbsterschließungsmethoden üben (lassen)				
(14) Zur Dokumentation des Erarbeiteten (offen gestaltbare Medien) anhalten				

Hinweis:

Bei der Beurteilung bitte von folgender Definition der Skalenwerte ausgehen:
1 bedeutet: „Merkmal ist nicht positiv ausgeprägt"
2 bedeutet: „Merkmal ist in Ansätzen positiv ausgeprägt"
3 bedeutet: „Merkmal ist positiv ausgeprägt"
4 bedeutet: „Merkmal ist stark positiv ausgeprägt"

Literaturtips

Arnold, R.: Reflexive Lehrerbildung. In: Die Berufsbildende Schule, 44 (1992), 1, S. 22 - 33.

Beck, J.: Der Bildungswahn: Reinbek bei Hamburg 1994. Deutscher Bildungsrat: Strukturplan für das Bildungswesen. Empfehlungen der Bildungskommission. Stuttgart 1972. Frankfurt/M. 1990.

Fit für die Zukunft. Spiegel-Titel. In: Der Spiegel, 35/1994. S. 40 - 54

Gaudig, H.: Die Schule der Selbsttätigkeit. Bad Heilbrunn/OBB 1969.

Götz, K. (Hrsg.): Theoretische Zumutungen. Vom Nutzen der systemischen Theorie für die Managementpraxis. Heidelberg 1994.

v. Hentig, H.: Die Schule neu denken. Eine Übung in praktischer Vernunft.

Nevis, E.: Gestalt-Awareness-Prozeß in der Organisationsdiagnose. In: Gruppendynamik, 14 (1983), 4, S. 359 - 368.

Literatur zum Thema

Arnold, R.: Natur als Vorbild. Selbstorganisation als Modell der Pädagogik. Frankfurt a.M. 1993

Freire, P.: Pädagogik der Unterdrückten. Reinbeck 1973.

Holzmann, Klaus: Lernen, Subjektwissenschaftliche Grundlegung. Frankfurt a.M. 1993.

Jank, W./Meyer, H.: Didaktische Modelle. Frankfurt a.M. 1992

Klippert, H.: Methodentraining für Schüler. Weinheim/Basel 1994.

Rogers, C.: Entwicklung der Persönlichkeit. Stuttgart 1979.

Rumpf, H.: Die künstliche Schule und das wirkliche Lernen. München 1986.

Vester, F.: Neuland des Denkens. Vom technokratischen zum kybernetischen Zeitalter. 5. Auflage. München 1988.

„Alles kam und ging von uns aus"

Erfahrungen mit Moderation im Berufsschulunterricht

Karl-Heinz Glaeser, Studiendirektor, Koordinator
Dierk Schlie, Studienrat
Berufsschule für das Versicherungsgewerbe und
Wirtschaftsgymnasium St. Pauli

Vorüberlegungen

„Viele haben das Arbeiten mit den Pinwänden sehr kritisch verfolgt - auch ich gehörte dazu -, weil besonders für die Themensuche viel Zeit verwendet wurde. Aber gerade dieser Prozeß hat mir die Schwierigkeiten und die Komplexität eines moderierten Arbeitens aufgezeigt. Vielleicht ist dies aber auch ein Grund dafür gewesen, daß sich alle so sehr mit der eigenen Arbeit und der Gruppenarbeit identifizieren. Alles kam und ging von uns aus." (Volker, 19)

Volker bringt die Sache auf den Punkt. Er ist Schüler einer Berufsschulklasse, die im Fach Politik mit der Moderationsmethode gearbeitet hat. Ein konkretes Unterrichtsbeispiel aus dieser Klasse wollen wir vorstellen, praxisnah zeigen, wie die Methode umgesetzt werden kann und zum Schluß mit einigen Bausteinen zur moderierten Arbeit anregen. Allgemeine Gedanken zur Moderation in der Schule begleiten den Text.

Weit verbreitet und akzeptiert ist die Moderationsmethode in der Wirtschaft. Vielfältige Gruppengespräche mit Pinwand und Kärtchen in den unterschiedlichsten Varianten werden für Prozeßabläufe, das Bearbeiten von Problemen, Unternehmensentwicklung und Weiterbildung in den Unternehmen eingesetzt.

Im Bereich der Schule ist die Moderationsmethode selten anzutreffen. Dies ist sicherlich eine Kostenfrage, liegt aber auch daran, daß bisher wenig Impulse aus der Wirtschaft in die Schule gelangten. Im Zuge der Diskussion um die Bildungsmisere gehen Lehrer und Lehrerinnen auf der Suche nach Anregungen und Hilfen für einen veränderten Unterricht verstärkt nach außen. Auf diese Weise findet die Moderationsmethode langsam Einlaß in den Unterricht. Es wird erkannt, daß die Methode die gleichberechtigte und gleichwertige Teilhabe aller an den Arbeits- und Lernprozessen unterstützt.

Für die Wirtschaft sind vielfältige Moderationsszenarien entwickelt worden. Sie sind aber wegen der unterschiedlichen Ziele und Anlässe nicht direkt auf Unterricht zu übertragen. Genau hier muß die Phantasie einsetzen, um die Moderationsbausteine für schulisches Lernen und Arbeiten zu übersetzen.

Die Moderation ist kein neuer didaktischer Ansatz in der pädagogischen Landschaft. Hier gibt es bereits den „Projektunterricht", den „handlungsorientierten Unterricht", den „offenen Unterricht", den „schülerorientierten Unterricht", den „kommunikativen Unterricht", den „themenzentrierten Unterricht" usw. Wir wollen dem keinen neuen Ansatz hinzufügen, sondern das Verbindende dieser Ansätze als pädagogischen Ausgangspunkt für unsere Unterrichtsarbeit hervorheben:
Es ist das eigenverantwortliche Miteinanderlernen.

Deshalb ist moderierter Unterricht auch stets interaktionsorientiert. Mit den Bausteinen der Moderation und durch die Haltung des Lehrers wollen wir das gemeinsame Lernen und Arbeiten in den Gruppen fördern, indem Unterricht von Lehrern und Schülern verantwortlich geplant, durchgeführt und ausgewertet wird. Aus diesem Grund ist Moderation im Unterricht nicht einfach eine austauschbare Methode oder eine abwechslungsreiche Unterbrechung einer ansonsten lehrerzentrierten Veranstaltung.

Vielmehr ist es ein grundsätzliches Prinzip, den Unterricht auf gemeinsames Lernen und Arbeiten auszurichten. Wir denken, daß dieses Prinzip nicht nur in außergewöhnlichen Situationen – wie etwa dem Projektunterricht – umgesetzt werden sollte, sondern den Schulalltag zu bestimmen hat. Moderierter Unterricht kann in kleineren und größeren Einheiten und in allen Fächern praktiziert werden. Unter der Forderung „Schule neu denken" (Hentig) wollen wir praxisorientiert Phantasie freisetzen.

Das interaktionsorientierte Lernen erfolgt im Team und ist gleichzeitig ein Erlernen der Fähigkeit, mit anderen verantwortungsvoll zu arbeiten. Moderierte Unterrichtsarbeit wird schrittweise eingeführt, weil auch wir Lehrer Erfahrungen mit und in der Moderation sammeln und die Schüler entsprechende Kompetenzen erst erwerben müssen. Damit dies gelingt, muß sich die Gruppe insgesamt als eine „lernende Gruppe" begreifen, in der natürlich jeder auch für sich lernt, aber immer mit dem Ziel, den Lernprozeß der anderen weiterzutreiben. Die Gruppe muß lernen, aus Fehlern zu lernen, um die Erfahrungen aus einer Arbeitseinheit produktiv für die nächste Arbeitseinheit zu nutzen.

Ein konsequent moderierter Unterricht verläßt das ich-fixierte Lernen zugunsten des Lernens im Team. Dies bedeutet nicht, daß der einzelne auf das Einüben, das konzentrierte Alleinarbeiten, das Anfertigen eigener Produktionen (Texte, Bilder, Rechnungen usw.) verzichtet. Es bedeutet vielmehr, daß der einzelne seine Kenntnisse, Fähigkeiten und Ideen in den Arbeitsvorgang der Gruppe einbringt. Dadurch wird er den Lernprozeß insgesamt verantwortlich befördern. Konkurrierendes Lernen wird durch integrierendes Lernen ersetzt. Nicht die Wissensvermittlung durch den Lehrer und die Reproduktion und Bewertung der erworbenen Kenntnisse stehen im Vordergrund, sondern jetzt ist der Lehrer gefordert, seinen Schülerinnen und Schülern beizubringen, wie sie sich selbständig Wissen aneignen und anderen vermitteln können.

Der Lehrer bekommt die zentrale Aufgabe, den Arbeitsablauf der Gruppe mit dem Ziel in Gang zu setzen, daß die einzelnen, die Teilgruppen und die Lerngruppe insgesamt weitestgehend autonom lernen und arbeiten. Er muß differenziert moderieren, damit die Schülerinnen und Schüler lernen, ihre Arbeit selbst zu regeln. Der Lehrer wird in diesem Sinne zum „Moderator“ des Unterrichts: Seine Fähigkeiten, Inhalte zu vermitteln, wird er dafür einsetzen, Vermitteln zu lehren, seine Fähigkeiten zu planen wird er nutzen, Schüler planungskompetent zu machen. Sein Fachwissen bietet der Gruppe inhaltlich Übersicht und ihm die Möglichkeit, seinen Schülern themenbezogen zu helfen, mit seiner pädagogischen und sozialen Kompetenz wird er mäßigend auf die Problembereiche der interaktionsorientierten Arbeit einwirken. Schließlich soll er mit seiner Kompetenz, Leistungen zu werten, Schüler schrittweise in die Lage versetzen, eigene Arbeitsvorgänge, Lernfortschritte, Arbeitsergebnisse selbstkritisch einzuschätzen.

Wir vermuten also, daß Lehrer und Lehrerinnen grundsätzlich in der Lage sind, Unterricht zu moderieren. Nur müssen sie sich entscheiden, ob sie ihre Kompetenzen für interaktionsorientiertes Lernen und Arbeiten einsetzen wollen.

Allerdings ist das konkrete Moderieren schwierig. Genau an diesem Punkt setzen wir an. Wir wollen auf der Grundlage eines Beispieles aus unserem gemeinsamen Unterricht einen möglichen Ablauf vorstellen, die Mittel hierfür zeigen und ihre Stärken anführen.

Planung

Eigenständigkeit der Lerngruppe
Zu Beginn der Planung müssen wir uns Klarheit verschaffen, inwieweit die Gruppe in der Lage ist, eigenständig zu arbeiten. Eine interaktionserfahrene Gruppe wird sofort in die Arbeit „einsteigen", eine unerfahrene Gruppe wird sich möglicherweise verweigern. Es kann durchaus notwendig sein, kleine Trainingsschritte mit einzelnen Moderationsbausteinen vorzuschalten, da die Gruppen sensibel an den moderierten Unterricht herangeführt werden sollten.

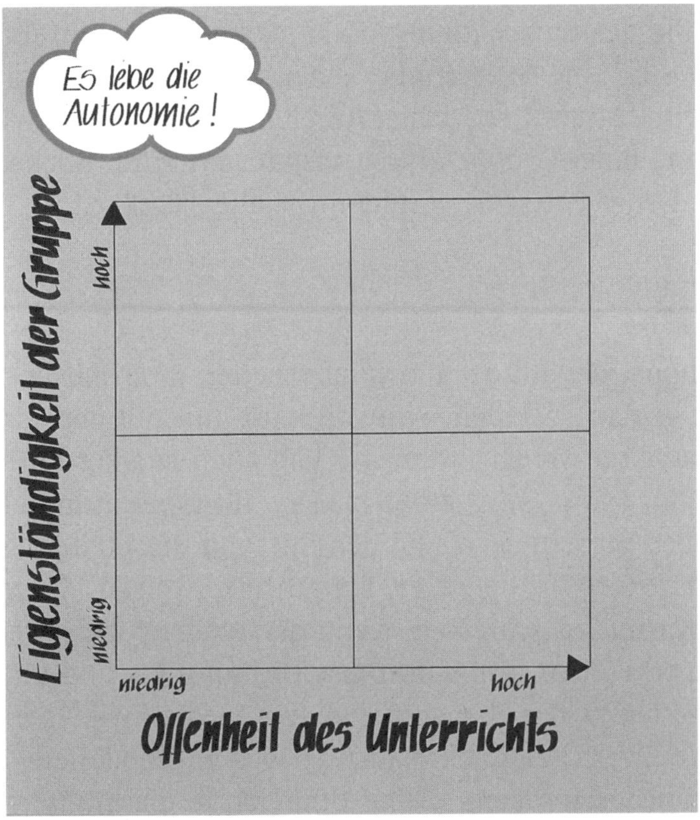

Es ist sinnvoll, mit den Schülern zusammen die Eigenständigkeit der Gruppe einzuschätzen, nicht zuletzt, um realistisch gemeinsam die Ziele des Unterrichts bestimmen zu können. Das kann mit Hilfe der „Einpunktfrage" in einer Vierfelder-Matrix erfolgen. Die Schüler setzen einen Punkt an die Stelle in der Matrix, die der geschätzten Eigenständigkeit der Gruppe und der gewünschten Offenheit des Unterrichts entspricht. Der Lehrer fügt seine Sicht mit einem andersfarbigen Punkt hinzu. Selbst- und Fremdwahrnehmungen sind auf der Pinwand visualisiert und geben einen Anlaß für Kommentare. Die Kommentare können auf das Packpapier geschrieben werden. An dieser Stelle entscheidet der Lehrer zusammen mit der Gruppe, wie offen der Unterricht sein soll.

Die Berufsschulklasse, mit der wir gearbeitet haben, hat sich außerordentlich hoch in ihrer autonomen Arbeitsweise eingeschätzt und gefordert, den Ablauf sehr offen zu gestalten.

Mit Hilfe des Einschätzungsplakates kann auch erfaßt werden, wie sich eine Gruppe über einen längeren Zeitraum entwickelt, indem am Ende eines Arbeitsablaufes der Entwicklungsstand einer Gruppe erneut visualisiert wird. Rückschritt, Stillstand oder Fortschritt werden für alle sichtbar.

Vorbereitung der Gruppe

Eine Gruppe, die mit der Pinwand arbeitet, muß mit der Schrift vertraut gemacht werden. Sinnvoll kann nur mit den Karten usw. gearbeitet werden, wenn sie von allen aus der Entfernung lesbar sind. Dafür ist es zweckmäßig, mit großen und kleinen Buchstaben zu schreiben und den Stift mit der breiten Seite zu halten. Ebenso wichtig ist es, darauf hinzuweisen, Kurzsätze auf die Karten zu schreiben, wenn die Tendenz der jeweiligen Aussage erkennbar sein soll. Diese Gestaltungs- und Lesbarkeitskriterien gelten ebenso für andere Medien wie Tafel, FlipChart, Overheadprojektor usw. Bevor wir moderierend arbeiten, machen wir stets kleine Übungen in diesem Bereich.

Ablauf

Der Moderationsablauf wird sich zum einen aus der Eigenständigkeit und Größe der Gruppe ergeben, zum anderen daraus, inwieweit die Arbeit von den Vorgaben des Lehrplanes, des Anlasses, des Faches oder der Zeit abhängig gemacht wird.

Eine nach unserer Auffassung „vollständige" Unterrichtsmoderation folgt einem Kreislauf, in dem sechs Schritte vorkommen:

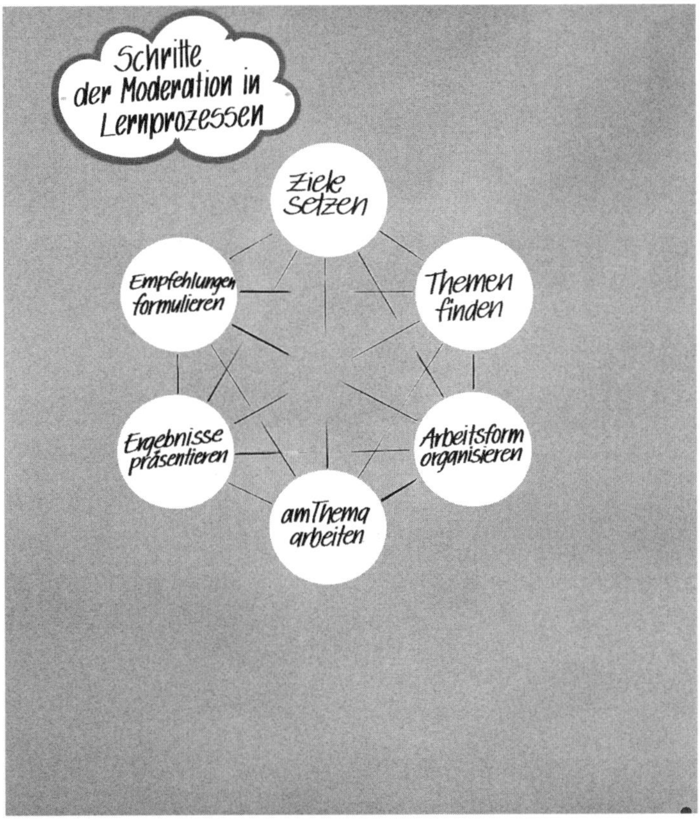

Schwierige Arbeitsgruppen, komplexe Inhalte oder zeitliche Unterbrechungen können ein mehrfaches Durchlaufen einzelner Moderationsschritte erfordern, Motivationsabfall oder von außen beeinflußte Gruppenprozesse können dazu führen, einzelne Schritte zu überspringen. Wichtig ist, daß wir in der Moderation nicht nur in der angeführten Abfolge vorgehen können, sondern auch zurück oder quer. Innerhalb der einzelnen Moderationsschritte muß man sich natürlich noch Überlegungen zu den Arbeitsformen machen, in denen jeweils gearbeitet werden soll, z.B. Einzel-, Partner-, Gruppen- oder Plenararbeit. Da wir für den Unterricht in unserer Berufsschulklasse außer der Vorgabe, ein aktuelles Thema zu bearbeiten, nicht weiter lehrplangebunden waren, hatten wir einen recht großen Freiraum. Deshalb haben wir versucht, einen möglichst „vollständigen" Moderationsablauf durchzuführen.

Erster Moderationsschritt: Ziele setzen

Im moderierten Unterricht verständigen sich Schüler und Lehrer in allen Phasen der Arbeit über ihre Ziele. Zu Beginn der gemeinsamen Arbeit werden allgemeine Ziele formuliert. Werden sie zum Beispiel auf einer Pinwand dokumentiert, kann jederzeit im Arbeitsablauf überprüft werden, wie weit sie umgesetzt wurden.

Zu Anfang unserer Unterrichtsmoderation haben zwei Schüler abwechselnd die konkreten Ziele für das Arbeiten auf Zuruf der Klasse an der Pinwand notiert (sogenannte „Zuruffrage"). Anschließend haben die Schülerinnen und Schüler mit Punkten die entstandene Liste unter der Frage „Welche Ziele sollten wir vordringlich umsetzen?" gewichtet. Als Priorität stellte sich heraus: „Die Hintergründe eines uns nah betreffenden aktuellen Themas genau erfassen, um eine differenzierte Meinung vertreten zu können." Die Gruppe hat das Thema auf Hamburg eingegrenzt, um vor Ort arbeiten zu können.

Die Zuruffrage war hier angebracht, weil so die Zielliste im Klassenraum hängen bleiben konnten.
„Diesen Prozeß der Zielsetzung empfand ich als sehr hilfreich. Jeder wurde dem anderen gleichgestellt, keiner wurde unterdrückt. Durch diese freie Entfaltung der eigenen Meinung wurde man selbst sehr stark motiviert zum Weitermachen."
(Kai, 20)

Zweiter Moderationsschritt: Themen finden und formulieren

Ein wichtiger Aspekt eines moderierten Unterrichts ist es, daß die Gruppenmitglieder Gelegenheit bekommen, ihre Ideen für Arbeitsbereiche gleichberechtigt und gleichwertig zu entwerfen und vorzustellen. In diesem Schritt muß der moderierende Lehrer bereit sein, ein konstruktives Chaos zuzulassen, damit die Schülerinnen und Schüler erfahren, wie sehr sich die Formulierung eines Themas auf den weiteren Verlauf der Arbeit auswirkt. Günstige Voraussetzungen sind gegeben, wenn die Schüler ihr Thema nicht zu abstrakt fassen, um die Arbeitsfähigkeit der Gruppe nicht zu überfordern. Außerdem sollte das Thema so gefaßt werden, daß der Gruppe Raum für kreative Einfälle und freie Ideen bleibt.

Unter dem Impuls: „Aktuell sehe ich in der Hamburger Politik folgende Entwicklungen, Probleme..." haben die Schülerinnen und Schüler mit Hilfe der Kartenfrage eine Ideenlandschaft entworfen.

In der Berufsschulklasse waren 24 Schülerinnen und Schüler. Wenn wir pro Schüler etwa drei bis vier Karten hätten ausfüllen lassen, hätten wir bis zu hundert Karten an die zwei vorhandenen Pinwände bringen müssen. Da dies unübersichtlich geworden wäre, haben wir die anzubringenden Karten reduziert, indem zwar jeder einzelne bis zu vier Karten ausfüllen konnte, die Schüler sich jedoch zu zweit auf zwei bis drei Karten einigten. Diese etwa sechzig Karten konnten die Schüler übersichtlich auf den Pinwänden unterbringen und themenorientiert ordnen.

So gelingt es auch bei „normalen" Klassenfrequenzen, alle Schülerinnen und Schüler gleichberechtigt und gleichgewichtig an der Ideenfindung zu beteiligen.

Anschließend haben die Schüler unter der Frage: „Welche Aspekte sollten wir im Unterricht bearbeiten?" ihre Karten mit Klebepunkten gewichtet. Die Ideenlandschaft zeigte die Arbeitsinteressen der Klasse recht deutlich.

Im folgenden Teilschritt stand die Klasse nun vor der Aufgabe, Themen – möglichst in Frageform – genau zu formulieren. Hier erhielten sie den Auftrag, sich zu zweit auf eine gemeinsame Formulierung zu einigen. Die Schüler haben ihre Themen auf Papierstreifen geschrieben, die in eine Liste nach Zusammengehörigkeit sortiert wurden. Relativ gleichgewichtig wurden drei Vorschläge favorisiert:

„Wie könnte eine umweltorientierte Verkehrspolitik für Hamburg aussehen?“
„Was kann gegen das Drogenproblem in Hamburg getan werden?“
„Wie kann die Zunahme der Kriminalität in Hamburg bekämpft werden?“

Nun mag mancher einwenden, daß das gleiche Ergebnis auch an der Tafel hätte erreicht werden können. Deshalb möchten wir die Leistung der Arbeit mit Pinwand und Karten an dieser Stelle noch einmal ausdrücklich herausstellen:

- Die Schülerinnen und Schüler formulieren ihre Gedanken sorgfältig, weil sie wissen, daß jede Karte bzw. jeder Streifen an die Wand gebracht wird, d. h. ernst genommen wird.
- Die Schülerinnen und Schüler können ihre Gedanken auf der Pinwand hin und her bewegen und selber in eine Ordnung bringen, also mit ihren Gedanken arbeiten.

Alle sind gleichermaßen einbezogen, wortgewaltige Schüler können sich hier nur schwer profilieren, zurückhaltende Schüler haben eine bessere Chance, aktiv zu werden.

Dritter Moderationsschritt: Arbeitsformen organisieren

In diesem Schritt muß sich die Klasse dafür entscheiden, in welchen Arbeitsformen sie das Thema bearbeiten will. Außerordentlich viele Faktoren spielen dabei eine Rolle, z. B. Zeit, Abhängigkeit vom Lehrplan, Motivation, Vorerfahrungen usw.

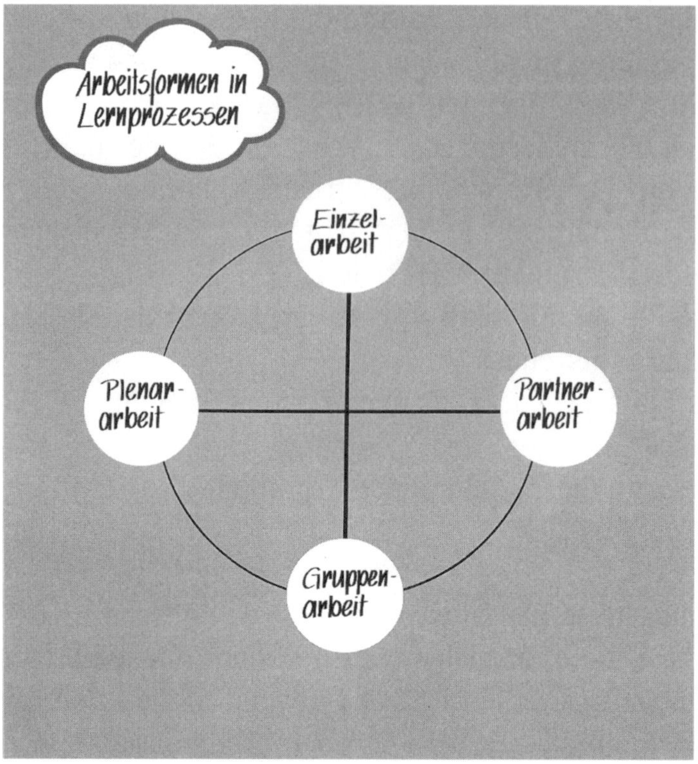

Wenn sich eine Klasse für Gruppenarbeit entscheidet, kann folgendermaßen vorgegangen werden:
Sobald geklärt ist, wie groß die Arbeitsgruppen sein sollen und ob die Gruppen arbeitsteilig oder arbeitsgleich arbeiten, können sich die Schüler mittels kleiner runder Karten, auf die sie ihren Namen schreiben, auf dem Themenkatalog dem gewünschten Arbeitsthema zuordnen. Der Vorgang wird erleichtert, wenn sie zu ihrer Wahl eine Alternative angeben. Optisch an der Pinwand Gruppen zu bilden, hat den Vorteil, daß die Klasse insgesamt einen Überblick über die Entscheidungen der einzelnen hat. Alle wissen stets, wenn der Katalog mit den Gruppen aushängt, wer in den jeweiligen Gruppen mit wem arbeitet. Durch unterschiedliche Farben bei den Namenskarten können die Gruppen beispielsweise hinsichtlich der jeweiligen Kompetenzen zusammengesetzt werden. Die Klasse kann auch allein zwischen zwei Unterrichtsstunden ihre Gruppen bilden. So können Gruppen sowohl frei als auch nach differenzierten Kriterien gebildet werden.

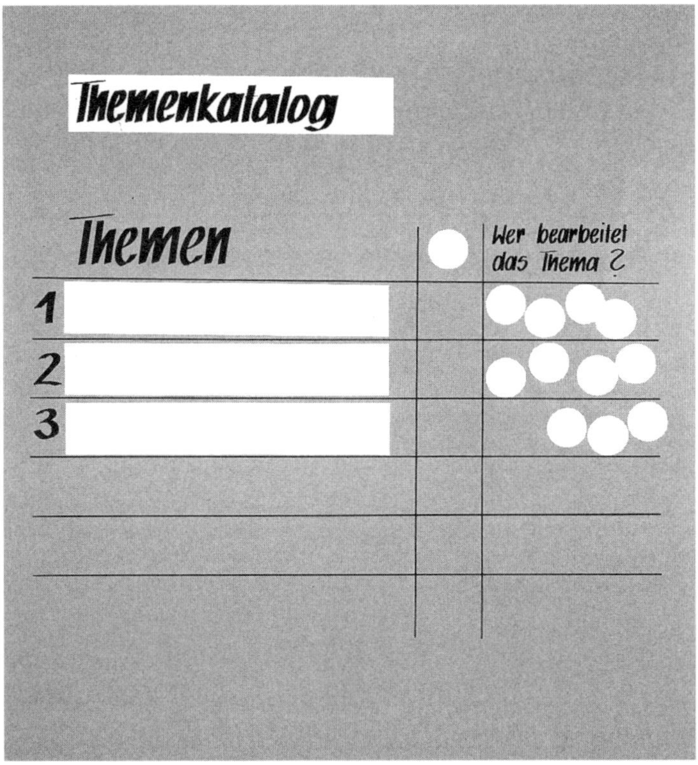

Unsere Klasse entschied sich dafür, die drei Themen jeweils in einer Arbeitsgruppe zu bearbeiten, um ein interessengeleitetes Arbeiten zu ermöglichen. Es ist in der Schule selten, daß eine Lerngruppe insgesamt gleichermaßen interessiert ist, ein gemeinsames Themas zu bearbeiten. In unserem Falle ließen wir das Arbeiten an drei recht unterschiedlichen Schwerpunkten zu, weil auch wir die Klasse für außerordentlich eigenständig hielten und die Schüler bereits Erfahrungen mit Gruppenarbeit hatten.

Mittels der Namenskarten konnten sich die Schüler sehr schnell den Themen zuordnen und ihre Arbeitsgruppen bilden.

Vierter Moderationsschritt: Arbeit am Thema

Mit den Moderationsschritten „Ziele setzen", „Themen finden" und „Arbeitsformen organisieren" hatte die Klasse drei wesentliche Bausteine für die Organisation der eigenen Arbeit kennengelernt. Beim Einstieg in die Gruppenarbeit waren nun die Gruppen gefordert, ihren Arbeitsprozeß selbst zu planen. Mit Hilfe eigener Moderationswände haben sich die Schüler über ihre Unterthemen, Arbeitsformen und das erforderliche Material verständigt.

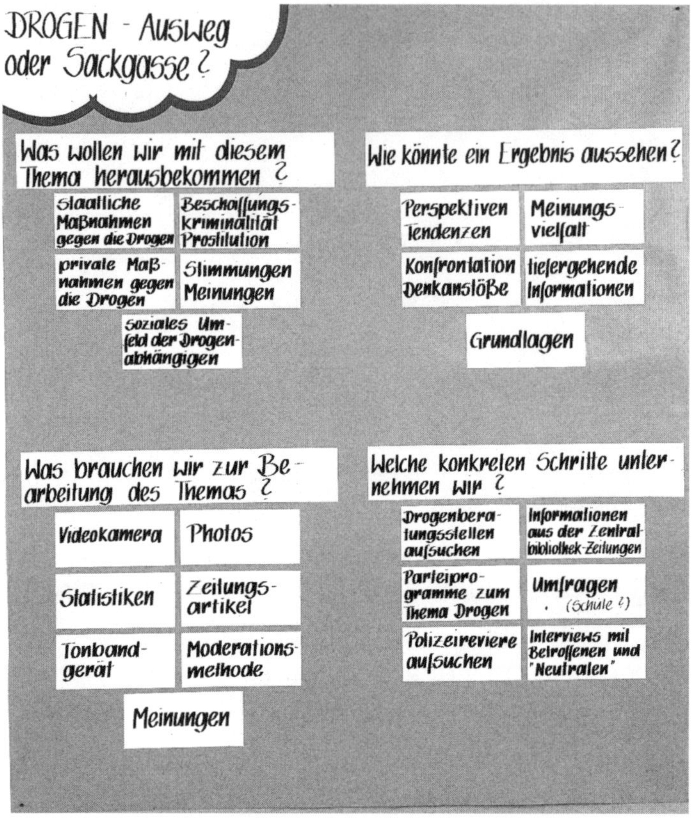

In diesem Moderationsschritt müssen die Schüler Kompromisse machen und einzelne Interessen zurückstellen. Die Fähigkeit hierzu und die Bereitschaft, konstruktiv mitzuarbeiten, obwohl die eigenen Interessen unter Umständen zugunsten des Gesamtablaufes anderen untergeordnet werden, kennzeichnen Teamkompetenz. Gerade dies zu entwickeln ist eine Stärke der Moderationsmethode: Nicht derjenige, der dominierend in der Gruppe eine Führungsrolle übernimmt, setzt sich durch, sondern die von der Gruppe akzeptierte Idee wird gemeinsam gefunden.

„Nachdem unser Thema und unsere Gruppe endlich feststanden, haben wir Gruppenmitglieder uns zunächst einmal überlegt, was uns zu diesem Thema überhaupt einfällt und welche Punkte wir ausarbeiten wollten. Ideen, Vorstellungen sprudelten förmlich aus uns heraus und die Brainstormingwand wurde immer voller. Unsere nächste Aufgabe war es nun, das Thema einzugrenzen. Dies dauerte etwas länger, da hier zum ersten Mal Einigungsprobleme auftauchten. Die hierauffolgende Aufgabenverteilung verlief erstaunlich schnell und problemlos. Viele von uns hatten schon ein Unterthema vor Augen, das sie gerne ausarbeiten wollten. Außerdem war jedes Unterthema für sich so interessant und aktuell, so daß diese Einigung hier nicht so schwerfiel." (Andrea, 20)

In diesem vierten Schritt besteht die Aufgabe des moderierenden Lehrers darin, die Gruppenprozesse zu begleiten und darauf zu achten, daß in den Gruppen möglichst weiterhin jeder zu Wort kommt und ernst genommen wird.

Wichtig ist, daß die Aufgaben, die in der Gruppe zu erledigen sind, von den einzelnen Gruppenmitgliedern verbindlich übernommen werden. Dies kann gut auf einem Tätigkeitskatalog festgehalten werden. Da hier die Aufgabe, der Ort, die Zeit, die Personen und das angestrebte Ergebnis notiert werden, haben alle eine Übersicht darüber, wie sie in die Gruppenarbeit eingebunden sind.

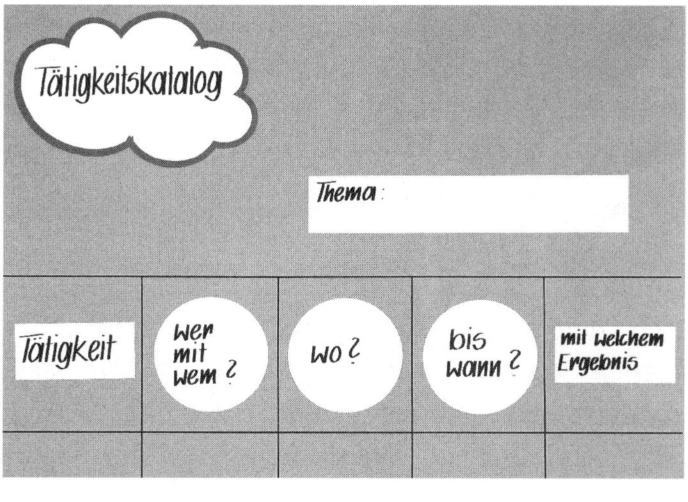

Ein Ziel der Gruppenarbeit ist, die Ergebnisse anderen zu vermitteln. Dieses bereiten die Schüler in der Gruppenarbeit vor. Für den nachfolgenden Schritt, Ergebnisse zu präsentieren, benötigen die Schülerinnen und Schüler Kompetenzen im Umgang mit Medien und Aktionsformen. Je nach Erfahrungsstand der Klasse wird es notwendig sein, diese Kompetenzen in gemeinsamen Zwischenschritten zu trainieren. Hierzu wird die Gruppenarbeit unterbrochen, um zum Beispiel die visuelle Aufbereitung von Plakaten, den kreativen Einsatz des Overheadprojektors usw. zu üben.

Ein weiterer Anspruch ist, daß die Schüler beim Vermitteln der Ergebnisse ihre Zielgruppen nicht nur informieren – beispielsweise in der Form herkömmlicher Referate oder Vorträge –, sondern außerdem aktiv einbinden. Dies ist eine schwierige Aufgabe und muß in den Gruppen vorbereitet werden. Über den Ablauf der Präsentation verständigen sich die Teilnehmer und teilen ihre Verantwortlichkeiten untereinander auf. Jedes Gruppenmitglied beteiligt sich hieran.

Während des Moderationsschrittes „Arbeiten am Thema" wird die Klasse wiederholt zusammengeführt, damit die Gruppen sich über den Stand ihrer Arbeit austauschen und bei auftretenden Schwierigkeiten gegenseitig helfen können.

„Eine derartige Gruppenarbeit kann nicht ordentlich laufen, wenn nicht jeder bereit ist, den Vorschlag eines anderen gegebenenfalls seinem eigenen vorzuziehen. Oder es muß die Bereitschaft allein schon für das Aussprechenlassen eines anderen oder für das aktive Zuhören vorhanden sein. Mit Hilfe der moderierten Gruppenarbeit bekommt man schon in der Schule die Möglichkeit, seine kommunikativen Fähigkeiten entweder auszubauen oder sie erst richtig zu entwickeln. Gerade in der Gruppe werden verschiedene Meinungen und Vorstellungen durchgesprochen, verworfen oder für gut erachtet. Man trainiert förmlich das „Kompromißmachen", das Durchsetzen seines Vorschlages mit Hilfe der besseren Argumente."
(Marcel, 20)

„Durch die gemeinsame Arbeit sinkt auch der Konkurrenzkampf untereinander, da man nicht mehr so extrem egoistisch denkt, sondern mehr ein Gruppendenken erfährt." (Kai, 21)

Während der Gruppenarbeitsphase nahmen die Schüler Kontakte mit Politikern, Parteien, Behörden usw. auf, führten Umfragen durch, erarbeiteten Texte. Aus diesen Informationen stellten sie ihre Präsentationen zusammen und entwarfen Ideen, um ihre Ergebnisse und Kenntnisse kreativ weiterzutragen.

Fünfter Moderationsschritt: Ergebnisse präsentieren

In diesem Schritt vermitteln die Schüler anderen ihre Ergebnisse. Das können sie innerhalb der eigenen Klasse tun; motivierender ist es jedoch, die Ergebnisse einer fremden Klasse zu präsentieren. Die eigene Klasse hat ja bereits durch die Zwischenreflexionen Kenntnis über den Verlauf der jeweiligen Gruppenarbeit, kennt Ideen und Schwierigkeiten. Außerdem ist es für eine eingeladene Klasse interessant zu erfahren, wie gearbeitet wurde. Hier liegt – so glauben wir – ein weites Motivations- und Aktivierungsfeld brach. Wenn sich zwei Klassen in einem solchen Zusammenhang begegnen, ist es besonders wichtig, daß nicht Referate vorgetragen werden, sondern die Interaktion zwischen den Klassen gefördert wird.

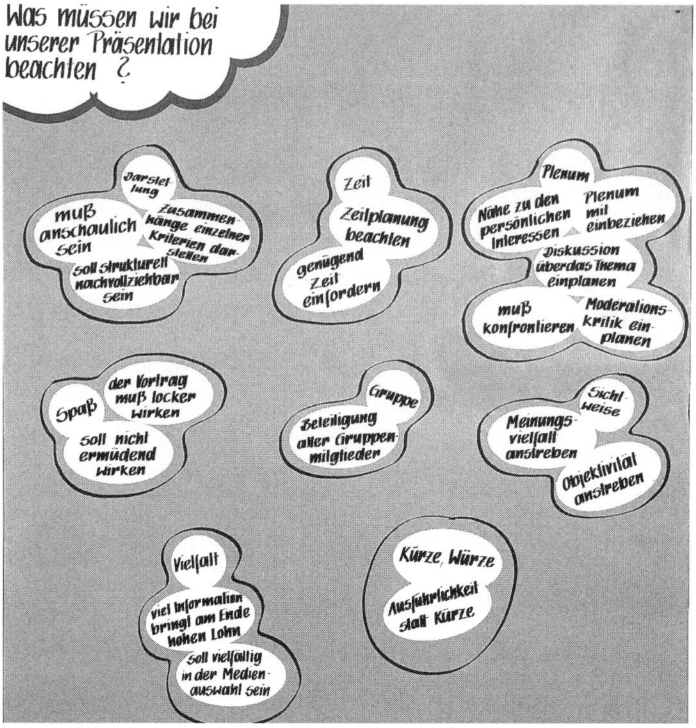

Unsere Klasse hat in mehreren Stunden verschiedene Nachbarklassen zur Präsentation ihrer Ergebnisse eingeladen. Mit kleinen Rollenspielen, Video-Dokumentationen, Moderationseinsätzen (z.B. Kartenfrage, Zuruffrage, optisch gestaltete Informationsplakate, Pro- und Contra-Diskussion ...), Overheadprojektionen usw. haben die Gruppen ihre Ergebnisse präsentiert und dabei oft durch geschickte Anregungen das Plenum integriert.

„Durch das Vortragen des Ergebnisses, d.h. die Präsentation vor einem fremden Plenum, lernen wir rhetorische Mittel anzuwenden, damit wir das Plenum ansprechen. Dadurch versuchen wir, eine Beziehung zwischen Plenum und den Vortragenden entstehen zu lassen. Wenn wir diese Art der Präsentation beherrschen, werden wir in Zukunft keine Probleme haben, unsere Ideen vorzutragen. Hierbei spielt die Beherrschung vieler verschiedener Medien eine große Rolle. Besonders den Umgang mit der Moderationsmethode lernten wir in der gemeinsamen Arbeit auf eine spielerische Art und Weise. Es ist für uns kein Problem mehr, unsere Ideen moderierend darzustellen, zu strukturieren sowie vorzutragen." (Ina, 19)

Sechster Moderationsschritt: Empfehlungen formulieren

Im moderierten Unterricht sind Versuch und Irrtum, Erfolg und Scheitern, Ordnung und Chaos, Suchen und Finden bzw. Nichtfinden ausdrücklich erlaubt. Das kritische Nachdenken über den Verlauf der einzelnen Arbeitsschritte erfolgt begleitend und steht auch am Ende einer Einheit. Die Schülerinnen und Schüler erfahren, daß es hilfreich ist, Rückmeldungen von anderen über ihr Arbeitsverhalten und ihre Ergebnisse anzunehmen. Faktoren werden benannt, die auf das Arbeiten und das Lernen fördernd bzw. hindernd eingewirkt haben. Dies kann an einer entsprechend gestalteten Pinwand visualisiert werden. Kritik an der gemeinsamen Unterrichtsarbeit ist keine Ausnahme. Alle Beteiligten verstehen sich als eine lernende, sich selbst regulierende Gruppe. Sie betrachten Fehler deshalb nicht als Scheitern eines Lernprozesses, sie nehmen Fehler als Erfahrungen, die kompetenter machen für die nachfolgende Arbeit. Aus Reflexion und Kritik formulieren alle Empfehlungen für den folgenden Unterricht.

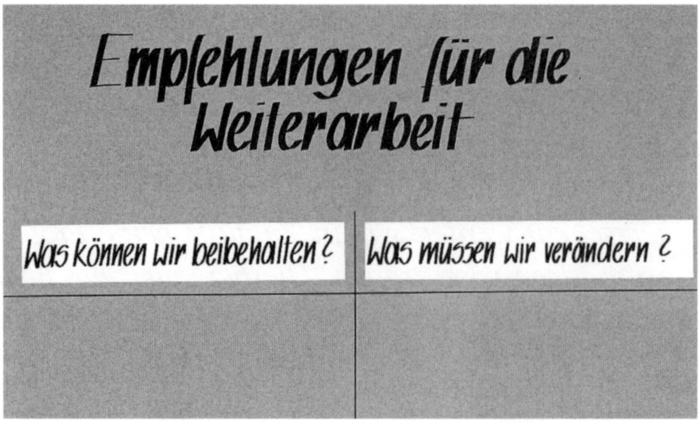

Die Berufsschulklasse hat für ihre zukünftige Weiterarbeit empfohlen, die eigenen Anforderungen zu Beginn einer Gruppenarbeit nicht zu hoch anzusetzen, um nicht enttäuscht zu werden, wenn nicht alles realisiert werden kann. Die eigenen Arbeitsmöglichkeiten angemessen einzuschätzen, ist wichtig für nachfolgende Arbeit.

„Während der Gruppenarbeit haben wir auch einige Mißerfolge und Enttäuschungen erlebt. Mit der Zeit wurde uns klar, daß es unmöglich war, all unsere Ideen, die wir am Anfang für unsere Arbeit hatten, zu realisieren.“ (Andrea, 20)

Schlußfolgerungen

Wir wollten an unserem Beispiel aus dem Politikunterricht einige Möglichkeiten zeigen, die die Moderationsmethode für Unterricht bietet. Auf der Grundlage einer langen Schulerfahrung konnten sich unsere Schüler differenziert mit der angebotenen Vorgehensweise auseinandersetzen.

Wir hatten die Gelegenheit, moderierten Unterricht in Teamteaching durchzuführen. Randstunden und Stundenaustausch ermöglichten viel freies Arbeiten auch außerhalb der Schule. Die Schüler arbeiteten nicht nur in der eigentlichen Unterrichtszeit am Thema.

Die Erfahrung mit moderiertem Unterricht in dieser Klasse hat uns gezeigt, wieviel Energie und Kreativität eine Lerngruppe freisetzt, wenn man ihr selbständiges Arbeiten zutraut und zumutet. Dies läßt auch vermuten, daß vielen Lerngruppen durch geschlossene Lernformen Chancen vorenthalten werden, ihre mitgebrachten Fähigkeiten frei zu entfalten. Daß unsere Bedingungen recht ideal waren und daß unsere Schülerinnen und Schüler älter waren, sollte Kritiker nicht dazu verleiten, Moderation für jüngere Gruppen abzulehnen. Gerade für die Gestaltung des Unterrichts in jüngeren Klassen ist die Moderationsmethode hervorragend geeignet, da sie viele kreative und spielerische Elemente enthält und bereits früh eine ausgeglichene Kommunikation in den Klassen ermöglicht.

Bei unserem offenen Themenangebot und der zur Verfügung stehenden Zeit konnten wir die sechs Moderationsschritte relativ vollständig durchführen. Ein mehr vom Lehrplan bestimmtes Arbeiten mit weniger Zeit wird sich auf einige Schritte und Bausteine konzentrieren müssen.

Schließlich stellt sich die Frage, wie Leistungen in einem moderierten Unterricht mit vielen Sequenzen freier Arbeit und veränderten Anforderungsschwerpunkten bewertet werden können. Hier zeigt sich, daß ein moderierender Lehrer keineswegs neutral sein kann, er bleibt im gegebenen Schulsystem ein machtvoll Wertender. Den Widerspruch, auf der einen Seite gemeinsam zu lernen und die Gruppe im Blick zu haben, auf der anderen Seite die Leistung des Individuums zu bewerten, können wir an dieser Stelle nicht auflösen.

In unserer Einheit haben die Schüler sowohl inhaltliche Einzelberichte erstellt als auch gruppenbezogene Nachweise erbracht. Bewertungskriterien und -schwerpunkte waren vorher gemeinsam erstellt worden und somit für alle bereits während der Arbeit transparent.

Trotz seiner Machtstellung muß sich der Lehrer als Teil der lernenden Gruppe betrachten, sich selbst der Kritik aussetzen und versuchen, sich ständig weiterzuentwickeln. Experimentierbereitschaft und Erfahrungen sind notwendig. Auch hier ist die Phantasie aller gefordert!

Erste moderierte Unterrichtsarbeit ist zeitaufwendig, weil alles geklärt und eingeführt werden muß. Mit zunehmender Erfahrung steigt die Arbeitsgeschwindigkeit deutlich.
„Wir sind auf dem richtigen Wege!“ (Frank, 20)

Bausteine zur Moderation im Unterricht

Im vorangegangenen Teil haben wir uns auf Erfahrungen aus dem Politikunterricht konzentriert. Wir wollten zeigen, daß moderierter Unterricht gleichberechtigtes und gleichgewichtiges Arbeiten und Lernen der Schüler unterstützt. Eingesetzt wurden vor allem Pinwände und Karten.

Um die Arbeit in den einzelnen Moderationsschritten zu unterstützen und für Übungsphasen, haben wir eine Reihe von aufeinander aufbauenden Arbeitsblättern (Bausteinen) entwickelt, von denen wir einige im folgenden vorstellen wollen. Doch zuvor ein paar Worte, um diese Bausteine einordnen und einsetzen zu können.

In den sechs Schritten der Moderation bedarf es immer wieder konzentrierter Arbeits-, Lern- und Ideenprozesse. An solchen Stellen können wir die Arbeitsblätter einsetzen immer auch mit dem Ziel, Interaktionen zwischen den Schülern - in der Einzel-, Partner- und Gruppenarbeit oder im Plenum - zu fördern.

Interaktionsorientierter Unterricht braucht Zeit, damit alle an der Entstehung von Ergebnissen beteiligt werden. Alle sollen gleichermaßen Chancen zur Partizipation bekommen. Auch der Langsame soll die Ruhe haben, Ideen zu finden, zu formulieren und vorzutragen.

Die Arbeitsblätter geben erste Orientierungshilfen, um sich mit Inhalten auseinanderzusetzen. Auf keinen Fall sollen die Schüler eingeengt werden, wir wollen ihnen helfen, komplexe und unübersichtliche Themen übersichtlich zu gestalten. Zunehmend sollen sich die Schüler von den vorgegebenen Ordnungsangeboten lösen und eigene entwickeln. Der Aufbau der Blätter folgt den Grundregeln der Moderation von Karten an Pinwänden: Inhaltliche Offenheit, Partizipation aller, Visualisierung und Ordnung von Gedanken sowie Orientierung auf Präsentation.

Um dies zu erreichen, muß man also nicht immer Pinwände und Karten benutzen. Bearbeitete Arbeitsblätter können als Folien mit dem Overheadprojektor präsentiert werden, sie können in Arbeitsgruppen diskutiert und verändert werden und jeder Schüler kann sein persönliches „Moderationsblatt" zu seinen Unterlagen tun. Wir achten in unserem Unterricht darauf, daß Übungen mit den Arbeitsblättern in kürzeren oder längeren Präsentationen münden und daß ein Feedback durch die Lerngruppe erfolgt.

Unser Augenmerk gilt der Integration der Moderationsmethode in den schulischen Alltag und damit den veränderten Rollen des Lehrers und der Schüler. Die Bausteine erfordern eine Haltung des Lehrers und eigenverantwortliches Handeln der Schüler, wie wir sie im ersten Teil beschrieben haben.

Der Übernahme der Moderationsmethode, wie wir sie in außerschulischen Bereichen kennengelernt haben, stehen im Alltag der Schule eine ganze Reihe von Hindernissen entgegen. Man wird nicht für jede Unterrichtsstunde oder -einheit umfassende Szenarien entwerfen können, Lerngruppen sind in der Regel sehr groß, Materialien fehlen oder sind zu knapp und vor allem: Oft genug noch findet Schule in einem Rahmen statt, der Moderation nicht positiv unterstützt. Auch heute noch ist Schule vorwiegend eine Institution, die Fakten vermitteln will und nicht Prozesse in Gang setzt. Im Alltag der Schule brauchen wir nicht nur Karten und Pinwände, sondern können alle vor Ort verfügbaren Medien einsetzen, um die interaktionsorientierten Lernprozesse zu unterstützen. Unsere Arbeitsblätter sind ein (!) Beispiel hierfür.

Alle Medien (auch die Tafel!) dienen den Schülern in einem moderierten Unterricht zur Vorstellung ihrer (Teil-)Ergebnisse, Schritte und Zwischenschritte. Mit den Medien üben die Schüler sich darin, anderen ihre Ergebnisse darzustellen. Kommunikative Fähigkeiten werden also erweitert.

Deshalb gehören Medien in die Hand der Schüler und nur ausnahmsweise in die des Lehrers zur althergebrachten Faktenvermittlung.

Bausteine wie die vorliegenden sind nicht wie eine „Unterrichtseinheit" anzusehen; sie können nach Bedarf in unterschiedlichen Moderationsschritten eingesetzt werden. Man kann mit den Bausteinen auch projektähnliche Vorhaben entwickeln lassen, kann sie bei der Analyse von Literatur einsetzen oder Grundlagen der Datenverarbeitung erarbeiten. Da beispielsweise „Ideen sammeln" oder „Abstraktionsebenen formulieren" auch Bestandteile eigentlich jedes Unterrichtsfaches sind, behaupten wir, daß diese Bausteine in nahezu allen inhaltlichen Bereichen anwendbar sind. Sie sind gerade nicht an bestimmte Fächer gebunden, weil sie lediglich allgemeine Strukturen vorgeben.

Generell übernimmt der Lehrer die Rolle des Organisators und hält sich weitgehend aus der Vermittlung von Inhalten heraus. Oft ergeben sich dabei ungewohnte Situationen in der Planung und Durchführung: Wir wissen nicht, was am Schluß herauskommt; wir wissen nur, welche Medien wir zur Verfügung stellen können, wie man Lernsituationen herstellen und unterstützen kann und wie Übergänge zwischen den einzelnen Moderationsschritten gestaltet werden können. Unser Ansatz stellt keineswegs die inhaltlichen Ziele in die Beliebigkeit, sondern soll die Interaktion zwischen den Lernenden und ihre mitgebrachten Fragen bei der Planung und Gestaltung des Unterrichts betonen. Auch eng lehrplangebundener Unterricht kann moderiert werden!

Die einzelnen Bausteine

„Ideen sammeln und strukturieren"

In diesem Baustein geht es darum, themenbezogene Gedanken in eine Struktur zu bringen. Die Schüler können einzeln oder in Gruppen arbeiten, sich ihre Ergebnisse untereinander vorstellen oder im Plenum präsentieren.

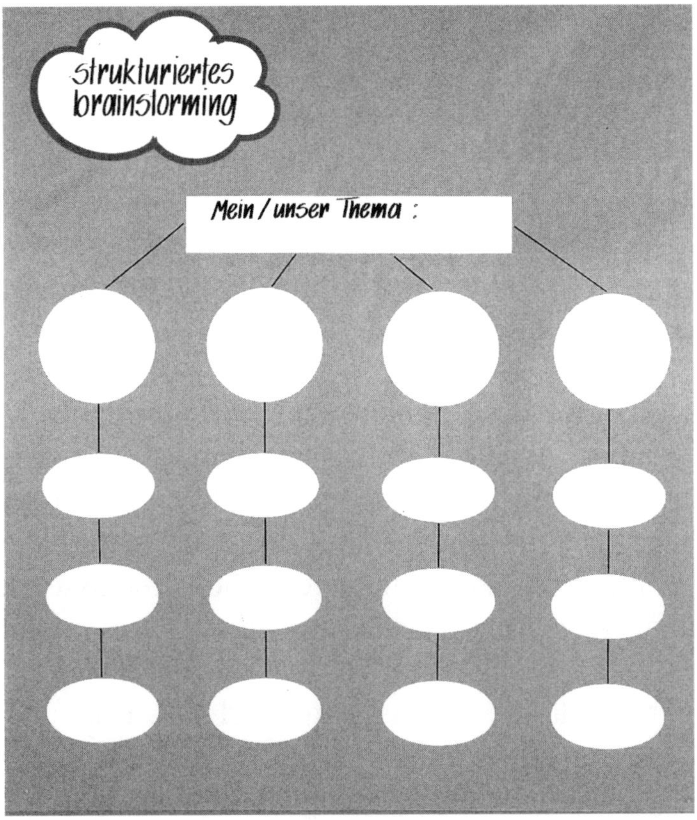

Mit diesem Arbeitsblatt kann vor allem der Moderationsschritt „am Thema arbeiten" unterstützt und geübt werden. Aber auch „Ziele setzen" und „Themen finden" kann es erfordern, daß erste Strukturen aufgestellt werden.

Die vorgegebene Struktur fordert, die Gedanken in drei Ebenen zu ordnen: Das Thema wird formuliert, Obergedanken oder -begriffe werden gefunden und die in die Kreise eingetragen, diesen Oberbegriffen Gedanken und Ideen in den Ovalen zugeordnet. Vorausgesetzt wird dabei eine gewisse Fähigkeit, kreativ Ideen zu produzieren. Sollte das schwierig sein, so hat es sich als sinnvoll erwiesen, in einem ersten Schritt nur am Thema unstrukturiert Gedanken notieren zu lassen. Dies kann in Form einer Kartenfrage und der nachfolgenden Ordnung an einer Pinnwand, aber auch mit einem Baustein am Overhead-Projektor geschehen.

Es würde den Gedankenfluß behindern, jetzt schon viel Zeit für differenzierte Formulierungen der Gedanken zu verwenden. Vielmehr kommt es darauf an, die zu einem Thema bereits vorhandenen Ideen geordnet zu notieren. Oft reichen dafür 5 Minuten völlig aus. Dabei sollte ein Hinweis darauf gegeben werden (das gilt auch für die folgenden Arbeitsmaterialien), daß nicht alle Kreise und Ovale ausgefüllt werden müssen. Man kann einfach Leerflächen freilassen oder bei Platzmangel ein zweites Blatt benutzen.

Die Arbeitsergebnisse eignen sich hervorragend als Grundlage für eine anschließende Kurz-Präsentation. Wir geben bei dieser Übung regelmäßig einzelnen Schülern oder Gruppen das Arbeitsblatt als Folie an die Hand. Dieser Baustein bietet sich dann eher an als die Pinnwand, wenn die Ergebnisse nicht längerfristig allen sichtbar bleiben müssen.

Der Lehrer stellt die Arbeitsblätter und evtl. Folien zur Verfügung, erläutert das mögliche Vorgehen und organisiert das Feedback durch die Schüler. Die Produktion der Inhalte ist allein Sache der Lerngruppe und bildet - nach unseren Erfahrungen - kaum Schwierigkeiten.

„Ideen sammeln – Sichtweisen entdecken“

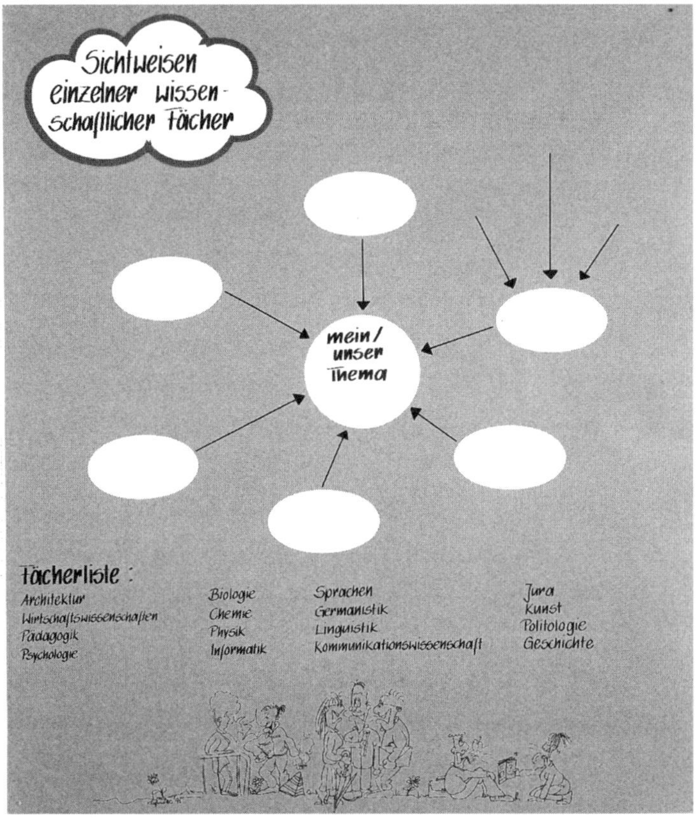

Dieses Arbeitsblatt dient ebenfalls zum planvollen Sammeln von Ideen und Gedanken und unterstützt beispielsweise gut den Moderationsschritt „Arbeiten am Thema“.

So können die Schüler bei der Bearbeitung ihres Gruppenthemas beispielsweise folgendes überlegen: „Was würde ein Architekt, ein Wirtschaftswissenschaftler usw. zum Thema beitragen? Welchen Fragen würde er nachgehen?“

Dieser Baustein regt besonders dazu an, die eigene subjektive Sichtweise zu einem Thema zu verlassen, um in die Rolle von anderen zu schlüpfen und aus deren Blickwinkel Fragen zu entwickeln. Auch hier kommt es überhaupt nicht darauf an, ausführliche und kenntnisreiche Antworten parat zu haben, sondern Ausgangspunkte für Arbeitsfragen zu entwickeln. Hieraus ergeben sich dann Arbeitsfragen, zu denen dann wirklich nach Antworten geforscht werden muß.

Die Schüler können die Ergebnisse ihrer Ideenproduktion in der Regel gut als Vorbereitung für Präsentationen nutzen. Auch wenn sie schriftliche Arbeiten anfertigen sollen, fordern wir die Schüler immer wieder dazu auf, solche Visualisierungen selbst zu entwerfen und sie in Texte zu integrieren.

„Abstraktionsebenen formulieren“

In dieser Übung sollen verschiedene Abstraktionsebenen unterschieden werden. Jedes Thema bzw. jede Arbeitsfrage läßt sich konkret betrachten, („Sicht ins Detail“); auf mittlerer Abstraktionsebene formulieren („Sicht ins Umfeld“) und sehr allgemein entwerfen („Sicht vom Turm“).

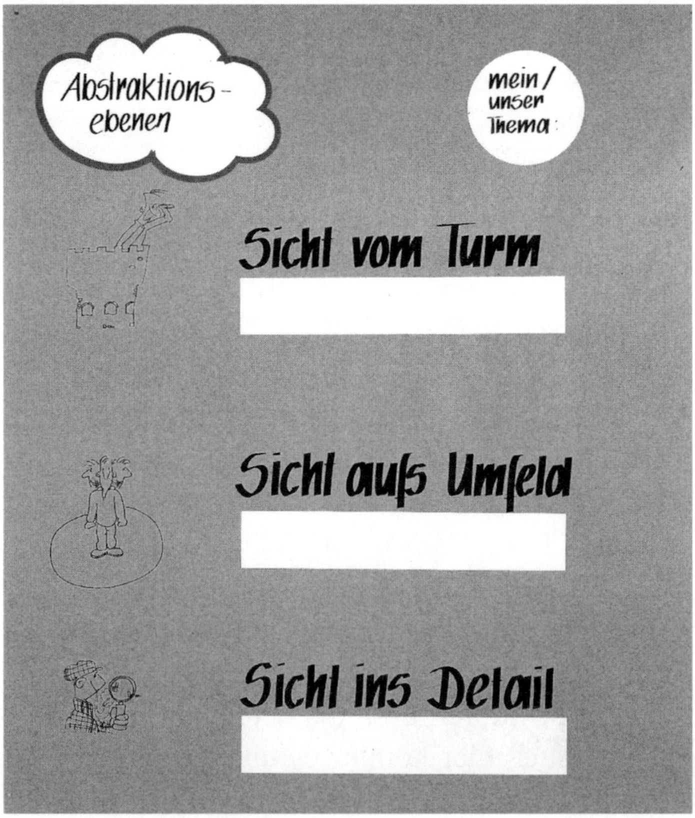

Durch die Konkretisierung bzw. Verallgemeinerung von Themen und Arbeitsfragen ergeben sich Perspektiven, die vorher nicht unbedingt gesehen wurden und eine wichtige Vorarbeit dafür sind, komplexe Zusammenhänge zu bearbeiten.

Mit Hilfe dieses Bausteines kann eine Gruppe ihr Thema so formulieren, daß daran erfolgreich gearbeitet werden kann. Zum Thema Verkehrspolitik wäre eine sehr allgemeine Frage: „Wie hängen Individualverkehr und Umwelt in den Industriestaaten zusammen?“, eine Umfeldfrage wäre zum Beispiel „Welche Umweltgesichtspunkte fließen in die Hamburger Verkehrspolitik ein?“, ein möglicher Detailaspekt wäre „Welche konkreten Auswirkungen hat der Verkehr in der Stresemannstraße auf die Luftbelastung?“

Die Unterscheidung verschiedener Abstraktionsebenen wird auch die Arbeit am Thema strukturieren: „Auf welcher Ebene haben wir bislang Ideen gewonnen und Verbindungen dargestellt? Ist es wichtig, auch die anderen Ebenen zu berücksichtigen?“ Wir haben gute Erfahrungen damit gemacht, wenn Gruppen ihre Arbeitsfragen bewußt von verschiedenen Ebenen betrachtet haben, ihre Arbeitsvorhaben konnten realistischer angegangen werden.

Ziel: „Vernetzendes Denken“

Die Schüler sich zunehmend von unseren Vorgaben von Strukturen freimachen können und selber Zusammenhänge formulieren und darstellen.

Wir haben das Ziel, den Schülern zu helfen, Themen und Problemen nicht nur als auseinandergerissene Details zu sehen, sondern sie in Wechselwirkung mit anderen Themen zu stellen, sie also in ihrer Ganzheit zu sehen (VESTER).

Ein Versuch unsererseits, komplexe Netze den Schülern zugänglich zu machen, besteht darin, die bisher bekannten Elemente der Visualisierung (Kreise, Ovale, Pfeile, Farben ...) auf einem Arbeitsblatt vorzugeben und die Lerngruppe zu ihrem Thema Entwürfe von Netzen ausarbeiten zu lassen. Wir sprechen hier von vernetzendem Denken, weil wir damit die aktive Rolle der Schüler betonen wollen, die sie beim Entdecken von Zusammenhängen haben.

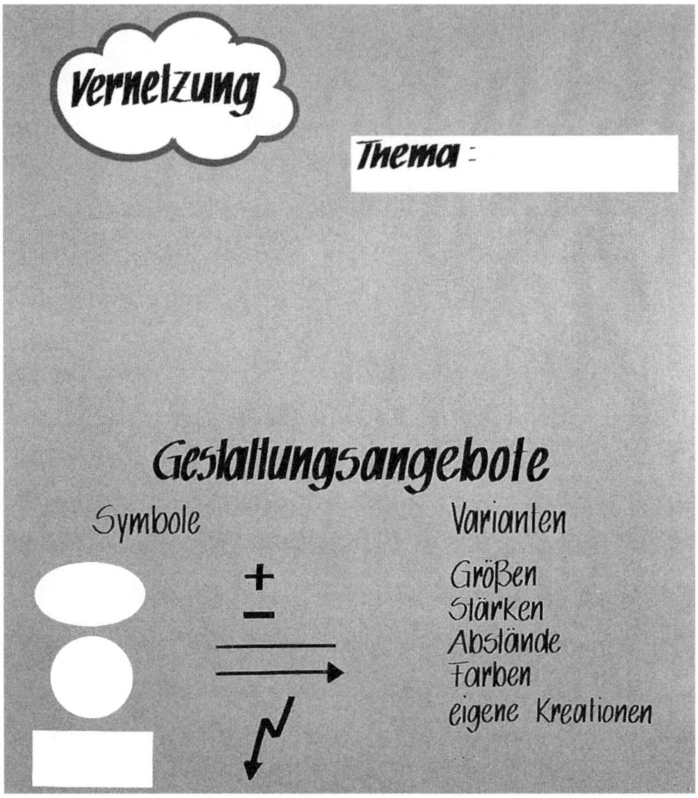

Hierbei können Arbeitsblätter nur erste Vorschläge sein, die einen Anreiz dazu liefern sollen, daß die Schüler die erkannten und vermuteten Aspekte frei formulieren. Wir lassen solche Übungen zur Vernetzung – selbst wenn sie in Einzelarbeit entworfen wurden – in Teamarbeit diskutieren, um sie dann der Lerngruppe insgesamt vorzustellen.

Dieses Arbeitsblatt ist eine gute Vorbereitung dafür, um mit dem Plenum an der Pinwand gemeinsam ein Netz zu gestalten. Als Medium bietet sich hier eher die Pinwand an, weil sie flexibler ist, wenn die Modelle modifiziert werden. Neben den üblichen Kartenformen wie Kreise, Ovale und Rechtecke, sind dabei vor allem Pfeile wichtig, mit denen behauptete Beziehungen visualisiert werden. In einem folgenden Schritt können sich die Schüler auch ganz von den vorgegebenen Symbolen trennen und ihr Netz als Bild ausmalen.

An diesem Baustein wird deutlich, daß wir die Schüler von unseren Strukturen lösen wollen.

Ausblick

Moderation ist kaum aus einem Buch zu lernen, auch wenn alles bekannt und einfach aussieht. Günstiger ist es, mit anderen Lehrern unter Anleitung mit der Moderation zu experimentieren, eigene Unterrichtsversuche gemeinsam zu planen und zu begleiten.

Wir haben die Erfahrung gemacht, daß Lerngruppen, wenn sie über einen längeren Zeitraum mit der Moderationsmethode gearbeitet haben, dies sehr schätzen und viel unbefangener damit umgehen als manche Lehrer.

Für uns war der Schritt vom Wissensvermittler zum Organisator von Lernprozessen persönlich und beruflich eine Bereicherung. Das Burnout-Syndrom haben wir für einige Jahre zurückstellen können, weil es weiterhin spannend ist, mit der veränderten Lehrerhaltung zu experimentieren.

Ansätze moderierten Unterrichts im Gemeinschaftskunde-Unterricht der gymnasialen Oberstufe

Artur Mietens, Oberstudienrat
Theo-Koch-Schule (integrierte Gesamtschule mit gynmasialer Oberstufe), Grünberg

1. Thesen zur Leistungsfähigkeit der Moderationsmethode im Gemeinschaftskunde-Unterricht

Die Verfassungsgeber der Länder definieren in teilweise unterschiedlichen Formulierungen den Erziehungsauftrag der Schule überwiegend als „Entfaltung der Schüler". Das seit dem 01. August 1993 gültige Hessische Schulgesetz differenziert diese globalen Lernziele in eine Vielzahl von durch Schule und Unterricht zu erreichenden Erziehungszielen, von denen die wichtigsten hier ungewichtet und unkommentiert genannt werden:

- Toleranz	- Verantwortungsbewußtsein
- Leistungswille	- Teamfähigkeit
- Konfliktfähigkeit	- Fähigkeit zum kritischen Umgang mit Informationen
- Kreativität	- Fähigkeit zur eigenständigen Meinungsbildung
- Selbständigkeit	- Entfaltung der Empfindungsfähigkeit
- berufliche Orientierung	- Entfaltung der Wahrnehmungs-

	fähigkeit
- Studierfähigkeit	- Entfaltung der Ausdrucksfähigkeit
- ...	

Dieser offene Katalog ist sicher eine höchst anspruchsvolle Forderung bzw. Herausforderung an alle mit schulischer Bildung befaßten Personen, in besonderem Maße für die Kolleginnen und Kollegen im Fach Gemeinschaftskunde. Will man sich ihr stellen, so muß das Haupt-Augenmerk auf die Adressaten schulischer Bildung, die Schülerinnen und Schüler gerichtet sein, ohne dabei die notwendige kritische Auseinandersetzung mit den organisatorischen und sächlichen Rahmenbedingungen von Schule außer acht zu lassen, die allerdings hier nur themenbezogen und punktuell geführt werden kann.

Wie also kann Schule, und hier vor allem natürlich der Unterricht, Schülerinnen und Schüler zu o.a.; Zielen führen?

Immer wiederkehrende internationale und nationale Ergebnisse der Kommunikationsforschung, Pädagogik und verwandter Disziplinen haben nachgewiesen, daß die bei weitem effektivste Form der Lernens das Aktive Lernen („Schülerselbsttätigkeit"/ „Erfahrungslernen") ist, nämlich das „Selber-etwas-Tun", das sich aus den drei Komponenten „aktive Aneignung von Erfahrungen", „Verarbeitung"(„reflektieren") und „Veröffentlichung" zusammensetzt. (Vgl. hierzu stellvertretend: Heinz Klippert, Durch Erfahrung lernen. In: W. Cremer/ G. Dallinger, Erfahrungsorientierte Methoden der politischen Bildung. Bonn 1988, S. 75 ff.)

Alle Formen aktiven Lernens tragen dem Umstand Rechnung, daß lediglich 5 bis 10 % der Schülerschaft dem verbalabstrakten Lerntyp entsprechen, also im Stande sind, allein durch Lesen und Hören effektiv zu lernen, während 90 bis 95 % zum anschaulich-praktischen Lerntyp gehören. Aufgrund dieser gesicherten Erkenntnisse haben Begriffe und damit verbundene Methoden des handlungsorientierten, ganzheitlichen, interdisziplinären Lernens, des Projekt- und Erfahrungslernens seit längerem Eingang in die pädagogische Theorie und ansatzweise auch Praxis gefunden. Nach wie vor allerdings wird Schule im methodisch-didaktischen Bereich dominiert durch den lehrerzentrierten Unterricht in seinen Formen des gelenkten Unterrichtsgespräch, des Lehrervortrags und anderer Erscheinungen des Frontalunterrichts, die auf Seiten der Schülerinnen und Schüler zu Passivität, unbeteiligtem, rezeptivem und ineffektivem Lernen führen. Im sozialen Bereich ist Lernen in der Schule weiterhin geprägt durch Konkurrenzdenken, Einzelkämpfertum und Einzelleistung. (vgl. hierzu „Pädagogik" Nr. 11, 1990)

Die Moderationsmethode mit ihren Techniken und Verfahrensabläufen ist mit Einschränkungen in besonderem Maße geeignet, der Forderung des aktiven Lernens (s.o.) zu entsprechen, den negativen Auswirkungen des „traditionellen" Lernens methodisch-didaktisch und sozial (s.o.) entgegenzuwirken und damit das Erreichen der o.a. Lernziele zu erleichtern.

Hierzu nur einige Thesen:
- Der ständige Wechsel der Arbeitsformen (Plenum, Gruppen- und Partnerarbeit, Einzel- und Gruppenvortrag etc.) entspricht idealtypisch der klassischen Forderung nach häufigem Phasenwechsel im Unterricht.
- Die Form der Kartenfrage (brain storming) trägt entscheidend zu einer „Demokratisierung" des Unterrichtsgeschehens bei: Jeder Beitrag ist wichtig, wird ernst genommen und fließt in das Gesamtergebnis ein.
- Redehemmungen werden durch die Schriftform und durch kollektive Arbeitsformen abgebaut.
- Lernprozesse und -ergebnisse werden durch das eigenverantwortliche und methodisch effektiv gestaltete Vorgehen intensiviert und umfassend angeeignet.
- Durch die Visualisierung der Arbeitsabläufe und -ergebnisse entsteht eine Identifikation mit dem gemeinsamen „Produkt" und eine dauerhafte Ergebnissicherung.

- Bei konsequenter Anwendung (Moderation) gewährleistet das Verfahren eine engagierte und kontinuierliche Beteiligung aller und verhindert bzw. minimiert das Risiko der Profilierung einzelner auf Kosten der anderen.
- Der Lehrer bzw. die Lehrerin gibt für lange Phasen die traditionelle Rolle auf und fungiert als sach- und zweckdienlicher „Moderator“ und „Experte“.

Um Mißverständnissen vorzubeugen: Die Moderationsmethode im Unterricht, wie sie im folgenden verstanden wird, erhebt nicht den Anspruch eines völlig neuen pädagogischen Konzeptes. Sie ist aber sehr wohl geeignet, mit ihren Techniken und ihrem Anspruch Lernprozesse im Bereich des schulischen Lernens in o.a. Sinne zu verbessern, indem sie einerseits die Unterrichtenden zu einem veränderten Rollenverständnis zwingt, andererseits den Schülerinnen und Schülern die Räume zu aktivem Lernen öffnet.

2. Die Moderationsmethode im Gemeinschaftskunde-Unterricht: Erfahrungen und Überlegungen

2.1 Einordnung

Die folgende Darstellung basiert auf dem Unterricht in einem Gemeinschaftskunde-Leistungskurs der Jahrgangssrufe 13/I zum Oberthema „Internationale Beziehungen/3. Welt“. (Vgl. Seite 96 ff, 2. Erfahrungsbericht...) Der Kurs hatte mit 13 Schülerinnen und Schülern eine ideale Größe. Das Kursthema lautete „Die Dritte Welt und wir“. Zur Verfügung standen sechs Moderations-(Pin-)wände und ein Moderatorenkoffer. Neben dem Klassenraum konnte auch der Flur davor mit seinen Sitznischen von den Schülerinnen und Schülern genutzt werden. Pro Woche war der Kurs lediglich in den zwei Doppelstunden und einer Einzelstunde in dieser personellen Konstellation zusammen, zumal ein „Ausleihen“ von zusätzlichen Stunden bei Kollegen nicht möglich war, was in Gruppenarbeitsphasen mitunter von Vorteil ist, um größere zeitliche Spielräume zu haben.

Der tradierte Stundentakt stellt mit Einschränkungen aber keine gravierende Beeinträchtigung bei der Anwendung der Moderationsmethode dar, weil diese zum einen durch die vorgegebenen Phasen relativ elastisch an die Unterrichtsstunden angepaßt werden kann; zum anderen erleichtert die durchgängige Dokumentation aller Arbeitsschritte in visualisierter Form (Pinwandplakate) und die sichergestellte Beteiligung aller bei deren Zustandekommen einen leichten Wiedereinstieg in den Arbeitsprozeß - auch nach mehrtägiger Unterbrechung. Es ist bemerkenswert, daß gerade auch sogenannte „schwächere" Schülerinnen und Schüler zu Beginn einer Stunde in der Lage und bereit waren, anhand der Plakate kurz und prägnant den Arbeitszusammenhang zur letzten Stunde herzustellen. Zudem können Schülerinnen und Schüler, die z.B. krankheitsbedingt eine Stunde versäumt haben, problemlos Anschluß an das Unterrichtsgeschehen finden.

Hinweis:

Wesentlich günstigere zeitliche Bedingungen für „Moderation im Unterricht" lassen sich durch Projekttage und/oder -wochen herstellen. Zu empfehlen sind auch Wochenendseminare auf freiwilliger Basis in Jugendherbergen o.ä. Die hierzu gemachten Erfahrungen sind durchweg positiv. Solche Seminare sind aber aus nachvollziehbaren ökonomischen und organisatorischen Gründen kaum öfter als ein- bis zweimal im Schuljahr zu realisieren.

Die Schülerinnen und Schüler des Kurses waren mit Ansätzen der Moderationsmethode schon vertraut, da im vorangegangenen Halbjahr bereits Kartenfrage und Clusterbildung (s.u.) eingeführt wurden, allerdings noch nicht in größeren Zusammenhängen. Die Schülerinnen und Schüler hatten dabei die Regeln sehr rasch erfaßt und im weiteren Verlauf problemlos angewendet. (Vgl. S. 91ff., 1. Erfahrungsbericht...)

Der hier darzustellende Unterricht ist lediglich eine erste Phase (Schuljahresbeginn bis zu den Herbstferien) und umfaßt etwa sechs Wochen. Er versteht sich somit auch nicht als perfekte Unterrichtseinheit, die so direkt übernommen werden sollte. Ziel der Darstellung ist vielmehr, modellhafte Beispiele zu zeigen, die flexibel anderen Themen und Gegebenheiten angepaßt werden können. Dabei sollten allerdings die Hinweise auf das methodische Vorgehen genau beachtet werden, um die Vorteile der Moderationmethode auch tatsächlich zu nutzen. Dies gilt vor allem für die Rolle der Lehrkraft. Auf verschiedene Probleme und Grenzen der Moderationsmethode im Schulunterricht wird an entsprechender Stelle einzugehen sein.

2.2 Einstieg

Überlegung:
Das Kursthema „Die Dritte Welt und wir“ ist bewußt so offen formuliert, um dem Credo der Moderationsmethode: „Die Gruppe bestimmt Inhalt und Ziel. Der Moderator ist „neutraler“ Butler der Gruppe und für die Einhaltung der methodischen Schritte verantwortlich.“, möglichst zu entsprechen. Demzufolge muß dem Kurs die Möglichkeit gegeben werden, sich im globalen Thema zu orientieren und einen Gruppenkonsens über das inhaltliche Vorgehen und die thematische Spezifizierung zu erzielen. Erster Schritt hierzu soll das Erfassen des Vorverständnisses der KursteilnehmerInnen und damit eine vorläufige Problemorientierung sein. Es entspricht den Grundsätzen des methodischen Ansatzes, beim vorhandenen Wissen der Gruppenmitglieder (hier Schülerinnen und Schüler) anzu-

setzen, dieses durch sie selbst erfassen, strukturieren und dokumentieren zu lassen und sie somit in ihrer Rolle ernstzunehmen.

Methodisches Vorgehen:
Die Schülerinnen und Schüler werden in fünf Paare und eine Dreiergruppe entsprechend der Sitzordnung eingeteilt. Jede Kleingruppe erhält sechs gleichfarbige Rechteckkarten und einen schwarzen Marker. (Es ist den Schülerinnen und Schülern durchaus zuzumuten, sich selbst solche Marker sowie andere Hilfsmittel (Klebestifte, Scheren etc.) anzuschaffen.)

Ferner wird nochmals an die Regeln bezüglich des Ausfüllens der Karten erinnert:
- maximal drei Zeilen pro Karte
- maximal acht Wörter pro Karte
- lediglich ein thematisches Stichwort pro Karte
- möglichst groß und leserlich schreiben
- Groß- und Kleinschreibung verwenden
- Aussagen möglichst in einem (Halb-) Satz, d.h., Verwendung eines Verbs
- keine Diskussionen um die Stichworte; im Zweifelsfall gruppeninterne Aufteilung der Karten

Anmerkung:
Diese Regeln, auf deren Einhaltung unbedingt geachtet werden sollte, haben verschiedene Gründe:
- Die Lesbarkeit der Karten auch aus größerer Entfernung ist wesentliche Voraussetzung dafür, daß mit der einzelnen Karte (Beitrag eines Gruppenmitglieds!) auch gearbeitet werden kann, sie also optisch-visuell präsent ist.
- Die Verwendung eines Verbs macht ein thematisches Stichwort aussagekräftiger, so daß es auch zu einem späteren Zeitpunkt, z.T. nach Tagen oder Wochen, noch verständlich ist. Zusätzliche mündliche Erläuterungen werden meist überflüssig.
- Die Reduktion auf ein Stichwort pro Karte ist Voraussetzung dafür, daß der Beitrag im nächsten Schritt ein-

deutig einem Sammelbegriff (Cluster, s.u.) zugeordnet werden kann.

- Das Ausfüllen der Karten in Kleingruppen soll einerseits dazu führen, daß die Teilnehmer in ein erstes Gespräch miteinander kommen, wobei die Gruppengröße gewährleistet, daß sich niemand entziehen kann; andererseits wird die Zahl von Mehrfachnennungen thematischer Stichworte verringert.

Dem Kurs wird nun auf einem Überschriftenstreifen („Schlips") an der Pinwand die Frage gestellt: „Was beinhaltet für mich der Begriff 'Dritte Welt'?" Die Schülerinnen und Schüler erhalten insgesamt zehn Minuten Zeit, um zu dieser Frage ihre Karten auszufüllen.

Hinweis:

Die Beschränkung der Kartenzahl („... bis zu sechs Karten...") sollte bei einer überschaubaren Gesamtgruppe nicht zu strikt eingehalten werden. Sie dient dazu, die Gesamtkartenzahl auf einem operationablen Niveau zu halten.

Dieser Vorgang ist die Kartenfrage, hier in der speziellen Form des Brain Storming.

Bereits vor Ablauf der zehn Minuten beginnt der Moderator (Lehrkraft) mit den Einsammeln der Karten, wobei diese gemischt werden. Hierdurch wird eine tendenzielle Anonymität hergestellt. Die Beschränkung auf höchstens zehn Minuten soll sicherstellen, daß wirklich nur die spontanen Eindrücke niedergeschrieben werden und lange Diskussionen, durch opinion leader dominiert, unterbleiben. Die Anonymität soll verhindern, daß es über die Form bzw. den Stil von Kartenbeiträgen unerwünschte Auseinandersetzungen um die vermeintlichen Autoren gibt und so „Vorführeffekte" erzielt werden. Lediglich die Inhalte der Karten sind von Interesse. Deswegen sollte der Moderator sich auch mit „lehrerhaften" Korrekturen von sprachlich-formalen Mängeln stark zurückhalten bzw. sie unterlassen.

Der nächste Schritt besteht darin, das nun in ca. 70 Karten vorliegende Vorverständnis des Kurses in eine vorläufige grobe Struktur zu fassen, indem die themenverwandten Karten zu Haufen oder Clustern zusammengefaßt werden.

Anmerkung:

In dieser Phase muß die Lehrkraft, die als Moderator/in fungiert, in besonderem Maße Zurückhaltung üben, indem sie sich tatsächlich ausschließlich auf die technisch-organisatorischen Handreichungen beschränkt und sich bei der inhaltlichen Diskussion möglichst vollständig zurück- bzw. heraushält. Vor allen Dingen darf der Moderator auf gar keinen Fall einzelne Karten bewerten oder kritisieren!

Der Moderator erklärt auch hier nochmals kurz die Regeln:
- Jede Karte wird vom Moderator vorgelesen und mit einer Nadel an die Pinwand geheftet.
- Eine inhaltliche Diskussion oder gar Bewertung der Karten findet nicht statt.
- Karten, die von Kursmitgliedern nicht verstanden werden, werden durch den jeweiligen Autoren erläutert, wofür ihm/ihr ca. zehn Sekunden zugestanden werden.
- Auch doppelte Karten werden aufgehängt.

- Auf Zuruf werden themenverwandte Karten zu Clustern zusammengestellt. Die letzte Entscheidung, zu welchem Cluster eine Karte gehört, liegt beim Autoren.
- Auf die Möglichkeit, eine Karte zu doppeln und sie so mehreren Clustern zuzuordnen, wird hingewiesen.

Anmerkung:

- Die Beschränkung der Zeit für Erklärungen zu Kartenbeiträgen auf ca. 10 Sekunden soll einerseits das Gruppenmitglied zur präzisen Ausdrucksweise zwingen und andererseits verhindern, daß diese Erklärungsmöglichkeit zu ausufernden Statements mißbraucht wird.
- Es empfiehlt sich, jedem neu entstehenden Cluster auf einer kleinen runden Karte („Kuller") eine fortlaufende Nummer zu geben. Dies erleichtert den Teilnehmern und dem Moderator die Orientierung auf den Pinwänden, wenn es um die Zuweisung einer Karte zu einem Cluster geht.

Sind alle Karten angeheftet, wobei es durchaus vorkommt, daß ein Cluster aus einer einzelnen Karte besteht, fordert der Moderator die Gruppe/den Kurs auf, jedem Cluster eine Bezeichnung zu geben, die den thematischen Bezug der Karten zueinander treffend wiedergibt. Hierbei sind Diskussionen selbstverständlich zugelassen. Dieser Vorgang der Kategorisierung führt mitunter dazu, daß sich die Gruppe entschließt, einzelne Karten anderen Clustern zuzuordnen oder Cluster zusammenzufassen. Die Clusterüberschriften werden auf andersfarbige Karten (z.B. Ovale oder größere Kuller) geschrieben und den Clustern zugeordnet.

Anmerkung:

Der Moderator sollte, ohne zu stark in die inhaltliche Diskussion einzugreifen, unbedingt darauf achten, daß die Gruppe die entstandene Differenzierung nicht wieder zu sehr vereinfacht, indem alles zusammengefaßt wird, was „irgendwie zusammengehört". Insbesondere bei Clustern, die aus einer Karte bestehen, entsteht häufiger der

Wunsch, sie noch irgendwo unterzubringen. Auch wenn Cluster inhaltlich eng verwandt sind, sollten sie getrennt bleiben. Möglich und sinnvoll ist in solchen Fällen die Herstellung von „Themenautobahnen", indem auf Vorschlag von Kursmitgliedern Verbindungslinien zwischen solchen thematisch verbundenen Clustern gezogen werden. Je differenzierte die Cluster insgesamt ein Thema beschreiben, desto verständlicher wird es in seinen Details und Zusammenhängen und desto leichter fällt die weitere Arbeit mit einem Plakat.

Im konkreten Fall sind u.a. folgende Clusterüberschriften denkbar (bzw. tatsächlich genannt worden):
- soziale Probleme
- wirtschaftliche Probleme
- Umweltzerstörung
- Naturkatastrophen
- Bürger-/ Stammeskriege
- (Sex-) Tourismus

Hinweis:

In der ersten Phase einer Moderation kann es (nicht nur in der Schule!) zu Provokationen in Form von Kartenbeiträge kommen (z.B. Nonsenskarten). Im konkreten Fall war dies mit dem Thema „Sextourismus" beabsichtigt. Auch solche Beiträge sollten in jedem Fall ernst genommen werden. Zum einen kann hieraus, entgegen der Intention des Autoren, möglicherweise Nutzen gezogen werden. (Konkret hat sich aus dem Kurs heraus zum Thema „Sextourismus" eine Arbeitsgruppe gebildet, die ihre Ergebnisse im Rahmen des Projekttages „Tag der Menschenrechte" am 10. Dezember schulöffentlich präsentierte.) Zum anderen laufen solche „Störversuche" verfahrenstechnisch meist ins Leere, wenn sie nämlich bei der später erfolgenden Themenauswahl durch die Gruppe selbst unberücksichtigt bleiben. Schließlich ist es auch wichtig, daß solche Provokationen öffentlich gemacht werden, damit sie und das damit verbundene Konfliktpotential nicht unterschwellig fortwirken und so den Erfolg der gesamten Arbeit gefährden. Durch das Öffentlich-Machen fallen sie entweder entlarvend auf die Autoren zurück, so daß sie künftig unterbleiben, oder sie werden, sofern der Anlaß gravierend genug erscheint, im Kurs mit dem Ziel thematisiert, den be- oder entstehenden Konflikt zu lösen. Der Moderator (Lehrer) ist hier dringend aufgefordert, dem Grundsatz der Moderationsmethode Rechnung zu tragen: „Konflikte haben Vorrang."

Zum Abschluß dieser Einstiegsphase werden die provisorisch befestigten Karten und Clusterüberschriften auf die Plakate geklebt und an die Wände des Klassenraums gehängt, so daß sie als gemeinschaftliches Produkt ständig präsent sind.

Anmerkung:

Da auch mit diesen Plakaten später weitergearbeitet werden soll, wird dringend empfohlen, bei der endgültigen Erstellung der Plakate sehr sorgfältig vorzugehen, z.B. auf eine ästhetische Raumverteilung und/oder ansprechende Gruppierung der Cluster (einfache farbige Rahmen mit dickem Filzstift o.ä..) zu achten. Dadurch erhalten die Schülerinnen und Schüler wichtige Gestaltungshinweise und -beispiele für ihre eigene Arbeit im späteren Verlauf. Vor allem erhöht eine entsprechende Gestaltung ganz entscheidend die Einprägsamkeit der Ergebnisse dieser Phase.

Hinweis:

Zu den Vorteilen der Moderationsmethode im Unterricht zählt auch, daß die Schülerinnen und Schüler nicht durch die Verpflichtung zum ständigen Mitschreiben von der eigentlichen Arbeit, d.h. der inhaltlichen Auseinandersetzung, abgelenkt werden, da alle Arbeitsschritte und die Ergebnisse ja visuell dokumentiert werden. Dennoch wird es sinnvoll sein, jedem Gruppenmitglied, z.B. für die häusliche Vorbereitung auf die Kursarbeiten o.a., Kopien der Pinwandplakate zu geben. Hierfür gibt es spezielle „Pinwand-Protokoll-Kopierer", mit denen die Pinwandplakate abgescannt werden. Die Kopien in A4 Format lassen sich dann leicht per Fotokopierer vervielfältigen. Diese Scanner sind allerdings recht teuer, so daß eine Anschaffung privat oder durch die Schule eher unwahrscheinlich ist. Als erprobte Alternative bietet sich das Fotografieren mit einem feinkörnigen Schwarzweißfilm an, der vergleichsweise rasch (ggf. selbst) entwickelt und vergrößert werden kann, mitunter im schuleigenen Fotolabor durch Schüler selbst. Die im Format nicht zu klein zu wählenden Abzüge ihrerseits lassen sich wieder per Kopierer vergrößern und vervielfältigen.

2.3 Erarbeitung eines gemeinsamen Fundaments

In dieser Unterrichtssequenz geht es darum, für den Kurs eine erste verläßliche Grundlage von Kenntnisse und Strukturen zum Thema „Dritte Welt“ bzw. „Unterwicklung“ zu schaffen, nachdem im ersten Schritt zwar eine breite Palette von Vorkenntnissen ausgebreitet wurde, deren Zusammenhänge aber weitgehend undiskutiert und somit unklar blieben. Zudem werden auch in Hinblick auf die erste Kursarbeit verläßliche allgemeine Grundlagen benötigt. (Auf die Benotungsproblematik wird noch einzugehen sein.)

Die Erarbeitung dieses Fundaments soll in zwei Schritten erfolgen, wobei im ersten Schritt auf „traditionelle" Arbeitsformen zurückgegriffen wird. Konkret bedeutet dies, daß die Schülerinnen und Schüler zwei umfangreichere Grundlagentexte mit divergierenden Erklärungsansätzen zur Entstehung von Unterentwicklung erhalten (z.B. Richard F. Berendt, Die Zukunft der Entwicklungsländer als Problem des Spätkapitalismus. In: Futurum Nr. 4/1970, S. 582 ff [als Vertreter der endogenen Theorie]) und Dieter Senghaas, Einführung in die allgemeine Thematik „Strukturelle Abhängigkeit und Unterentwicklung". In: Politische Bildung 1/1978 „Nord-Süd-Konflikt heute: Probleme und Perspektiven der Entwicklungspolitik". Stuttgart: Ernst Klett, S. 31 ff (als Vertreter der exogenen Theorie).

Diese Texte sollen die Schülerinnen und Schüler in häuslicher Lektüre und anschließender Gruppenarbeit (drei Gruppen) in der Schule anhand einer problemorientierenden Aufgabenstellung (z.B. „Wie erklären die Autoren das Zustandekommen von Unterentwicklung?") bearbeiten. Der Lehrer bzw. die Lehrerin steht dabei den Gruppen bei Rück- und Verständnisfragen zur Verfügung. Bei Gruppen der Jahrgangsstufe 11 und/oder 12 sind auch Unterrichtsphasen denkbar, in denen die Techniken der Texterarbeitung vermittelt werden.

Hinweis:

> Der Anspruch der Moderationsmethode, die Sachkompetenz und Kreativität der Gruppenmitglieder optimal zu erschließen und zu bündeln, kann nur eingelöst werden, wenn die Gruppe über eine solche Sachkompetenz auch tatsächlich besitzt. Unbestritten weckt und fördert die Moderationsmethode die Motivation der Schülerinnen und Schüler, sich mit bestimmten Themen intensiv auseinanderzusetzen. Allerdings wird auf die traditionellen Formen des Kompetenzerwerbs, insbesondere die Erarbeitung von Texten nicht verzichtet werden können. Im Gesamtrahmen moderierten Unterrichts wird den Schülerinnen und Schülern allerdings die Sinnfälligkeit solcher mehr „tech-

nisch-theoretischer" Phasen eher augenfällig, so daß von einer höheren Bereitschaft zur Mitarbeit auszugehen ist.

Im zweiten Schritt sollen die Ergebnisse der „traditionellen" Textarbeit mit den Techniken der Moderationmethode zusammengetragen und gesichert werden. Die Auswertung der Texte beginnt mit einer Kartenfrage (s.o.) zur Frage „Welche Faktoren für die Entstehung und das Fortbestehen von Unterentwicklung nennt Text 1?" Hieran schließt sich die oben beschriebene Clusterbildung an. Im zweiten Durchgang wird das Verfahren am zweiten Text wiederholt. Am Schluß dieser Phase stehen (mindestens) zwei Pinwandplakate, die nicht nur die in den Texten genannten Faktoren für Unterentwicklung auflisten und thematisch gruppieren, die Gruppe selbst hat während der Diskussion um die Clusterbildung die strukturellen Wechselbeziehungen zwischen einzelnen Komplexen erkannt und durch entsprechende Anordnung und verbindende Linien und Pfeile gekennzeichnet, so daß die in den Texten angelegten Strukturen visuell nachvollziehbar werden.

Anmerkung:

Das oben beschriebene Verfahren hat gegenüber der klassischen Hausaufgabenabfrage eine ganze Reihe von Vorteilen:

- Durch die Kartenfrage wird der „Vorführeffekt" für schwächere Schülerinnen und Schüler mit seinen demotivierenden Begleiterscheinungen ausgeschaltet.
- Ebenso werden die Möglichkeiten zur Profilierung einzelner Schülerinnen auf Kosten anderer minimiert bzw. verhindert.
- Stattdessen erarbeitet der gesamte Kurs gemeinsam ein Ergebnis, das in einer ansprechenden visualisierten Form allen dauerhaft und ständig im Klassenraum präsent ist.
- Durch die Methode entsteht zudem ein Ergebnis, das in seiner Komplexität und Vollständigkeit i.d.R. von einzelnen nicht erreicht werden kann. Durch einen rein mündlichen Unterricht, auch bei Ergänzung durch z.B. ein Tafelbild, ist ein solches Resultat nicht zu erzielen.

2.4 Inhaltliche Differenzierung

Durch die in den beiden ersten Schritten entstandenen Plakate mit ihren Clustern und Einzelkarten werden die Vielschichtigkeit und der Umfang des Themas „Die Dritte Welt und wir" für alle augenfällig und die Notwendigkeit einer Eingrenzung bzw. Auswahl weniger Schwerpunkte deutlich. Auch hierbei sollen von der Moderationsmethode postulierten Autonomie der Gruppe Rechnung getragen werden. D.h., der Lehrer bzw. die Lehrerin überläßt es dem Kurs, die im weiteren Kursverlauf intensiver zu bearbeitenden Themen zu bestimmen. Hierzu werden die Clusterüberschriften links untereinander auf ein Pinwandplakat geschrieben. Jedes Kursmitglied erhält eine Anzahl von Klebepunkten, und zwar etwa die Hälfte der Zahl der Clusterüberschriften. Durch Plazieren dieser Punkte rechts neben die jeweilige Überschrift (pro Überschrift darf nur ein Punkt vergeben werden!) kennzeichnet jedes Kursmitglied die Themen, die es am meisten interessieren. Im konkreten Fall waren es acht Themen (Überschriften), so daß jedes Kursmitglied vier Punkte vergeben konnte. Der Moderator (der Lehrer bzw. die Lehrerin) zählt die Punkte aus und notiert die Zahl rechts neben den Klebepunkten auf dem Pinwandplakat. Die drei Themen mit den meisten Punkten sind ausgewählt.

Anmerkung:

> Diese Form der Anbringung, die man durch Umdrehen der Pinwand noch anonymer gestalten kann, hat mindestens zwei Vorteile gegenüber z.B. einer offenen Abstimmung per Handheben: Zum einen wird ausgeschlossen, daß opinion leader durch ihr Argumentieren und Abstimmungsverhalten andere beeinflussen; zum anderen wird kein Gruppenmitglied auf ein Thema festgelegt, da es ja mehrere Punkte vergibt. Dies erleichtert die anschließende Gruppeneinteilung.

Die Gruppeneinteilung kann so erfolgen, daß die Schülerinnen und Schüler aufgefordert werden, ihren Namen hinter ein Thema zu schreiben, wobei Gruppenhöchstzahlen festgelegt sind, um die Arbeitsgruppen arbeitsfähig zu halten und eine zahlenmäßige Ausgeglichenheit zu erzielen. Die Erfahrung zeigt, daß dies i.d.R. problemlos so funktioniert.

Hinweis:

> Sollten sich tatsächlich einmal mehr Interessenten für ein Thema entscheiden, als vorgesehen ist, so kann der Moderator die Bildung zweier Parallelgruppen zulassen. Da die Gruppen im Verlauf ihrer Arbeit zu einer weiteren Spezifizierung ihres Themas kommen (s.u.), ist es eher unwahrscheinlich, daß die Ergebnisse sich stark ähneln werden. Auch der Hinweis auf die Konkurrenzsituation, die zwischen Parallelgruppen entstehen könnte, ist mitunter geeignet, Schülerinnen und Schüler thematisch umzuorientieren.

2.5 Gruppenarbeitsphase

Gruppenarbeit wird häufig als Synonym für Schülerselbsttätig - keit verwendet. Vielfältige Formen der Motivation sollen Schülerinnen und Schüler in diesem Rahmen aktiv werden lassen. Mitunter werden durch die Unterrichtenden Organisationshilfen im Vorfeld und Unterstützung während der Gruppenarbeitsphase bereitgestellt. Allerdings bleiben die Gruppen spätestens bei der Erstellung und vor allem bei der Präsentation der Ergebnisse aus einem verkürzten Verständnis der Schülerselbsttätigkeit auf sich allein angewiesen.

Häufig ist zu beobachten, daß nur wenige Gruppenergebnisse das erwartete Niveau erreichen. Zentrale Ursache hierfür ist meist die Gruppenzusammensetzung, die bei einer überwiegend mit guten Schülerinnen und Schülern besetzten Gruppe auch gute Ergebnisse hervorbringen; häufiger jedoch zeigt sich, daß opinion leader Gruppenarbeit be- oder verhindern, ohne daß der/die Unterrichtende effektiv gegensteuern kann. Auch sind Schülergruppen selten in der Lage, sich selbst eine produktive Arbeitsorganisation zu geben, so daß viel Zeit wenig produktiv vergeht und das terminierte Ergebnis unter dem selbst verschuldeten Zeitdruck provisorisch erstellt wird. Gerade auch die oben angesprochenen gruppendynamischen Prozesse kosten meist viel Zeit.

Schließlich ist auch die Benotung problematisch, weil für den Lehrer bzw. die Lehrerin i.d.R. kaum objektiv feststellbar ist, in welchem Maße welches Gruppenmitglied am Zustandekommen traditioneller Gruppenarbeitsergebnisse beteiligt war.

Die Moderationmethode im Unterricht kann für sich reklamieren, hier eine stringente Strukturierung der Arbeit bis hin zur Präsentation der Ergebnisse zu gewährleisten. Bei konsequenter Anwendung der methodischen Prinzipien steht mit hoher Wahrscheinlichkeit am Ende ein von Schülerinnen und Schülern erzieltes Ergebnis, das von der Gruppe den Mitschülern so präsentiert werden kann, daß diese einen realen Lernzuwachs erzielen. Um dies zu erreichen, bedarf es einiger Grundlagen (Regeln/Vorgaben) von Beginn der Gruppenarbeitsphase an:

- Auftrag für alle Gruppen ist gleichermaßen, das jeweilige Thema in seinen Erscheinungsformen, deren Ursachen, Wechselwirkungen und Auswirkungen möglichst genau zu beschreiben.
- Die Gruppen werden auf die konsequente Visualisierung aller Arbeitsschritte verpflichtet. D.h., während aller Phasen werden Pinwandplakate hergestellt. Dies wird durch den Auftrag einsichtig, daß jede Gruppe am Ende nicht nur das Ergebnis, sondern auch den Lösungsweg präsentieren, d.h., vermitteln muß.
- Die Gruppen sind ferner gehalten, möglichst häufig die Moderationstechniken anzuwenden. Dabei übernimmt ein Gruppenmitglied oder – auf Wunsch der Gruppe und nur phasenweise – der Lehrer bzw. die Lehrerin die Moderatorenrolle (s.u.). Hierdurch wird gewährleistet, daß auch in den Arbeitsgruppen einerseits methodisch-stringent und zeitlich effektiv gearbeitet wird, andererseits durch das Verfahren (Kartenfrage etc.) eine symmetrischere Kommunikation möglich ist, die einer kontraproduktiven „Bevormundung“ durch einen opinion leader vorbeugt.

Anmerkung:

Der Lehrer bzw. die Lehrerin sollte während der gesamten Gruppenarbeitsphase präsent sein und auf die Einhaltung dieser beiden methodischen Vorgaben achten, die vor Beginn der Arbeit erläutert und für verbindlich erklärt wurden. Dies stellt meines Erachtens keineswegs eine Verletzung des Prinzips der Schülerselbsttätigkeit dar, weil auf die inhaltlichen Prozesse kein Einfluß ausgeübt wird. Das Bestehen auf der Einhaltung verbindlicher Regeln ist vielmehr Grundvoraussetzung dafür, die o.a. negativen oder doch unbefriedigenden Erscheinungen üblicher Gruppenarbeit zu vermeiden.

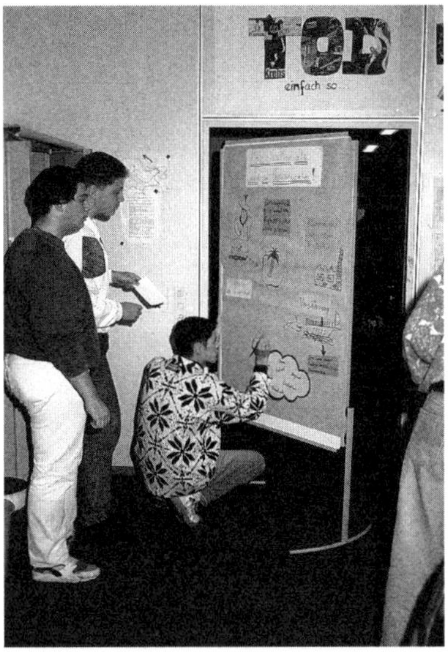

Mit Beginn der Gruppenarbeitsphase muß für die Schülerinnen und Schüler Material zur Verfügung stehen. Dies können sein:

- Lehr- und Fachbücher
- Bestand der Schüler- und/oder Stadtbücherei (sofern erreichbar: Universitätsbibliotheken)
- von Schülerinnen und Schülern längerfristig gesammeltes aktuelles Material aus Zeitschriften und Zeitungen (der Auftrag hierzu muß bereits im vorherigen Schuljahr erteilt werden)
- Videomitschnitte von Fernsehsendungen und audiovisuelle

Medien der jeweiligen Bildstellen der Region
- Materialien von 3.-Welt-Initiativen und Bundesbehörden
- etc.

Neben der oben genannten Kontrollfunktion bezüglich der Einhaltung der Regeln nimmt der Lehrer bzw. die Lehrerin zwei Aufgaben wahr: Er/sie ist auf Wunsch von Arbeitsgruppen in bestimmten Phasen Moderator, und er/sie ist Experte/in, wenn Gruppen Fragen oder Probleme mit dem Material haben und Hilfe wünschen.

Anmerkung:

Der Lehrer bzw. die Lehrerin kann sich vorbehalten, bei einer in der Zusammensetzung problematischen Gruppe als ständiger Moderator beteiligt zu sein. Dabei hat er/sie aber strikte inhaltliche Neutralität zu wahren. Das Prinzip der Schülerselbsttätigkeit wird dadurch meines Erachtens nicht verletzt, da nach wie vor die Gruppe das inhaltliche Vorgehen bestimmt. Allerdings kommt eine der Intentionen dieses Ansatzes, daß die Schülerinnen und Schüler sich eigenständig und selbstverständlich der Moderationsmethode bedienen, zu kurz. Der/die Unterrichtende sollte auch als inhaltlicher Experte Zurückhaltung üben und nur auf Nachfrage in Erscheinung treten, sich dann aber aus inhaltlichen Diskussionen der Gruppe heraushalten.

2.5.1 Problemanalyse des Teilaspektes

Im folgenden soll exemplarisch das Vorgehen einer Arbeitsgruppe skizziert werden, und zwar derjenigen, die sich für das Thema „soziale Probleme“ entschieden hat. Dieses Thema wird im ersten Schritt einer genaueren, d.h., inhaltlich differenzierenden Analyse unterzogen. Die Gruppe führt zur Frage „Welche Erscheinungsformen sozialer Probleme lassen sich nennen?“ die bekannten Verfahren der Kartenfragen und Clusterbildung durch.

Anmerkung:

> Solche Fragestellungen können vom Unterrichtenden den Gruppen zur Verfügung gestellt werden. In diesem Fall hat die Gruppe die allgemein gehaltene, für alle Gruppen gleichermaßen geltende Frage „Wie sehen wir das Problem?“ in dieser Form ihrem Thema angepaßt.

U.a. sind folgende Cluster nach einem solchen Durchgang denkbar:
- Bevölkerungswachstum
- Unterernährung/ Hunger
- krasse soziale Ungleichheit
- Kinderarbeit
- ...

Der Gruppe wird rasch deutlich, daß sie mit fünf Personen nicht in der Lage ist, die Fülle dieser Themen zu behandeln. Daher wählt sie unter Verwendung des oben beschriebenen Verfahrens das Thema „Bevölkerungswachstum“ aus. Der selbst erteilte Arbeitsauftrag lautet nun: “Welche Ursachen bedingen das Bevölkerungswachstum in der Dritten Welt?“

Der nächste Schritt besteht in der Beschaffung und Aneignung von geeignetem Material, um den o.a. Arbeitsauftrag zu erfüllen. Dazu kann auf die Materialbörse (s.o.) zurückgegriffen werden. Die Aufbereitung, Auswertung und Strukturierung des Materials erfogt in mehreren Schritten. Die Gruppe entschließt sich, teils in häuslicher Einzelarbeit, teils in zwei Kleingruppen in einem ersten Schritt die Texte zu lesen und im Sinne der Ausgangsfrage auszuwerten. Dabei notieren sie jeweils thematische Stichworte auf Rechteckkarten. Hierbei könnte z.B. für jeden Text/jedes Material (z.B. Fernsehsendung) eine andere Kartenfarbe gewählt werden. Im zweiten Schritt tragen die beiden Kleingruppen ihre Ergebnisse einander in der Arbeitsgruppe vor, indem die Texte durch Anbringen der Karten an die Pinwände in vorläufiger Form visualisiert werden. Hierbei können Verständnisfragen der anderen Gruppenmitglieder geklärt werden. Im dritten Schritt erstellt die

Arbeitsgruppe in gemeinsamer Diskussion anhand der vorhanden Karten im Vergleich und in Ergänzung der so visualisierten Materialien Cluster, die wiederum durch optische Hilfmittel, z.B. Pfeile, verschieden gestaltete Verbindungslinien und/oder andere grafische Symbole (z.B. Blitze für Konflikte), in Beziehung zueinander gesetzt werden. So entsteht ein komplexes, aber dennoch nachvollziehbares und anschauliches Bedingungs- und Beziehungsgeflecht zum Thema „Ursachen des Bevölkerungswachstums", bei dem dann durchaus auch die Aspekte einbezogen werden, die zu Beginn scheinbar der Themenzahl zum Opfer gefallen waren.

Anmerkung:

> Den Schülerinnen und Schülern wird zu Beginn ein klarer Auftrag zur Visualisierung aller Arbeitsschritte erteilt (s.o.). An diesen Auftrag sollten die Arbeitsgruppen immer wieder erinnert werden. Insbesondere beim Ergebnisplakat sollte der Lehrer bzw. die Lehrerin, ohne auf den Inhalt Einfluß zu nehmen, den Gruppen gestalterische Hinweise geben. Vor allem sollten die Schülerinnen und Schüler davor gewarnt werden, die Plakate mit Illustrationen und anderen „dekorativen" Elementen zu überfrachten, eine Gefahr, der Schülerinnen und Schüler schnell erliegen. Maxime ist: „Das Plakat soll für sich selbst sprechen! Je weniger die Gruppe mündlich ergänzen muß, um so besser ist das Plakat."

2.5.2 Präsentation der Arbeitsgruppenergebnisse

Abschluß dieser Gruppenarbeitsphase ist die Präsentation der Arbeitsgruppen. Dabei sollte den Gruppen rechtzeitig, z.B. in einem kurz vorher eingeschobenen Kursplenum, deutlich gemacht werden, daß ihre Hauptaufgabe darin besteht, den Mitschülern/innen die in der Gruppe erarbeiteten Kenntnisse zu vermitteln, also in gewisser Weise die Funktion Unterrichtender zu übernehmen.

Der Wert der Gruppenarbeit und damit die Note, die die Gruppenmitglieder erhalten, steht und fällt mit der Qualität der Präsentation. Daher sollten die Gruppen genaue Überlegungen über ihre Präsentation und dabei auch ihr persönliches Auftreten, ihre Körperhaltung, Gestik und Sprache anstellen.

Anmerkung:

Hinweise auf die Bedeutung der Präsentation sollten schon frühzeitig gegeben werden, wobei es sich anbietet, daß der Lehrer bzw. die Lehrerin als Moderator/in in den ersten Phasen bereits bewußt sein/ihr Auftreten thematisiert, auf mögliche Präsentationsfehler (Verdecken der Pinwand mi dem Körper, heftiges Gestikulieren, reden über Dinge, die nicht auf den Plakaten erscheinen oder nicht zur Sache gehören etc.) hinweist und entsprechend positives Verhalten demonstriert. Darüber hinaus ist aber kurz vor Ende der Gruppenarbeitsphase ein kurzes Plenum des Kurses zu empfehlen, da bekanntermaßen nicht nur bei Schülerinnen und Schülern das Erinnerungsvermögen an zurückliegende Hinweise und Tips nicht verläßlich ist, zumal wenn es von intensiven inhaltlichen Prozessen in der Schlußphase einer Gruppenarbeitsphase überlagert wird.

Nach jeder Präsentation wird selbstverständlich die Möglichkeit zu Verständnisfragen und Diskussionen gegeben. Vor allem aber sollte jede Arbeitsgruppe ein kritisches Feed-back des Kurses erhalten, in dem auch die Präsentation gewürdigt wird.

2.6 Mögliches weiteres Vorgehen

Die oben skizzierte Unterrichtssequenz ist als erster Schritt der „Szenario-Technik" (Vier-Schritt-Methode) zu begreifen, der „Problembeschreibung/-analyse".

Hieran schließt sich als zweiter Schritt „Lösungsansätze" an, in dem der Kurs auf der Grundlage der im ersten Schritt erfolgten gründlichen Darstellung und Analyse des Ist-Zustandes den Fragen nachgeht: „Wie hätten wir das gerne geändert?", „Welche verschiedenen Alternativen sehen wir?" Bezogen auf das Thema „Dritte Welt" können hier von den Schülerinnen und Schülern Wunschvorstellungen und Utopien artikuliert bzw. entwickelt werden, deren Realisierung zu diesem Zeitpunkt des Kursverlauf aber noch nicht Thema sein soll. Diese Phase kann als Beschreibung eines Soll-Zustandes bezeichnet werden.

Im dritten Schritt geht es um die Beschreibung der Widerstände, die der Realisierung der im zweiten Schritt entwickelten idealisierten Lösungsansätze entgegenstehen. Einstiegsfragen können sein: „Womit muß beim Versuch, die Lösungsansätze zu realisieren, gerechnet werden?", „Wer oder was wird dabei Schwierigkeiten machen?"

Der vierte Schritt befaßt sich dann mit der Strategiefindung bzw. den konkreten Lösungswegen. Insbesondere bei den beiden letztgenannten Schritten bedarf es umfangreicher Materialien, z.B. zum Weltwirtschaftssystem, zum Einfluß der Industrienationen auf die Dritte Welt, die Abhängigkeit von und durch Rohstoffe(n), die verschiedenen Entwicklungshilfemodelle usw. Die positiven Erfahrungen mit der Moderationsmethode im ersten Schritt legen die Beibehaltung dieses Verfahrens auch für den weiteren Unterricht nahe.

2.7 Abschließende Anmerkungen

Kursarbeiten:
Wie eben beschrieben wird, besteht die Notwendigkeit, verschiedentlich inhaltliche Grundlagen für den gesamten Kurs zu legen, von denen ausgehend für bestimmte Phasen dann Arbeitsgruppen Einzelaspekte exemplarisch vertiefen.

Unter Zugrundelegung des allgemeinen Fundaments lassen sich Kursarbeiten konzipieren, die den Schülerinnen und Schülern die Möglichkeit geben, jeweils auch ihr Gruppenthema einfließen zu lassen. Denkbar sind z.B. Aufgabenstellungen, die die Schülerinnen und Schüler zu einer kritischen Stellungnahme zu einem Text auffordern, der sich z.B. mit dem Verhältnis der Industrienationen zur Dritten Welt befaßt. Dabei ist bei der Textauswahl allerdings darauf zu achten, daß er nicht schwerpunktmäßig ein Arbeitsgruppenthema beeinhaltet.

Benotung:
Sicherlich muß bei Einsatz der Moderationsmethode über größere Strecken von der klassischen mündlichen Einzelnote zugunsten von Gruppennoten Abschied genommen werden. Diese ist mit Einschränkungen aber eher positiv zu bewerten, zumal durch das methodische Vorgehen die Gruppenergebnisse in weit höherem Maße als bei herkömmlicher Gruppenarbeit (s.o.) auch wirklich kollektive Leistungen darstellen.
Andererseits ist aber durchaus vorstellbar, auch im Rahmen moderierten Unterrichts Einzelleistungen von Schülerinnen und Schülern einzubetten. So können z.B. einzelne Schülerinnen und Schülern in Phasen der Arbeit im Plenum komplexere Texte visuell aufarbeiten, also deren Inhalte und Strukturen mittels Pinwandplakaten transparent machen und den Mitschülern vermitteln, d.h., präsentieren. Darüber hinaus werden

die bisher üblichen Unterrichtsformen auch bei moderiertem Unterricht nicht völlig überflüssig (s.o.).

Schwierigkeiten und Grenzen:
Neben den oben beschriebenen inhaltlichen Grenzen, die sich vor allem einerseits aus dem Stoff und seinen Strukturen, andererseits aus den Lernvoraussetzungen der Schüler ergeben, sind organisatorische und materielle Hemmnisse zu nennen, die den Einsatz der Moderationmethode im Unterricht erschweren oder sogar unmöglich machen.

- Gruppengröße:
  Bei Kursen oder Klassen mit mehr als ca. 20 Schülerinnen und Schülern wird moderierter Unterricht im Plenum und über längere Phasen schwierig. Allein eine Kartenfrage bzw. die anschließende Clusterbildung und Kategorisierung erfordern zum einen einen hohen zeitlichen Aufwand, der im tradierten Unterrichtsstundentakt zu Schwierigkeiten führen kann, zum anderen wird das Verfahren, Beiträge in Form von Zurufen zu verarbeiten, von einer bestimmten Gruppengröße an schwierig. Zudem wächst das Risiko, daß gerade Schwächere und/oder stillere Schülerinnen und Schüler von den anderen majorisiert werden.

  Kartenfragen in großen Gruppen sind aber möglich, wenn das Prinzip der Reduktion angewandt wird. Konkret: In einem ersten Schritt werden die Karten in Zweiergruppen ausgefüllt, aber nicht eingesammelt. Im zweiten Schritt vergleichen je zwei Zweiergruppen ihre Karten und mustern einvernehmlich Doppelnennungen aus. Diese Reduktion läßt sich – je nach Größe der Gesamtgruppe – in einem dritten Schritt (acht Personen) fortsetzen.

  Andererseits kann erfolgreich in Arbeitsgruppen mit Moderation gearbeitet werden, wenn einerseits die Schülerinnen und Schüler mit der Methode vertraut sind und andererseits die Gruppen überschaubar bleiben, z.B. nicht mehr als sechs Personen umfassen. Bei einer zu großen Anzahl von Gruppen kann es allerdings zu Raumproblemen kommen, wenn einzelne Arbeitsgruppen nicht in andere Räume ausweichen können. Die Erfahrungen zeigen, daß es keineswegs störend ist, wenn zwei bis drei kleinere Gruppen in einem Raum arbeiten, sondern im Gegenteil sogar ein Ansporn durch die Aktivitäten der anderen gegeben ist. Die funktioniert jedoch nur, wenn gewisse Mindestabstände gewahrt bleiben, welche bei 20 oder mehr Schülerinnen und Schüler in einem herkömmlichen Klassenraum nicht mehr gegeben sein dürften.

- Qualifikation:
  Verständlicherweise werden einige Lehrer bzw. die Lehrerinnen Bedenken haben, diesen Ansatz gleich praktisch umzusetzen, obwohl ihnen die Argumentation für diese Methode einleuchtet, weil sie sich methodisch überfordert fühlen. Schließlich hat die Moderationsmethode bisher nur sehr vereinzelt Eingang in die Lehrerausbildung gefunden. Ihnen sei empfohlen, die verschiedenen Schulungs- bzw. Fortbildungsangebote zu prüfen.

  Neben den meist recht teuren Seminaren von Instituten der freien Wirtschaft gibt es auch solche, die mit geringerem finanziellen Aufwand vergleichbare Resultate hervorbringen. Hier sollten die entsprechenden Veranstaltungen der Arbeitnehmerorganisationen und Einrichtungen der Lehrerfortbildung erfragt und in Anspruch genommen werden. Mitunter ergeben sich Angebote auch erst aufgrund einer solchen Nachfrage.

- Kosten:
  Es steht zu befürchten, daß an dieser Frage die Mehrzahl der Versuche scheitern wird, die Moderationsmethode im Unterricht einzusetzen.

  Als Mindestausstattung für einen Kurs sollten pro zu bildender Arbeitsgruppe eine, besser aber zwei Pinwände nebst Verbrauchsmaterial (Plakatpapier, diverse Formate und Farben von Moderationskarten usw.) vorhanden sein. Bei der bekannten angespannten Haushaltslage der Schulträger ist hier vorerst kaum mit nennenswerter Unterstützung zu rechnen. Eine entsprechende Prioritätensetzung der Schule in ihrem eigenen Haushalt hängt entscheidend davon ab, daß es den interessierten Kolleginnen und Kollegen gelingt, durch den praktischen Nachweis der Leistungsfähigkeit dieser Methode die schulinternen Entscheidungsträger bzw. -gremien zu gewinnen. Dies gilt auch für den häufig anzutreffenden Etat der Elternschaft in Form der „Elternspende" und/ oder Fördervereine. Für den Preis eines Klaviers oder Flügels kann sicher die Moderationsausstattung für eine Reihe von Gruppen finanziert werden. Bis dahin kann und sollte versucht werden, die Ausstattung für die ersten Projekte auszuleihen. Möglicherweise finden sich Unternehmen am Ort bereit, die hierüber verfügen und bereit sind, der Schule bzw. einem Kurs für eine überschaubare Zeitspanne zu helfen. Mitunter verfügen auch regionale Einrichtungen der Lehreraus- und fortbildung über Pinwände, die für einige Wochen oder Monate benutzt werden können.

Auf jeden Fall sollte der Versuch gewagt werden, die Moderationsmethode im Unterricht zu erproben und die Ergebnisse dann der Schulöffentlichkeit zu präsentieren.

Grünberg, im August 1994

Erfahrungsberichte zum Einsatz der Moderationsmethode in der gymnasialen Oberstufe

Artur Mietens, Oberstudienrat
Theo-Koch-Schule (integrierte Gesamtschule mit gymnasialer Oberstufe), Grünberg

1. Erfahrungsbericht über den bisherigen Einsatz der Moderationsmethode im Unterricht (13.6.1992)

Gemäß unserer Absprache schicke ich Ihnen heute einige Dias, die ich kürzlich im Unterricht meines Leistungskurses Gemeinschaftskunde, Jahrgang 12, gemacht habe. Wie ich Ihnen bereits bei unserem Treffen anläßlich der Messe in Hannover sagte, bin ich aufgrund der vorgerückten Zeit im Schuljahr noch nicht dazu gekommen, in größerem, d.h. vor allem langfristig geplanten und strukturierten Umfang den Einsatz moderationsmethodischer Ansätze im Unterricht anzuwenden.

Allerdings haben wir, die Schüler und ich, unsere ersten vorsichtigen Gehversuche absolviert und sind einhellig der Meinung, daß hier ein neuer vielversprechender Weg ist, den wir auf jeden Fall verstärkt im nächsten Schuljahr, das Anfang August beginnen wird, beschreiten werden.

Der bisherige, eher kurzfristige Einsatz der Materialien beschränkte sich auf zwei Versuche, die ich knapp skizzieren möchte:

1. Zum einen habe ich mittels der Moderationsmethode (Stichwort: Brainstorming/Kartenfrage, Clusterbildung, Kategorisierung etc.) die „klassische“ Hausaufgabenabfrage in eine neue, sehr vielversprechende Form gebracht. Den Schülern war die Aufgabe gestellt worden, zu Hause einen sehr umfangreichen SPIEGEL-Artikel zum Thema „Asylproblematik“ anhand problemorientierender Fragen zu analysieren. Erfahrungsgemäß fallen solche Hausaufgaben aus verschiedenen Gründen von Schüler zu Schüler sehr unterschiedlich aus, so daß das anschließende Unterrichtsgespräch den Zweck verfolgt, möglichst für alle Schüler einen annähernd gleichen Kenntnisstand herzustellen. Dies geschieht traditionell meist mündlich, in Stichworten dann in einem Tafelbild, welches in die Hefte übertragen wird.

Wir sind nun so vorgegangen, daß sich Zweiergruppen bildeten, die in einer Brainstorming-Phase Stichworte zu den Leitfragen aufschrieben. Entsprechend dieser Leitfragen und dem gemeinsamen Bilden von thematischen Gruppen (Clustern) ergab sich, quasi im Selbstlauf, ein lebhaftes Unterrichtsgespräch, an dem sich deutlich mehr Schüler aktiv beteiligten, als ich es bisher in dieser Gruppe gewöhnt war.

Die Vorteile für die Schüler sind offenkundig: Am Ende dieser Phase standen schon recht ansprechende Plakate mit dem nahezu vollständigen Inhalt der Hausaufgabe, klar strukturiert und in den inhaltlichen Bezügen für alle nachvollziehbar. Zudem stehen dies gemeinsam erarbeiteten Ergebnisse auch allen auf Dauer zur Verfügung, weil sie im Raum aufgehängt wurden. Als positives „Abfallprodukt“ ergibt sich zudem ein dekorativer Effekt für den an sich eher tristen Klassenraum.

Wir kamen dann aufgrund terminlicher und unterrichtsorganisatorischer Zwänge nicht mehr dazu, an diesem Ansatz weiterzuarbeiten, was ich sehr bedaure. Dies bleibt nun dem neuen Schuljahr vorbehalten.

2. Zum anderen kamen die Materialien im Zusammenhang mit den Referaten der Schüler zum Einsatz. Ich hatte den Schülern das Angebot gemacht, unter Verwendung der Plakate, Karten etc. referatsunterstützende Präsentationsplakate zu gestalten. Wohl auch wegen der nur kurzen Hinweise meinerseits waren die Ergebnisse eher dürftig. Ich gehe aber davon aus, daß sich das noch positiv ändern wird, wenn wir gemeinsam methodisch sicherer geworden sind und die Schüler die direkte Anschauung der verschiedenen Gestaltungsmöglichkeiten erfahren haben.

Generell ist festzustellen, daß auf die Einübung der Techniken eine gewisse Zeit und Sorgfalt aufgewendet werden muß, wobei es im Unterricht von Vorteil ist, daß die Schüler wegen der gewohnten Schulsituation an direkte korrigierende Eingriffe seitens des Lehrers gewöhnt sind. Es lassen sich immer gleich kritische Anmerkungen und Verbesserungsvorschläge machen. Die Auswirkungen von Fehlern werden sofort erkannt und direkt von den Mitschülern kommentiert, z.B. bei zu kleiner oder schlecht lesbarer Schrift. Schon in dieser relativ kurzen Zeit habe ich die Erfahrung gemacht, daß schnelle Fortschritte im formalen Bereich gemacht werden. Auch andere Verrichtungen (Gruppenbildung, Brainstorming, Anpinnen von Karten, Ankleben, Aufhängen der Plakate etc.) wird schnell Routine und damit nicht mehr so zeitraubend wie bei den ersten Versuchen. Andererseits ergeben sich zeitökonomische Vorteile, da Zeiten fürs An- und Abschreiben an die bzw. von der Tafel entfallen. Auch kann ich z.B. Plakate vorbereitet mitbringen, anstatt Dinge an der Tafel zu entwickeln. Schließlich entfällt auch tendenziell der Platzmangel, den eine Tafel nun einmal darstellt, weil wir mit sechs Pinwänden (und den Wänden des Raumes) wesentlich flexibler sind.

Nicht zu unterschätzen ist auch die deutliche Identifikation der Schüler mit der Methode, vielleicht aber auch nur mit unserem Versuch. Wie ich Ihnen bereits in Hannover erzählte, waren die Schüler von Anfang an sehr neugierig auf das, was da, von mir angekündigt, auf sie zukommt. Inzwischen beobachte ich, wie mein Kurs mit einem gewissen Stolz anderen Schülern gegenüber von „unseren Pinwänden" spricht bzw. andere Kurse (aber auch Kollegen) mit Interesse und Neugierde auf unsere Aktivitäten schauen.

Ich bin von verschiedener Seite angesprochen worden, inwieweit ich andere partizipieren lassen könne. Dazu bin ich selbstverständlich bereit, muß aber einerseits darauf bestehen, daß dies in enger Kooperation geschieht, damit ich das Material habe, wenn ich es benötige, andererseits auch gewisse Vorsichtsmaßnahmen eingehalten werden, da, wie Sie wissen, die Oberflächen eben doch recht empfindlich sind.

Damit möchte ich noch einen weiteren Aspekt ansprechen, der Sie interessiert, nämlich der Einsatzort „Schule". Einerseits steht dem Einsatz in Schulen grundsätzlich nichts im Wege, wenn die Kollegen auch bereit sind, Sorgfalt walten zu lassen, d.h. konkret, darüber zu wachen, daß die Schüler nicht unbeaufsichtigt Zugang zu den Pinwänden haben. Leider ist es Tatsache, daß Schüler mit schulischem Eigentum wenig pfleglich umgehen, wobei das „Gestalten" der so einladenden weißen Flächen noch zu den harmloseren Tätigkeiten gehört. Außerdem ist es vorstellbar, daß für Schulen besonders die Pinwände mit Filzoberflächen geeigneter sind, weil hier der Reiz des Bemalens vielleicht gar nicht erst entsteht. Zudem gibt es verschiedene Unterrichtsmaterialien (vom Fremdsprachenunterricht weiß ich es), die auf Filzunterlagen haften.

Abschließend noch eine Anmerkung zum weiteren Vorgehen. Meine Planung geht dahin, mich nach der ersten Phase, d.h. unmittelbar vor den Herbstferien, Ende September/Anfang Oktober, wieder mit einem Bericht und aktuellen Fotos bei Ihnen zu melden.

2. Erfahrungsbericht über den Einsatz moderationsmethodischer Ansätze im Unterricht der Sekundarstufe II, hier im Fach Gemeinschaftskunde (2. Juli 1993)

2.1 Zur Gruppe

Bei der Lerngruppe handelt es sich um einen Leistungskurs im Fach Gemeinschaftskunde (GK), Jahrgangsstufe 13, 1. Halbjahr 1992/93. Der Kurs besteht aus elf Jungen und zwei Mädchen, alle bis auf zwei Neunzehnjährige im Alter von 18 Jahren. Die Gruppe besteht in dieser Zusammensetzung seit dem Schuljahr 1991/92. Besondere gruppendynamische Probleme, z.B. größere Unverträglichkeiten, bestehen nicht, gelegentliche Gegensätze sind nicht ernster Natur und werden auf humorvolle Art ausgetragen und rasch beigelegt.

Problematischer erscheint das Leistungsniveau des Kurses, das global als relativ niedrig zu bewerten ist, vergleicht man es mit den GK-Leistungskursen der letzten Jahre. Natürlich gibt es auch in dieser Gruppe einige gute Schüler, doch ist der Anteil derjenigen, die kaum oder gar nicht Leistungskursniveau erreichen bzw. halten, vergleichsweise groß. Dabei ist die generelle Arbeitshaltung keineswegs schlecht, d.h., es gibt keine offene oder versteckte Leistungsverweigerung oder Opposition. Diese Situation läßt es sinnvoll erscheinen, nach Arbeitsformen zu suchen, die die Schüler in besonderem Maße zu fördern geeignet erscheinen, und zwar im Sinne von eigenständigem und kooperativem Arbeiten. Hier bieten sich moderationsmethodische Ansätze besonders an, wie erste Versuche im vorigen Schuljahr gezeigt haben.

Die Schüler sind mit einigen Grundzügen der Moderationsmethode im Unterricht der Jahrgangsstufe 12 vertraut gemacht worden. Insbesondere der Umgang mit der Sachausstattung, Pinwände, Karten etc. bereitet keinerlei Probleme, das Herübertragen aus einem benachbarten Raum, das Verteilen etc. geschieht ohne großen zeitlichen Aufwand. Bemerkenswert ist auch der für Schüler fast untypisch zu nennende pflegliche Umgang mit der Ausstattung, die trotz intensiver Nutzung noch in ausgesprochen gutem Zustand ist: Zeichen der bereits im 1. Bericht angesprochenen Identifikation der Schüler mit dem Material und der Methode. Darüber hinaus sei daran erinnert, daß ein Schwerpunkt der Arbeit mit der Moderationsmethode die Sensibilisierung für Ästhetik der Präsentationsobjekte war, die Vermittlung eines Verständnisses für den Zusammenhang zwischen dem zu transportierenden Inhalts und der äußeren Form, z.B. durch klare Formen, deutliche Schrift, Einsatz von grafischen Mitteln bei gleichzeitiger Selbstbeschränkung auf sparsamen Einsatz derselben etc. Auf diesen Vorgaben konnte aufgebaut werden.

2.2 Zum Unterrichtsgegenstand

Kursthema des GK-Leistungskurses 13/I war „Deutschland und die Dritte Welt". Ferner sollte im November an der Schule ein „Tag der Menschenrechte" stattfinden, an dem sich der Leistungskurs beteiligen wollte.

Als theoretisches Fundament wurde im „regulären Unterricht" einige Zeit anhand theoretischer Texte und aktueller Berichterstattung über Erscheinungsformen und Erklärungsansätze des Phänomens „Unterentwicklung" gearbeitet. Hierauf sollte dann ab Oktober ein konkretisierender Teil anknüpfen, in dem die Schüler arbeitsteilig in zwei Gruppen je einen aktuellen Fall in Verknüpfung mit dem Thema „Menschenrechte/Menschenrechtsverletzungen" so bearbeiten sollten, daß er im Rahmen des „Tags der Menschenrechte" den Mitschülern der gesamten gymnasialen Oberstufe in anschaulicher Form präsentiert werden konnte, und zwar sowohl visualisiert als auch verbalisiert im Rahmen einer Podiumsdiskussion.

2.3 Zum Ablauf

Die hier darzustellende Unterrichtssequenz erstreckte sich über einen Zeitraum von ca. vier Wochen, nämlich von der zweiten Novemberwoche bis zum 10. Dezember („Tag der Menschenrechte"). Vorgeschaltet war, wie oben erwähnt, eine umfangreiche Erarbeitung theoretischer Kenntnisse zum Themenfeld „Unterentwicklung".

2.3.1 Vorbereitungsphase

Aufgrund der Kursgröße (13 SchülerInnen) verständigten sich die Beteiligten zu Beginn, daß in zwei Gruppen gearbeitet werden sollte.

Die Themenauswahl erfolgte durch die Gesamtgruppe. Dabei wurde im „brain-storming"-Verfahren mit einer Kartenfrage begonnen. Ausgangsfrage war „Welche Fälle aktueller Menschenrechtsverletzungen sind mir bekannt?". Aus den sich herauskristallisierenden acht Schwerpunkten, über die im offenen Unterrichtsgespräch kurz diskutiert wurde, um einander das vorhandene, meist lückenhafte und oberflächliche Vorwissen zu vermitteln, wurden dann durch Bepunktung zwei Themen ausgewählt, „Somalia" und „Brasilien". Die Themen blieben bewußt so weit und allgemein formuliert, um den Gruppen eine größtmögliche Gestaltungsautonomie zu erhalten.

Die Gruppenkonstituierung erfolgte auf der Grundlage von Freiwilligkeit und themenorientiertem Interesse, wogegen aus pädagogisch-didaktischer Sicht keine Einwände zu erheben waren, weil sich (zufällig) eine akzeptable leistungsspezifische Konstellation in beiden Gruppen ergab, so daß von einer annähernden Gleichgewichtigkeit gesprochen werden kann.

In einem nächsten Schritt wurde, immer noch in der Gesamtgruppe, Konsens darüber hergestellt, welche(s) Ziel(e) als verbindlich anzusehen seien. Auch hierbei wurde die Moderationsmethode ansatzweise eingesetzt. Ausgangspunkt war eine Pinwand – Überschrift „Präsentation am 10.12.92 – „Tag der Menschenrechte“ – Was müssen wir leisten?“

Als Ergebnis der in Zweiergruppen (eine Dreiergruppe) durchgeführten Sammelphase (Kartenfrage) wurden einerseits die in vorherigen Unterrichtseinheiten erarbeiteten Kenntnisse über sinnvolle Präsentation rekapituliert und um themen- und situationsspezifische Aspekte erweitert (vor allem die ungewohnte Situation eines im Unterschied zum Kurs wesentlich erweiterten und anonymen Auditorium und die höhere Komplexität der Themen), zum anderen wurden organisatorische Aspekte der Erarbeitung angesprochen (Zeitplanung, Materialbeschaffung, Zusammenspiel von Arbeitsteilung und Gruppenplenum, technischer Bedarf etc.).

Die Vorteile der Moderationsmethode sind an dieser Stelle besonders deutlich: Einerseits erarbeiten sich die Arbeitsgruppen selbst ein Arbeits- und Organisationsprogramm unter Einbeziehung aller Teilnehmer; hierdurch ist eine hohe Selbstverpflichtung und Eigenverantwortlichkeit durch jeden einzelnen für die folgende Erarbeitungs- und Präsentationsphase gegeben; andererseits bleibt das Ergebnis dank visualisierter Fixierung als Pinwandplakat die ganze Zeit über allen vor

Augen und stellt somit eine permanente Orientierungshilfe für die Gruppen im laufenden Arbeitsprozeß dar.

2.3.2 Erarbeitungsphase

Diese Phase wurde in beiden Gruppen (mit unterschiedlicher Intensität und Konsequenz) unter Zuhilfenahme der Moderationsmaterialien und methodischer Ansätze eingeleitet.

Lediglich in einer Gruppe wurde die Feinstruktur der internen Arbeit in Form einer „Problemanalyse" („Welche Arbeitsschritte sind vorzunehmen?") mit „brain-storming", Clusterbildung und Kategorisierung vorgenommen. Die Arbeitsverteilung auf die einzelnen Gruppenmitglieder erfolgte dann in offener Diskussion und wurde einvernehmlich vorgenommen. Das Ergebnis wurde an der Pinwand festgehalten, indem einzelnen Bereichen entsprechende Namen zugewiesen wurden. Ferner wurde in Diskussion ein recht kleinschrittiger Terminplan festgelegt.

Auch die andere Gruppe bediente sich der Pinnwände, um ihre Diskussions- und Planungsergebnisse zu fixieren, verzichtete aber darüber hinaus auf moderationsmethodische Arbeitsformen.

Der größere Teil der eigentlichen Gruppenarbeit soll hier nicht weiter beschrieben werden, zumal er sich über längere Phasen einer direkten Beobachtung entzog. Bemerkenswert allerdings ist, daß sich beide Gruppen einerseits, für Schüler erstaunlich, eng an die eigenen Zeit- und Planungsvorgaben hielten und andererseits sehr gründlich über die Präsentation (Gestaltung und Abfolge der Plakate, Formulierung der verbalen Ergebnisse und Zuordnung zu den Plakaten) reflektierten.

2.3.3 Präsentation

Auf Wunsch beider Gruppen fand vor der eigentlichen Präsentation am 10. Dezember eine kursinterne „Generalprobe" statt, bei der in solidarischer Kritik an Darstellungsfeinheiten gearbeitet wurde, insbesondere bezüglich der Körperhaltung, Gestik und des sprachlichen Ausdrucks.

So in doppelter Hinsicht sehr gut vorbereitet (durch die intensive und konsequente Gruppenarbeit und die konstruktive Kritik in der Generalprobe), geriet die „Premiere" zu einem vollen Erfolg. Die Repräsentanten agierten trotz erheblichen Lampenfieber angesichts eines Auditoriums von mehr als 150 Schülerlinnen, Lehrer/innen und auswärtigen Gästen souverän, standen offen zum Publikum, versuchten relativ erfolgreich, die Gestik zu reduzieren bzw. zu kontrollieren und die aussagekräftigen Plakate mit wenigen Ergänzungen zu unterstreichen und zu verknüpfen. So geriet dieser Teil sehr konzentriert und anschaulich; der Beifall des Publikums bestätigte diese Einschätzung.

Die anschließende Podiumsdiskussion, an der auch jeweils ein Gruppenmitglied teilnahm, verlief insgesamt weniger überzeugend, was aber nicht den beiden Leistungskursschülern anzulasten ist. Im Gegenteil: Diese beiden konnten in ihren Beiträgen mehrfach überzeugen, weil sie vor dem Hintergrund ihrer gesicherten und visualisierten Erkenntnisse argumentierten und so vor ansonsten häufig spekulativen und teilweise polemischen Äußerungen sicher waren.

Als besondere Anerkennung ist zu werten, daß der Gemeinschaftskunde-Leistungskurs von einem Grundkurs desselben Faches eingeladen wurde, im Rahmen einer Unterrichtsdoppelstunde ihre Ergebnisse ausführlich zu referieren und sich einer Diskussion zu stellen.

2.4 Einschätzung

Der Erfolg des Leistungskurses Gemeinschaftskunde am 10. Dezember 1993 ist m. A. wesentlich auf den Einsatz der Moderationsmethode an entscheidenden Stellen (s.o.) zurückzuführen. Auch wenn hier kein geschlossenes pädagogisches Gesamtkonzept vorliegt, sondern lediglich mit Ansätzen gearbeitet wurde, zeigt sich doch, daß Schüler/innen, wenn sie erst einmal selbstverständlich mit den Grundtechniken vertraut sind, unterrichtlich effektiver arbeiten und zu erstaunlichen Ergebnissen kommen. Faszinierend ist vor allem das hohe Maß an Eigenverantwortlichkeit und Eigenständigkeit, das mit diesem Ansatz verknüpft ist. Einher damit geht eine deutlich gesteigerte intrinsische Motivation der Schüler/innen durch ein hohes Maß an Identifikation, die damit auch zu mehr Spaß und Gruppenzusammenhalt führt.

Dieser Leistungskurs Gemeinschaftskunde ist kein Tutorium, also kein „Klassenverband", das z.B. zusammen eine Abschlußfahrt macht oder als Abiturgruppe antritt. Dennoch organisierten sich diese Schüler/innen als Leistungskurs Gemeinschaftskunde, um eine Mannschaft zum schulinternen Fußballturnier gegen andere Tutorienmannschaften aufzustellen, und zwar unter dem Namen „King Artur und die Ritter der Pinwände"!
Übrigens: Sie wurden Schul-Meister!

Grünberg, den 02. Juli 1993

Erfahrungsberichte zum Einsatz der Moderationsmethode im Grundschulunterricht

Anne Bauk-van Vugt, Konrektorin (Grundschule), Dillenburg

1. Erfahrungsbericht (04.08.1992, Grundschule Siegbach)

Spielend einfacher Aufbau, leichter Transport

Meine 3. Klasse war direkt nach der Lieferung der Pinwände sehr neugierig und gespannt auf den Inhalt der großen Pakete. Nach einer kurzen Erläuterung ging eine kleine Arbeitsgruppe ans Werk: Die großen Pakete wurden geöffnet, die Einzelteile wurden begutachtet, es wurde kurz beraten und innerhalb kurzer Zeit waren alle sechs Pinwände aufgebaut. Meine neunjährigen Schüler benötigten mich beim Aufbau kaum und waren erstaunt über die Leichtigkeit der Pinwände. Diese machte auch später den Kindern das Tragen innerhalb des Klassenraumes und in andere Räume sehr einfach. Daß die Schüler relativ selbständig mit den Teilen umgehen können, finde ich sehr vorteilhaft.

Anpinnen muß gelernt sein

Noch immer haben einige Schüler beim Anpinnen der kleinen Nadeln Schwierigkeiten. Statt die Nadeln kurz in die Pinwand hineinzustoßen, drücken sie die Nadeln langsam und mit viel Druck hinein, so daß für die Pinwand Kippgefahr besteht. Ich denke aber, daß diese Schüler mit zunehmender Übung sicherer im Anpinnen werden.

So hoch wie eine Wandschiebetafel

Wie auf den Fotos zu sehen, ist die Höhe einer Pinwand etwa genauso hoch wie eine hochgeschobene Tafel im Klassenraum. Die Bilder zeigen durchschnittlich große Schüler beim Anpinnen von Karten. Die Kinder konnten mit Mühe Wortkarten in der oberen Reihe anpinnen. Daß heißt, daß beim selbständigen Arbeiten der Schüler die oberste Pinwandfläche etwa im Maß einer Kartenhöhe nicht nutzbar ist. Allerdings ist dies vor allem auch deshalb nicht weiter tragisch, weil doch öfter Überschriften vorgegeben werden müssen. Bei Anwendung der Moderationsmethode entfällt das Problem ohnehin.

Spaß und Action bei der Arbeit

Meine Schüler waren immer begeistert, wenn die Pinwände im Unterricht eingesetzt wurden. Sie erzeugen eine hohe Motivation sich aktiv in den Unterricht einzubringen. Anpinnen macht den Schülern Spaß. Wortkarten zu ordnen oder an eine andere Stelle an die Pinwand zu stecken, eine Arbeit also, die mit Bewegung und Geschicklichkeit verbunden ist, wird nicht als trockene Übung empfunden. Das Foto zeigt z.B. eine Grammatikübung zur Einführung des Prädikats. Alle achtzehn Kinder meiner Klasse beteiligten sich sehr motiviert an der Pinwandarbeit. Gesteckte Lösungen wurden immer wieder angezweifelt, diskutiert, umgepinnt und zuletzt doch wieder an die zuerst gewählte Stelle gehängt, bis zum Schluß alle Kinder zufrieden waren.

Pinwand durch andere Medien nicht ersetzbar

Die mit Fotos dokumentierte Grammatikstunde hätte man – nicht im Besitz von Pinwänden – auch nur mit der Tafel als zentrales Visualisierungsmedium bewältigen können. Eine Tafel läßt allerdings statt des auf Anschaulichkeit basierenden Umhängens von Wortkarten als Ordnungsarbeit an der Pinwand, lediglich ein Ordnen durch Wischen und erneutem Anschreiben, durch farbiges Markieren oder aber Anschreiben von fertigen Ergebnissen zu. Einen Vorteil sehe ich auch in der Möglichkeit der Pinwand, Karten unterschiedlicher Farbe einzusetzen: Sie heben sich viel deutlicher ab, als es die farbige Tafelkreide vermag. Sicher wäre es auch möglich, Wortkarten mit Klebestreifen an die Tafel zu heften. Das aber ist umständlich und nach mehrmaligem Umhängen wegen mangelnder Haftung nicht praktikabel. Im Falle meiner Grammatikstunde wäre der Platz der Tafelfläche auch gar nicht ausreichend gewesen. Wer schon öfter mit Tesastreifen und Papier oder Pappe mit Schülern an der Tafel stand, wird eine Pinwand zu schätzen wissen!

Auch mit dem Overhead-Projektor konnten die Pinwände im Falle meiner Grammatikstunde konkurrieren. Das Ordnen der Satzteile wäre ebenso gut mit vorgefertigten Wortkarten auf Overhead-Folie möglich gewesen. Das Arbeiten mit Kärtchen aus Overhead-Folie auf dem Overhead-Projektor hat allerdings zwei wesentliche Nachteile: Die Kärtchen müssen sehr klein sein, d.h., daß auch die projektierte Schrift für hinten im Klassenraum sitzende Kinder sehr klein und schlecht lesbar ist. Außerdem verrutschen solche kleinen Folienkärtchen sehr leicht auf der Projektorfläche und man erhält durch ungeschickte Schülerhände schnell ein wirklich „krummes“ und „schiefes“ Bild.

Das Klassenzimmer öffnen

Die Pinwände halfen mir auch in meinem Bestreben, meinen Schülern und ihren Arbeitsergebnissen den Klassenraum zu öffnen. Mit Fotokopien alter Fotos und kurzen selbst erstellten, erläuternden Texten gestaltete die Klasse Pinwände zu einem von ihnen im Sachunterricht gewünschten Thema. Wie Sie auf dem Foto erkennen können, interessierten sich auch Schüler anderer Klassen für die alten Eisenerzgruben in unserer heimischen Gegend. Rege Gespäche mit interessierten Schülern fanden während Pausen in dem ansonsten nur selten genutzen „Aktionszentrum“ unserer Schule statt.

Ich denke, daß die Pinwände tolle Möglichkeiten bieten, den Unterricht einer Klasse auch den Mitschülern der anderen Klassen zu öffnen. Dies gilt ebenso für die Elternarbeit. Während eines Elternabends wurden die von den Schülern gestalteten Pinwände aufmerksam und sehr positiv wahrgenommen. Meine Klasse wird sicher künftig mit Hilfe der Pinwände viele interessante Arbeiten dokumentieren und präsentieren, wobei eine attraktive optische Gestaltung der Pinwände bzw. attraktivere Präsentation mich und meine Schüler im Unterricht fordern wird.

„Litfaßsäulenpinwand"

Unlängst sah ich in einem Klassenzimmer einer pädagogisch sehr engagierten Kollegin eine aus Pappe gebastelte kleine Litfaßsäule, die den Schülern eine Möglichkeit bot, fertige Textarbeiten, Zeichnungen etc. auszustellen. Diese Litfaßsäule war so leicht, daß sie ohne Mühe auch vor den Klassenraum getragen werden konnte. Sie sah interessant aus, hatte aber Nachteile: Die Dokumentationsfläche war relativ klein. Pappe läßt sich sicher nicht auf Dauer bekleben. Die Anordnung meiner Pinwände im „Aktionszentrum" nimmt die Idee der Litfaßsäule auf. Eine Synthese jedoch wäre eine tragbare, farbige Litfaßsäule aus Pinwandmaterial, die eine optimale Nutzbarkeit und interessante Optik für Schulzwecke vereinen würde (z.B. ein drei- oder viereckiger farbiger „Pinwandturm" mit Dach!).

Problemlos dokumentieren

Um Plakate, Karten u.ä. im Unterricht zu dokumentieren benötigt man sicher nicht unbedigt eine Pinwand. Wie groß aber ist der Ärger, wenn Klebegummi nicht richtig befestigt oder Klebestreifen wertvolles Material zerstören oder verunzieren. Auch hier fand ich bisher die Pinwand sehr vorteilhaft.
Während eines Elternabends zur einwöchigen Klassenfahrt im August unterstützte ich meine verbalen Informationen zum

Aufenthaltsort, indem ich Plakate und anderes Bild- und Informationen anpinnte.

Beschränken sich die Erfahrungen mit dem Einsatz der Pinwand in der Schule bisher eher auf die Bereiche „Informieren, Dokumentieren“ und „Erarbeiten durch Ordnen und Strukturieren“, so möchte ich nach den Sommerferien insbesondere im Sachunterricht auch Teile der Moderationsmethode ausprobieren, zumindest schiftliches Brainstorming, Cluster bilden, Überschriften finden, zu bearbeitende Themen bepunkten und Arbeitsergebnisse optisch gestalten und präsentieren (Schwerpunktthema „Wasser“).

2. Erfahrungsbericht (14.07.93, Grundschule Siegbach)

Erfahrungen mit Moderation und Pinwänden im Grundschulunterricht

Eine Moderation von der Phase des schriftlichen Brain-stormings bis zur Präsentation der Ergebnisse an Pinwänden ist auch in der Grundschule möglich. Diese Erfahrung machte ich während der Durchführung verschiedener fächerübergreifender Projekte in den Fächern Deutsch, Sachunterricht und Kunst in einem 4. Schuljahr. In der Reflexion meines Unterrichts mit Hilfe von Moderation und Pinwänden wurden mir pädagogische Prozesse bewußt, die ich nachfolgend in Kürze darlege:

A. Moderation als Unterrichtsmethode

1. Schriftliches Brain-storming

Die hohe Motivation der Schüler beim Einsatz der Pinwände und des Materials führte während Phasen des schriftlichen Brain-stormings zu folgenden Ergebnissen:

- Jedes Kind war in den Unterricht aktiv einbezogen, niemand war geistig abwesend oder unkonzentriert. Eher herrschte eine kreative, zielgerichtete Arbeitsatmosphäre vor, in der jeder sein Bestmöglichstes einbrachte. Hier zeigte sich bereits ein besonderer Vorteil des Einsatzes der Moderationsmethode im Unterricht: Die gesamte Klasse war in den Unterricht einbezogen; jeder, auch das schwächste Kind in der Klasse, konnte sich beteiligen; keiner war ausgeschlossen; es gab keine „falschen Karten“ bzw. es wurden die Karten eines jeden Kindes angenommen, was letztendlich auch bedeutete, daß niemand abqualifiziert wurde, keine Karte zerredet oder gar abgelehnt wurde.
- Der von einer vollständigen Moderation losgelöste Einsatz der Methode des schriftlichen Brain-storming (z.B. erfolgt beim Einstieg in ein „Indianerprojekt“, während eines „Waldprojektes“ etc.) zeigte, daß dadurch eine Binnendifferenzie-

rung erreicht wird, die durch die Akzeptanz jeder Karte ein positives, soziales Klima in der Klasse erzeugt und ein Gruppengefühl wachsen läßt.

2. Clusterbildung

Das Anpinnen der Karten und die Clusterbildung nahmen während des allerersten Probelaufs der Moderation aufgrund der Vielzahl der Karten (18 Schüler füllten jeweils 3 Karten aus, viele Schüler schrieben mehr Karten; viele waren auch doppelt) und der Unbekanntheit der Methode noch relativ viel Zeit in Anspruch. Während sich beim Clustern viele Kinder beteiligten und ihnen inhaltliche Zuordnungen relativ leicht fielen, suchten sie zum Teil beim Finden geeigneter Überschriften, also der Begriffsbildung, nach Worten. Dieser sprachlich abstrahierende Teil muß durch den Moderator/Lehrer durch eine Reihe geeigneter Impulse/Hinweise unterstützt werden, um die sprachlichen Möglichkeiten der Schüler zu erweitern. Im Laufe der Zeit und nach etlichen Durchläufen, in denen sich die Schüler im Umgang mit der Methode übten, habe ich auch die Methode des schriftlichen Brain-storming mit Clusterbildung und Finden von Überschriften im offenen Unterricht bzw. in der Wochenplanarbeit eingesetzt.

Es war aufschlußreich zu beobachten, daß die Aufgabe des Ausfüllens und Anpinnens der Karten (Projekt „Wald“) von allen Schülern während der Wochenplanarbeit als erste gewählt und bearbeitet wurde.

Pädagogisch noch wertvoller war die Gruppendynamik, die sich während dieses Vorgangs in der Klasse entwickelte: An den Gruppentischen wurden Ziele aufgestellt, daß möglichst unterschiedliche Begriffe aufgeschrieben werden sollten, um eine Vielzahl von Karten zu erreichen. Die von mir bei der Planung des Wochenplans nicht reflektierte, stillschweigend vorausgesetzte Einzelarbeit, wurde von den Schülern nicht aufgegriffen, sondern die einzelnen Schüler der 3 Tischgruppen wählten zielbewußt die Form der Gruppenarbeit und sprachen sich untereinander ab.

Das selbständige Clustern der achtzehn beteiligten Kinder erfolgte während der offenen Lernphasen inhaltlich noch nicht ganz perfekt. In einer kurzen frontalen Phase während der Wochenplanarbeit wurden noch einige Karten umgehängt und gemeinsam Überschriften gefunden.

3. Auswahl und Bewertung zu bearbeitender Themen durch Bepunkten

Neben dem die Schüler besonders motivierenden, bewegungs- und handlungsorientierten Aspekt des Aufklebens von bunten Punkten (machen alle – auch Erwachsene gerne!) und Namenseintragens in das Raster, ist wichtigstes Merkmal dieser Phase, daß die Schüler im Sinne einer Binnendifferenzierung frei wählen können. Die Urteils- und Entscheidungsfähigkeit der Kinder wird gestärkt; es ergeben sich günstige Auswirkungen auf Lernmotivierung und Leistungsmotivation.

4. Bearbeitung der gewählten Themen

Die Arbeit an den gewählten Themen kann unterschiedlich erfolgen:

Während des Projektes „Wasser“ arbeiteten die Schüler in 3 unterschiedlichen Arbeitsgruppen in Freier Arbeit. Eine Gruppe von 8 Schülern bearbeitete das Thema „Tiere im und am Wasser“, weitere 8 Schüler das Thema „ Pflanzen im und am Wasser“ und zwei Kinder das Thema „Freizeit - Wasser“. Während die beiden Schülerinnen die benötigten Informationen durch einen in Partnerarbeit erstellten Fragenkatalog und durch ein anschließendes Interview des Bürgermeisters einholten und schließlich auf einer Pinwand präsentierten, arbeiteten die beiden größeren Arbeitsgruppen mit von mir vorbereiteten Materialkästen, in denen sich differenziertes Arbeitsmaterial, Sachbücher und ausgesuchte Arbeitsblätter zum Beschriften, Ausschneiden und Kleben befanden.

Diese Gruppenarbeitsphase stellte an die Kinder hohe Ansprüche: Sie mußten eigenständig mit Hilfe der vorbereiteten Materialkästen zu bearbeitende Themen auswählen, geeignetes Material sichten und damit umgehen, selbständig über Arbeitstempo und Arbeitsplatzwahl entscheiden, die Einhaltung der Klassenregeln bei der gemeinsamen Arbeit beachten, in der Gruppe kooperativ reagieren, evtl. Konflikte angemessen austragen und ihre Arbeitsergebnisse sichtbar an den Pinwänden präsentieren.

Während dieser Arbeitsphase beschränkte sich meine Rolle auf unterstützendes Beraten, Helfen und Kontrollieren.

Bei einem kürzlich gelaufenen Projekt zum Thema „Wald“ stand nicht die Gruppenarbeit mit didaktisch vorstrukturiertem, vorbereitetem Material im Mittelpunkt, sondern die Freie Arbeit an einer „Waldkartei“.

Während eines Indianerprojektes im Frühjahr arbeiteten die Schüler im Rahmen der Wochenplanarbeit sowohl an einer „Indianerkartei“, als auch an verbindlichen Pflichtaufgaben, die in Form verschiedenster Arbeitsblätter erledigt werden mußten.

Zusammenfassend läßt sich sagen, daß die Phase der Themenbearbeitung mit Hilfe der Moderationstechnik völlig offen gestaltet werden kann und es der Entscheidung des Lehrers/Moderators überlassen bleibt, mit welchem Material, welcher Intensität und welcher Methode er die Phase Freien Arbeitens an diesem selbstgewählten Thema plant.

5. Präsentation der Ergebnisse

a) Visualisieren der Arbeitsergebnisse

Viele wertvolle schriftliche Schülerarbeiten verschwinden im normalen Unterricht nach vollbrachter schriftlicher Verbalisierung in dunkle Schülermappen, ohne daß sie weiterhin vom Produzenten selbst oder anderen MitschülerInnen beachtet und wahrgenommen werden, obwohl doch Aufschreiben nicht um des Aufschreibens willen geschieht, sondern z.B. um etwas für sich selbst festzuhalten oder um anderen etwas mitzuteilen.

Dieser unbefriedigende Zustand eines zumeist kaum ausgeprägten Offenlegens von schriftlichen Arbeitsergebnissen kann mit Hilfe der Pinwände umgewandelt werden in einen Zustand gegenseitigen Aufklärens über eigene Arbeitsergebnisse und kann mit Hilfe gezielter Arbeitsaufträge durch den/die Lehrerin in einen kommunikativen Prozeß münden.

Visualisieren von Arbeitsergebnissen bedeutet für die Kinder: „Mein Arbeitsprodukt wird von allen MitschülerInnen gesehen, zur Kenntnis genommen, beachtet und wertgeschätzt."
Im Bewußtsein, daß das eigene Arbeitsergebnis von anderen ernst genommen wird und in der Erfahrung, daß die eigene Arbeit einem positiven Vergleich mit anderen Arbeiten standhalten soll, liegt für viele Kinder der Ansporn, bestmöglichst zu arbeiten und nur das von der eigenen Warte aus gesehen beste Arbeitsergebnis zu visualisieren.

Visualisieren bedeutet auch, eines der wesentlichen Repräsentationssysteme (visuell, auditiv, kinästhetisch, olfaktorisch, gustatorisch - vgl. Bernhard F. Cleveland: Das Lernen lehren - Erfolgreiche NLP-Unterrichtstechniken, Freiburg 1992) in den Unterricht einzubeziehen. Leider neigen auch LehrerInnen dazu, im Unterricht ihr eigenes dominantes sensorisches System zu bevorzugen und benachteiligen damit offensichtlich solche SchülerInnen, die ein anderes dominantes Repräsentationssystem haben. SchülerInnen mit einem dominanten visuellen System profitieren von jeder Art visueller Lernaktivität. Diese Tatsache, verbunden mit einer Forderung nach Integration aller sensorischer Systeme im Unterricht, fordert im Grunde genommen die ständige Einbeziehung von Pinwänden in den Unterricht ein.

Visualisieren bedeutet also: Ein Unterrichtsinhalt, ein Thema, ein Projekt ist ständig präsent. Weil das so ist, können auch visualisierte Informationen, Zusammenhänge etc. besser abgespeichert werden. Der Gedanke an unsere „Merkwölkchen" an der Wand unseres Klassenzimmers hilft den SchülerInnen die Merksätze zu reproduzieren. Ein Blick auf eine Pinwand mit der Wolke „Schützt den Wald" läßt - vorausgesetzt, die SchülerInnen haben alle Texte und Bilder gelesen und wahrgenommen - wesentliche Kenntnisse und Erkenntnisse Revue passieren. So findet also mit Hilfe der Visualisierung eine bessere Speicherung von Kenntnissen und Erkenntnissen und ein ständiges Vertiefen statt.

b) Präsentation der Ergebnisse in der Klasse

Das Zusammenstellen von Arbeitsergebnissen an den Pinwänden unter ästhetischen Gesichtspunkten fiel den Kindern noch schwer. Unter Zeitdruck mangelte es auch mir oftmals an Phantasie, die Arbeitsergebnisse optisch besser aufzubereiten. Ich denke, daß es hier noch viele unentdeckte Gestaltungsmöglichkeiten gibt!

Die Präsentation erfolgte in der Regel freitags im Wochenabschlußkreis. Im Halbkreis vor gestalteten Pinwänden sitzend, trugen dann einzelne Schüler ihre Arbeitsergebnisse kurz vor. Weniger redegewandte oder noch nicht frei vor der Gruppe sprechende Kinder lasen ihre Texte vor oder erklärten ihre Bilder. Fragen wurden beantwortet und mit Hilfe meiner Impulse fand eine Kommunikation über die präsentierten Arbeitsergebnisse hinaus statt.

Fiel den Kindern zu Beginn des Schuljahres das Präsentieren vor der Lerngruppe zum Teil noch recht schwer, so haben nun etliche SchülerInnen Gefallen daran gefunden, das von ihnen Gelernte vor- und sich selbst darzustellen. Deswegen gehe ich auch davon aus, daß die Arbeit an den Pinwänden und das Trainieren von Präsentationen vor Pinwänden das Selbstbewußtsein der SchülerInnen stärkt. Bei der Pinwandpräsentation während des Waldprojektes waren z.B. alle SchülerInnen des Sitzkreises aktiv sowohl in die Präsentation als auch in das gemeinsame Gespräch über die gegebenen Informationen einbezogen. Während der Wochenplanarbeit hatten sie sich als „Experten" bereits auf die Präsentation vorbereitet und fühlten sich im Wochenabschlußkreis als solche bestätigt und von den anderen angenommen.

c. Päsentation der Ergebnisse in der Schule

In meinem Schreiben vom 04.08.92 erwähnte ich bereits, daß die Pinwände mir in meinem Bestreben halfen, meinen Schülern und ihren Arbeitsergebnissen den Klassenraum zu öffnen und ein Stück Schulleben zu gestalten. In der nachfolgenden Zeit trugen meine SchülerInnen mit sichtbarem Stolz und Selbstbewußtsein noch etliche Male ihre gestalteten Pinwände in das „Aktionszentrum" vor dem Klassenzimmer, damit alle SchülerInnen der Schule die Möglichkeit der Informationsaufnahme hatten.

Kaum standen die Pinwände an geeigneter Stelle im Aktionszentrum unserer Schule, wurden sie umringt von vielen SchülerInnen. Ich habe oftmals beobachten können, daß viele SchülerInnen nicht nur intensiv lasen, betrachteten, fragten oder gar diskutierten, sondern daß auch etliche Kinder aus meiner Parallelklasse besonders motiviert wurden, ebenfalls an Pinwänden zu präsentieren.

So trugen die Pinwände zum Spannungsverhältnis zwischen Sich-Darstellen einerseits und Zuschauen und Zuhören andererseits bei, was unbedingt zu einem aktiven Schulleben gehört. Schulleben braucht Schulöffentlichkeit. Schulöffentlichkeit aber braucht sowohl SchülerInnen, die bereit sind aus der Gruppe herauszutreten, als auch SchülerInnen, die aufnahmebereit sind. Ich denke, daß die Präsentation der gestalteten Pinwände für die SchülerInnen meiner Klasse eine Erweiterung und Differenzierung ihrer sonstigen Schülerrolle bedeuetete.

d. Präsentation außerhalb der Schule

Mit Hilfe der Pinwände konnte ich auch ansatzweise meinen pädagogischen Anspruch, die Schule nach außen zu öffnen, realisieren.

Schule darf kein Schonraum sein, der sich mit eigenen Inhalten und Regeln nach außen abschirmt. Sie muß Erfahrungsbrücken bilden zum sozialen Alltag, zur Natur, zur gegenständlichen Welt im Nahbereich, zu Personen, deren Lebensgeschichte und Lebenserfahrung für Kinder bedeutungsvoll sein können, zu kulturellen Traditionen und Entwicklungen. Vor diesem Hintergrund hat Schule heute die Verpflichtung, die Erfahrungen der Kinder aufzugreifen und die Zersplitterung der Lebenswirklichkeit pädagogisch aufzufangen. Die Einheit von Leben und Lernen muß mindestens punktuell durch ein aktives Schulleben erlebbar gemacht werden um die sozialen, emotionalen, kulturellen und sinnlich-gegenständlichen Erfahrungen der Kinder zu erweitern.

Vor diesem pädagogischen Hintergrund gestalteten die SchülerInnen meiner Klasse Pinwände zum Thema „Stoppt die Bachverschmutzung" (im letzten Kapitel wird auf das Projekt und die Gestaltung der Pinwände näher eingegangen.).

Nachdem die Pinwände in der Schule großes allgemeines Interesse bei nahezu allen SchülerInnen weckten und eine zeitlang sehr bewußt wahrgenommen worden waren, trugen meine SchülerInnen die beiden Pinwände in den Eingangsbereich der benachbarten Gemeindeverwaltung. Das Ziel, mit den Pinwandplakaten nach außen zu gehen, um Jugendliche und Erwachsene anzusprechen, sie aufzufordern und zu überzeugen, hatten die Kinder bereits gleich zu Beginn des Projektes entwickelt. In ihrer Verbundenheit mit dem Bach, der durch ihr Dorf fließt, und in der Überzeugung, diesen Bach vor weiteren Verschmutzungen schützen zu müssen, gestalteten sie mit Hilfe der Pinwände eine Umweltaktion, die der Bürgermeister der Gemeinde den Kindern gegenüber sehr begrüßte und die mit seiner Genehmigung der Aufstellung der Pinwände im Foyer des Bürgerhauses vielen Menschen in der Gemeinde zugänglich wurde.

Während dieser Umweltaktion zeigte sich wieder einmal der Vorteil der an jeder beliebigen Stelle schnell und leicht auf- und abbaubaren Wände. Die Maße der Kadett-Wände scheinen für neun- bis zehnjährige Kinder besonders geeignet zu sein.

B. Pinwände als Präsentationsmedium und Hilfe für eine Öffnung des Unterrichts

Pinwände helfen nicht nur, den Unterricht methodisch zu verändern, sondern tragen auch dazu bei, den Unterricht inhaltlich abwechslungsreicher und flexibler zu gestalten. So haben LehrerInnen und SchülerInnen jederzeit verfügbaren Raum um Plakate, Fotos, Zeitungsartikel u.a. Informationsmaterial in den Unterricht einzubringen. Meine SchülerInnen trugen während des Sachunterrichtthemas „Hessen“ Postkarten und aus Prospekten ausgeschnittenes Bild- und Informationsmaterial über „Sehenswürdigkeiten in Hessen“ an einer Pinwand zusammen.

Mit Hilfe der Pinwände können alle von SchülerInnen in den Unterricht eingebrachten visuellen Materialien tatsächlich so präsentiert werden, daß sie die Aufmerksamkeit aller MitschülerInnen finden.

Auch für den Unterricht in der Grundschule inhaltlich interessante, aber vom Niveau nicht direkt geeignete, sprachlich zu schwierige und überladene Materialien, die aber gutes Bild- und Fotomaterial, wichtige Grafiken und einzelne für die SchülerInnen wesentliche Textabschnitte enthalten, können an Pinwänden kindgerecht präsentiert werden: Während der Unterrichtseinheit „Elektrischer Strom“ – in Vorbereitung des Besuchs eines Stausees und Wasserkraftwerks im Westerwald – zerschnitt ich z.B. ein Heft der Elektrizitäts-Aktiengesellschaft Mittelhessen, um mit Hilfe der anschaulichen Teile der Broschüre eine Pinwand zum Thema „Wasserkraft im Westerwald“ zu gestalten. Kurze Textinformationen lieferten von mir beschriftete Pinwandkarten. Diese so gestaltete Pinwand lieferte neben einem Arbeitsblatt die Arbeitsgrundlage für meine SchülerInnen, die sich im Rahmen der Wochenplanarbeit mit dem Inhalt der Pinwand auseinandersetzen mußten.

Auf diese die Selbsttätigkeit der Kinder ermöglichende und fördernde Weise wurde den GrundschülerInnen ein wichtiger Inhalt zugänglich, der im traditionellen Unterricht den SchülerInnen nicht annähernd so erfolgreich hätte nahegebracht werden können.

Auf meine positiven Erfahrungen im Bereich des Informierens und Dokumentierens mit Hilfe der Pinwände hatte ich bereits in meinem Schreiben vom 04.08.1992 hingewiesen. Inzwischen ist mir die Einbeziehung der Pinwände in meinen Unterricht so selbstverständlich geworden, daß ich sie nicht mehr missen möchte. Ob es um die Zurverfügungstellung einer Pinwand für tolle Geschichten oder Gedichte von SchülerInnen geht, ob während des „Indianerprojektes“ ein großes Plakat präsent sein muß, ob Hinweise, Arbeitsanweisungen oder wichtiges Arbeitsmaterial zum Wochenplan veröffentlicht werden muß, ob Zeichnungen und Bilder aus dem Kunstunterricht gezeigt werden sollen, ob von den Schülern hergestellte „Indianerketten“ präsentiert werden sollen – immer war ich bei allen Aktivitäten auf meine Pinwände angewiesen bzw. boten sie mir optimale Möglichkeiten meine Pläne zu realisieren.

C. Veränderte Lehrerrolle

Der Einsatz von Moderation und Pinwänden in der Grundschule setzt bei der damit arbeitenden Lehrerkraft voraus, daß ihr die Selbsttätigkeit der SchülerInnen wichtigstes Unterrichtsprinzip ist. Der traditionelle Stundenaufbau nach Otto/ Heimann/Schulz oder Klafki greift hier nicht mehr – der traditionelle 45-Minuten-Rhytmus, nach dem üblicherweise an Schulen gearbeitet wird, macht keinen Sinn mehr. Dieser traditionellen Schranken entledigt, setzt der Einsatz von Pinwänden eine Lehrerin, einen Lehrer voraus, die/der sich auch seiner traditionellen Rolle als „Wandelndes Wissen“ entledigt. Nicht der Lehrer, die Lehrerin steht im Vordergrund, sondern das Lernen selbst. LehrerInnen werden zu Organisatoren und Moderatoren von Lernprozessen. Sie regen an. Sie zeigen den Arbeitsweg. Sie stellen vorbereitetes, strukturiertes Matrial zur Verfügung. Sie sorgen für eine Ergebnissicherung. Sie kümmern sich um Lernprozesse bei den einzelnen Kindern, geben Hinweise und Denkanstöße oder intensive Anleitung und regulieren den emotionalen und Beziehungbereich und den Prozeß in der Lerngruppe.

D. Gestaltung einer Pinwand – Erfahrungen im Projekt „Stoppt die Bachverschmutzung“

Eine besonders positive Erfahrung mit dem Einsatz von Pinwänden machte ich während des Projektes „Stoppt die Bachverschmutzung“: Die Pinwände in der Klasse ermöglichten mir, völlig von meinem geplanten Kunstunterricht abzuweichen und spontan mit ihnen ein den Deutsch-, Sach- und Kunstunterricht umfassendes Projekt zu entwickeln.

Meine geplante Kunststunde, während der die Schüler in Wachsstift-Malerei und in Einzelarbeit ein einfaches Landschaftsbild mit einem sich schlängelnden und nach vorne breiter werdenden Fluß und fortschreitender Wasserverschmutzung durch eine Fabrik darstellen sollten, entwickelte sich zu einer großen Gemeinschaftsarbeit, die das Problem der Bachverschmutzung im eigenen Dorf aufgriff. Ergebnis dieser Gemeinschaftsarbeit war eine große Collage (1 Pinwand), welche die Bewohner des Dorfes auf das Problem des verschmutzten Baches aufmerksam machen sollte, sowie eine von den Schülern gestaltete Pinwand, auf der sich alle Kinder der Klasse zum Problem des verschmutzten Baches und zum Sinn ihrer Collage äußerten. Das Aufstellen der beiden Pinwände im Eingangsbereich des der Schule nahegelegenen Bürgerhauses wurde von den Kindern der Klasse als aktives Handeln für eine naturnahe Umwelt wahrgenommen und vom Bürgermeister und den Eltern der SchülerInnen als lobenswerte Umweltaktion anerkannt.

Das Projekt entwickelte sich spontan, indem ich erstens auf die Interessen der SchülerInnen einging und ihre Lebenswirklichkeit in den Mittelpunkt des Unterrichts rückte, und zweitens, indem ich auf die durch die Pinwände vorhandenen Moderations- und Gestaltungsmöglichkeiten zurückgriff:

1. Die Klasse legte fest, gemeinsam ein großes Bild vom mit Müll verschmutzten Bach zu erstellen. Das Plakat soll an einer geeigneten Stelle im Hof aufgehängt werden.
2. Das Format des Bildes wurde festgelegt. Die Klasse entschied, daß das Bild eine Art Plakat werden soll: Das Plakat soll Mitbewohner des Dorfes auf das Problem aufmerksam machen und bewirken, daß der Bach künftig sauber bleibt.

3. Der Aufbau des Plakates wurde besprochen und an einer Pinwand mit dicken Filzstiften skizziert (Horizont, Flußverlauf, Perspektive, Landschaft, Dorf).
4. An einer anderen Pinwand wurden „Ideen zum Bild verschmutzter Bach“ gesammelt. Eine Schülerin notierte an der Pinwand auf Zuruf alle Vorschläge.
5. Die weitere Vorgehensweise bei der Plakaterstellung wurde besprochen.
   a) Die Klasse sammelt während eines Unterrichtsganges zu einer besonders verschmutzten Stelle des Baches im Dorf Müll. Dieser soll Verwendung bei der Plakat-Collage finden.
   b) Um die gesammelten „Ideen zum Bild verschmutzter Bach“ zu realisieren, werden alle „Ideen“ als Aufgaben an die Kinder der Klasse verteilt. Es entstehen Arbeitsgruppen:
   Eine Gruppe malt mit Plaka-Farben auf dem Fußboden des Klassenraumes eine große Landschaft mit Bach auf ein Pinwand-Plakat. Weitere kleine Gruppen malen mit Wachsstiften weitere Details wie Häuser des Dorfes, Bäume, Spielplatz etc. und schneiden die einzelnen Teile aus. Die ausgeschittenen Teile werden auf einer Pinwand gesammelt.
   c) Die SchülerInnen beschriften Pinwandkarten mit möglichen Überschriften für ihr Umweltplakat. Von den an einer Pinwand gesammelten Überschriften wird von der Klasse die beste ausgewählt.
   d) Nachdem die mit Plaka-Farben erstellte Landschaft mit Bach erstellt ist und eine Pinwand ziert, pinnt eine Gruppe von Kindern die kleinen mit Wachsstiften gemalten Einzelteile an. Innerhalb der Gruppe findet ein reger Austausch darüber statt, wohin jeweils die Einzelteile gepinnt werden sollen. Angepinnte Teile werden immer wieder abgenommen und Wirkungen durch anderes anpinnen werden ausprobiert.
   e) Die Arbeitsgruppe präsentiert ihr Ergebnis: Alle Einzelteile sind in die Landschaft durch Anpinnen eingefügt. Die Klasse bestätigt gute Effekte durch positive Rückmel-

dung, macht aber auch viele Veränderungsvorschläge, die sofort von der Arbeitsgruppe aufgegriffen werden. Viele Einzelteile werden nun anders in die Landschaft gruppiert und umgepinnt. Zum Schluß ist die ganze Klasse mit dem gemeinsamen Ergebnis zufrieden.

f) Eine weitere Arbeitsgruppe nimmt nun die Anordnung des gesammelten Mülls auf dem aufgemalten Bach vor. Der Müll wird zerkleinert und einfach angepinnt. Auch hier erfolgen in der Arbeitsgruppe immer wieder Diskussionen um eine bessere Anordnung um eine größere Wirksamkeit des Plakates zu erzielen. Die Einfachheit des Anpinnens erleichtert es den Kindern, unterschiedliche Wirkungen des Mülls durch verschiedene Platzierungen auf dem Plakat auszuprobieren.

g) Anschließend erfogt wieder wie bei f) die Besprechung des Arbeitsergebnisses in der Gruppe. Wieder werden Veränderungen vorgenommen, solange bis alle Kinder der Klasse mit „ihrem" Plakat zufrieden sind.

h) Die Klasse entscheidet nach dem Abwägen verschiedener Möglichkeiten der öffentlichen Präsentation ihres Plakates, daß der Bürgermeister informiert werden soll und daß es im Foyer des Bürgerhauses mit der Pinwand aufgestellt werden soll.

i) Unter den Überschriften „Wie wir unser Plakat 'verschmutzter Bach' gestalten wollen", „Warum wir so ein Plakat herstellen", „Was wir mit dem Plakat erreichen wollen" und „Was wir mit dem Plakat machen wollen" verbalisieren die Kinder schriftlich nach Auswahl einer Überschrift ihre Vorstellungen.

j) Eine Arbeitsgruppe gestaltet mit diesen schriftlichen Aussagen der SchülerInnen eine Pinwand, die die Aussagen des Plakates unterstützen soll.

k) Die beiden „Umwelt-Pinwände" werden im "Aktionszentrum" der Schule allen SchülerInnen zugänglich gemacht.

l) Eine SchülerInnen-Abordnung besucht den Bürgermeister, erklärt ihre Umweltaktion und bittet den Bürgermeister um Genehmigung für eine Aufstellung der Pinwände im Bürgerhaus.

m) Die beiden Pinwände werden in Begleitung der gesamten Klasse ins Bürgerhaus getragen und in Anwesenheit und Rede des Bürgermeisters im Foyer aufgestellt.

Während des gesamten Ablaufs wurde mir klar, daß dieses Projekt deshalb so spontan verwirklicht werden konnte, weil ich in den Pinwänden die geeigneten technischen Hilfsmittel zur Verfügung hatte.

E. Lernziel „Soziale Kompetenz"

Insbesondere während des soeben geschilderten Projektes zeigten sich die besonderen Einsatzmöglichkeiten der Pinwände bei Gruppenarbeiten. Anpinnen eröffnet anders als an- oder festkleben die Möglichkeit ständiger Veränderung. Dies gibt Mitgliedern von Arbeitsgruppen die Chance, Meinungen nicht nur einzubringen, abzuwägen und zu diskutieren, sondern Bestehendes durch Umpinnen auch ohne großen Aufwand zu verändern. Einer Arbeitsgruppe wird damit die ideale Möglichkeit geboten, einen gemeinsamen Konsens (z.B. das oben erwähnte Umweltplakat) zu finden.

Wichtige Merkmale beim Einsatz der Moderationsmethode und durch Pinwände unterstützter Gruppenarbeitsphasen sind:
- Die Selbsttätigkeit der Schülerinnen wird herausgefordert, ermöglicht und entwickelt.
- Durch die gemeinsamen Beratungen entsteht Planungsfähigkeit.
- Es findet eine Stärkung der Entscheidungsfähigkeit der Kinder statt.
- Kooperationsfähigkeit wird angebahnt und gefördert.
- Angemessene Konfliktregelungsmuster können erworben und eingeübt werden.
- Die Kinder lernen, sich selbst und ihre MitschülerInnen besser einzuschätzen.

„Jeder Tag ein Abenteuer ...!"

– Besondere Methoden für besondere Kinder –
Einsatz der Moderationsmethode im Sonderschul-Unterricht

Monika Morawietz
Georg-Kerschensteiner Schule (Sonderschule), Wettenberg

1. Der ganzheitliche Ansatz

Das tägliche Abenteuer für mich ist die Planung, Durchführung und Gestaltung des Unterrichts an einer Schule für Lern- und Erziehungshilfe in Mittelhessen. Nach 12 Jahren Mitarbeit in Projekten der Jugendhilfe, in Institutionen zur beruflichen Bildung von Jugendlichen und Erwachsenen, nach dem Aufbau eines Fort- und Weiterbildungszentrum für Frauen und der Übernahme von Leitungsaufgaben in einer Berufsbildungsgesellschaft ist dies seit 2 Jahren mein Platz für Erziehungs- und Gemeinwesenarbeit im Sinne eines ganzheitlichen Ansatzes. Die Umsetzung des sozial- und bildungspolitischen Auftrages, den ich im Laufe meiner beruflichen Arbeit für unterschiedliche Institutionen und Zielgruppen übernommen habe, orientiert sich an den Leitlinien:

„Ganzheitlich!...Optimistisch!...Zukunftsorientiert!"

Ganzheitlich im Sinne von Pädagogik, die sich an der Lern- und Erlebniswelt und den Lernvorraussetzungen der Kinder und

Jugendlichen orientiert, die in deren Interessen, deren Eltern und Erziehungsverantwortliche einbezieht, berät und begleitet und die die lern-organisatorischen Strukturen (personelle, räumlich-sächliche Ausstattung) gegenüber Politik, Schulverwaltung und Fachöffentlichkeit einfordert und damit die Vorraussetzungen zur Entwicklung einer lern- und lebensbejahenden Grundhaltung der Kinder und Jugendlichen schafft.

Optimistisch im Sinne von Pädagogik, die die Vielfalt von Lernkonzepten und deren didaktisch-methodische Umsetzung nutzt, die für Kinder und Jugendliche Lernangebote entwickelt, die über alle Sinne erfahrbar sind und Lernfortschritte ermöglichen und sichern. Die durch positive Zugewandheit und durch das Gefühl des Ernstgenommenseins zur emotionalen Entlastung der Schülerinnen und Schüler beiträgt und damit zum Aufbau einer entspannteren Lernsituation.

Zukunftsorientiert im Sinne von Pädagogik, die die sozial-, bildungs- und arbeitsmarktpolitischen Entwicklungen berücksichtigt, die anwaltlich die Interessen der Kinder, Jugendlichen, Eltern und Erziehungsverantwortlichen gegenüber Politik, Schulverwaltung und Fachöffentlichkeit vertritt und die die Sicherung der „eigenständigen Lebensführung" der Kinder und Jugendlichen zum Ziel hat.

2. Ein Blick in die Vergangenheit

Schon 1974 forderten Reiser, H. u. a. ein neues Verständnis der Rolle des heilpädagogischen Lehrers. Zu den klassischen Aufgaben pädagogischer Diagnostik, der des Unterrichts und der pädagogischen Therapie als Interaktion mit gestörten und behinderten Kindern traten als neue Aufgaben Beratung (von Lehrern und Eltern), therapeutische Arbeit mit Gruppen (Förderunterricht bis Kleinklassen) und Öffentlichkeitsarbeit (sozialpädagogische und sozialpolitische Aktivität)[1)] hinzu.

Die Aufgabe des heilpädagogischen Unterrichts zentriert sich um die Gestaltung der Interaktion. Damit ist gemeint, daß die Hilfsmittel der Didaktik - zum Beispiel Lernzielbestimmung, Stoffauswahl, Strukturierung von Stoffangeboten - und der Methodik - zum Beispiel Unterrichtsformen und Unterrichtsverläufe - verwendet werden, um eine Interaktion in Gang zu bringen, die ausgehend von der subjektiven Motivation und der objektiven Interessenlage der Schüler Konfliktdarstellung, Konfliktverarbeitung und Konfliktbewältigung ermöglicht.

Nicht die Harmonisierung von Konflikten ist das Ziel eines solchen Unterrichts, sondern die Veränderung innerpsychischer Strukturen, so daß der Wunsch und die Fähigkeit zur Veränderung der äußeren Realität entstehen können. Ein solcher Unterricht ist in gleichem Maße therapeutisch wie politisch engagiert.[2)]

3. Ein Blick auf die Gegenwart

Bevor ich die Problematik der Schülerinnen und Schüler einer Lern- und Erziehungshilfeschule beschreibe und modifizierte Ansätze der Moderationsmethode als Unterrichtsmethode darstelle, möchte ich die Besonderheit dieser Kinder und Jugendlichen im Spannungsfeld ihrer emotionalen körperlichen und intellektuellen Erlebniswelt aufzeigen. Besonderheit nicht verstanden im Sinne der Pädagogen des frühen 20sten Jahrhunderts, die medizinisch orientiert auf der Suche nach Defekten waren, auch nicht im Sinne mitleidig-distanzierten Verstehens und Bedauerns bezüglich der psychosozialen Lebenswelt der Kinder und Jugendlichen und schon gar nicht mit dem Gefühl und der Erleichterung darüber, daß es uns und unseren eigenen Kindern besser geht.

Ich spreche von der Herausforderung, die die tägliche Arbeit mit diesen Kindern und ihren Familien in ihrer ganzen chaotisch-liebenswerten Besonderheit kennzeichnet. Moderation, als existentiell-pädagogische Intervention und Gestaltungsform von

Lernprozessen, ermöglicht die Berücksichtigung grundlegender didaktisch-methodischer Erkenntnisses der Sonderpädagogik der letzten Jahrzehnte und ist ein Baustein zur Umsetzung lern- und entwicklungspsychologisch orientierter Konzepte.

3.1 Die Lebenswirklichkeit der Schülerinnen und Schüler

Kinder und Jugendliche mit erheblicher und langandauernder Lernbeeinträchtigung und/oder Verhaltensproblemen besuchen die Schule für Lern- und Erziehungshilfe.

Die Ursache für diese Schwierigkeiten können
- unzureichende und fehlende Erfahrungen im Umgang mit anderen und sich selbst, unzureichende Erfahrungen im Umgang mit Sprache, mit Raum und Zeit, mit Natur und Technik, mit Arbeiten und Konsumieren, unzureichende Erfahrungen sozialer, interkultureller, sinnlich-körperlicher und ethisch-religiöser Art;
- unzureichende Realisierung grundlegender Bedürfnisse wie nach Liebe und Geborgenheit, Lob und Anerkennung, nach Erleben und nach neuen Erfahrungen, nach körperlicher Bewegung;
- Schwierigkeiten in der schulischen Lernorganisation wie unzureichende Berücksichtigung von Lernvoraussetzungen und Lernauslage und dadurch bedingte Unter- und Überforderung sowie
- konstitutionelle Schwächen und neurologische Dysfunktion[3] sein.

Aggressive oder regressive Abwehr von Beziehungs- und Unterrichtsangeboten – als offene aktive Verweigerung oder passiver Rückzug – Einschränkungen der Fähigkeit zur adäquaten Selbst- und Fremdwahrnehmung, zur Realitätsdeutung, zur Steuerung und Kontrolle des eigenen Verhaltens, sowie massive Versagensängste, Konzentrationsstörungen und motorische Unruhe sind Aspekte auffälligen Verhaltens, die erfolgreiches Lernen behindern.

Die veränderte Lebenswirklichkeit von Kindern und Jugendlichen wird im Entwurf der Richtlinien für Unterricht und Erziehung in der Schule für Lernhilfe 2/94 des Hess. Kultusministeriums umfassend und entwicklungsorientiert beschrieben:

Die Befriedigung grundlegender Bedürfnisse (Geborgenheit, Anerkennung, Erleben und Bewegung) wird für viele Schülerinnen und Schüler aufgrund ihrer häufig von sozialer Benachteiligung gekennzeichneten Lebenswirklichkeit nur unzulänglich erfüllt. Diese Bedingungen beeinflussen die Lern- und Entwicklungsmöglichkeiten der Schülerinnen und Schüler entscheidend. Nicht selten sind emotionale Störungen, Lernhemmungen sowie Verhaltensauffälligkeiten und -störungen die Folge.

Neben der unzureichenden Realisierung von Grundbedürfnissen nehmen die veränderte Lebenswirklichkeit und die sich abzeichnenden Zukunftsperspektiven entscheidenden Einfluß auf die Aufgaben und Ziele der Schule für Lernhilfe.[3)]

3.2 Aufgaben und Ziele des Unterrichts

Die Analyse der Lebenswirklichkeit:
- Belastung, Verschmutzung und Zerstörung der natürlichen Umwelt,
- veränderte geschlechtsspezifische Sozialisationsbedingungen,
- unklare berufliche Zukunftsperspektiven und
- Auseinandersetzung mit unterschiedlichen kulturellen Wertorientierungen

mündet in einem Aufgaben- und Zielkatalog, der dem Verlust an unmittelbarer Erfahrungen durch eine aktive und handelnde Begegnung mit unserer Umwelt entgegenwirken soll.

Dieser Auftragskatalog ist für mich richtungsweisend und deprimierend zugleich!

Richtungsweisend, da ich beim Lesen ständig zustimmend nicken konnte und mich endlich mit meinen pädagogisch-pragmatischen Ansätzen aufgehoben und verstanden fühlte.

Depremierend, weil die katastrophale Ausstattung (personell, räumlich-sächlich) der Lernhilfeschulen zu einem „Management der Mängel" geführt hat. Alle kreativen Ressourcen der Kolleginnen und Kollege werden benötigt, um die Lernwirklichkeit für die Kinder und Jugendliche, Eltern und Erziehungsverantwortlichen und für die Kolleginen und Kollegen im Alltag so zu gestalten, daß ein Mindestmaß an Zielen erreicht werden kann und der „Mut zum Weiterdenken und -kämpfen" bleibt.

4. Wunsch...?!?

Die Unterrichtsplanung orientiert sich an den individuellen Möglichkeiten, Fähigkeiten und an den Erfahrungen, Interessen, Neigungen und Wünschen der einzelnen Schülerinnen und Schüler.

Die Schule nimmt das einzelne Kind so an, wie es ist und begleitet es auf seinem schulischen Weg. Bei den Unterrichtenden muß die Fähigkeit zur differenzierten Wahrnehmung, der Mut zum Abweichen von Gruppenzielen und vom „Lernen im Gleichtakt" ausgebildet sein.

Moderation als existenziell-pädagogische Intervention und Gestaltungsmöglichkeit für Lernprozesse ist eingebettet in das Wissen um die Abstraktionsstufen des Denkprozesses:
1. Handelndes Tun mit konkreten Gegenständen (Handeln mit Dingen und stellvertretenden grafischen Abbildungen)
2. Handelndes Tun mit sprachlicher Begleitung
3. Sachgerechte Versprachlichung
4. Darstellung der Handlung in Form von Symbolen (Zeichen, Ziffern) mit Versprachlichung
5. Vorstellung (als verinnerlichte Handlung)
6. Denken[4)]

In den einzelnen Phasen des Lernprozesses sprechen die Schülerinnen und Schüler über den Lerngegenstand und über die mit ihm durchgeführten Handlungen. Das Lernen mit allen Sinnen eröffnet ihnen, selbst bei stark differierender Lernausgangslage und individueller Erlebniswelt, die Schaffung eines Lernplateaus für weitere Denk- und Erarbeitungsschritte.

Tatsächlich ausgeführte Handlungen werden schrittweise verinnerlicht und mit bereits bekannten Inhalten verknüpft. Der Austausch von Erfahrungen mit Mitschülerinnen und Mitschülern wird ermöglicht und die Entwicklung eines kreativen, kritischen, kooperativen und selbständigen Schülerverhaltens wird unterstützt.

5. Wirklichkeit...!?!

Diese als Wunsch und Ziel beschriebene Unterrichtsorganisation ist leistbar. Sie bedarf aber dem Vertrauen in die Neugier und Kreativität der Lerngruppe. Die Gelassenheit, Verantwortung für Lernschritte und Lernwege an die Schülerinnen und Schüler zu übertragen, muß in der Interaktion mit der Lerngruppe entwickelt werden. Moderationsbausteine begleiten das Lernen in den unterschiedlichen Unterrichtsbereichen.

Ich möchte drei Lernsituationen darstellen und die Einbettung der Moderationsbausteine beschreiben.

5.1 Deutsch:

Unsere Klassenfahrt
13.06. - 17.06.1994 DJH Eschwege

Das Verschriften von Erlebnissen und Erfahrungen ist eine entscheidende Orientierungshilfe für die 10–16 jährigen Schülerinnen und Schüler der Lerngruppe, um ihren gelebten Alltag zu strukturieren und zeitliche Abfolgen festzulegen. Die

Lerngruppe zeigte von Anfang an eine hohe Bereitschaft Texte und Geschichten zu erlesen und aufgabengemäß zu bearbeiten, in denen sie selbst, ihre Handlungen, ihre Erzählungen und Erfahrungen beschrieben wurden. Meine Erfahrungen mit der Lerngruppe führten zu der Erkenntnis, daß alle Schülerinnen und Schüler Probleme mit der Raumorientierung (Was passierte wo?), der Zeitorientierung (Was war wann?) und der Personenorientierung (Wer machte was?) hatten.

Wahrnehmungen wurden nicht gespeichert und Erkenntnisse wurden nicht als grundlegend und wichtig bewertet. „Realität aus zweiter Hand" – Fernsehen, Video etc.. – erhält mehr Bedeutung zugemessen, als das eigene Erleben. Ziel des Deutschunterrichtes ist es, die Bedeutung von Sprache und Schriftsprache als Orientierungs-, Denk- und Handlungshilfe zu erkennen und beide in diesem Sinne zu nutzen.

Die persönliche Erlebniswelt soll aufgewertet werden, die Möglichkeit der Präsentation gegenüber Mitschülerinnen und -schülern soll eröffnet werden und die zeitlich-räumliche Zuordnung soll ein Rückbesinnen und Erinnern ermöglichen.

Erarbeitung vom 20.06.94

<u>Einstieg:</u>

Die Wolke mit dem Impuls wird an die Pinwand geheftet und allen Erinnerungsfetzen wird erst einmal freien Lauf gelassen. Lachen, Schimpfen, gegenseitiges Erinnern und Abwehr ermöglicht das Wiederherstellen der zeitlich-räumlichen und auch der emotionalen Dichte zu den Erlebnissen und Erfahrungen der Klassenfahrtwoche nach Eschwege.

Erste Erarbeitung:

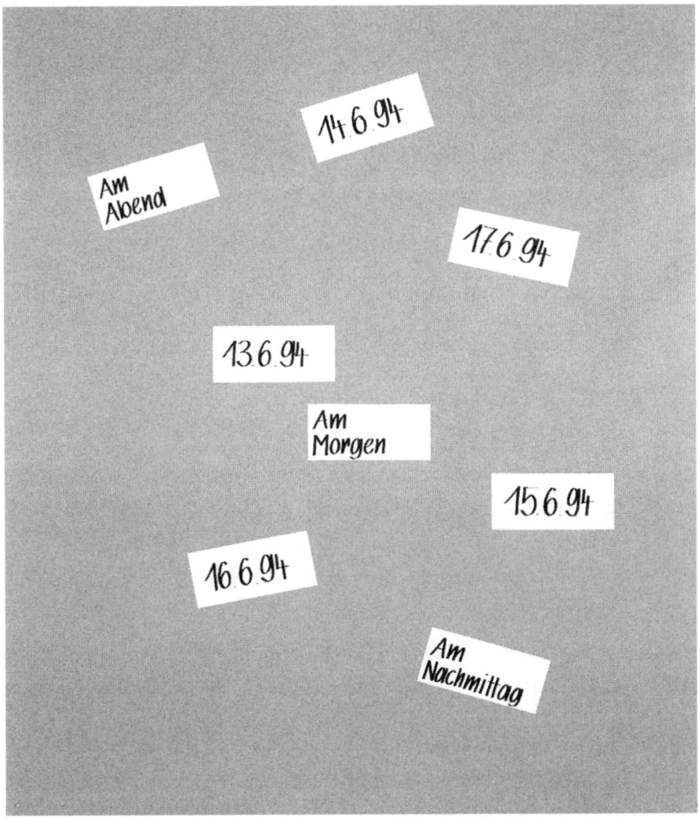

Die zweite Pinwand wird umgedreht und die ungeordneten Kärtchen mit den Tageszeiten und Daten werden sichtbar. Arbeitsformen der zeitlich-räumlichen Orientierung sind allen

Schülerinnen und Schülern mittlerweile vertraut und sie machen Vorschläge zwei Zeitleisten zu stecken.

<u>Zweite Erarbeitung:</u>

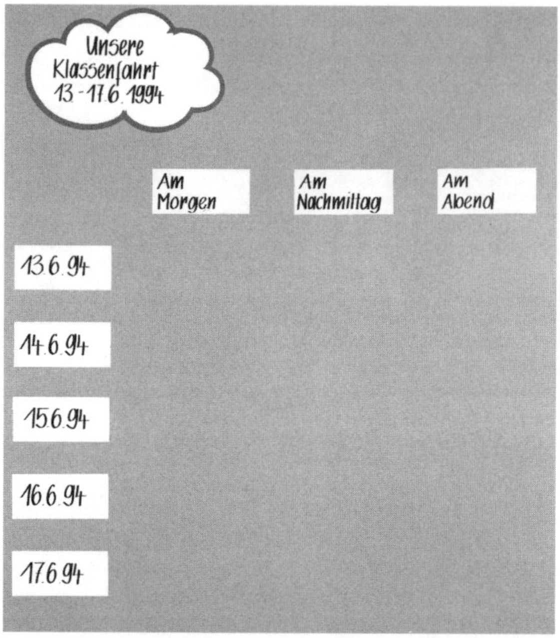

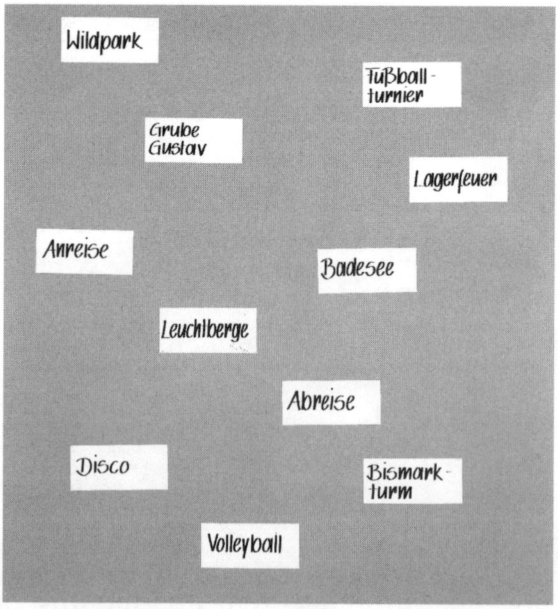

An die zweite Pinwand werden Kärtchen mit den Nennungen der Aktivitäten der einzelnen Tage gesteckt. Arbeitsauftrag ist es, die Nennung zu lesen, die Erinnerung zu prüfen und sich an Strukturierungsideen zu beteiligen. Wichtig ist es, von Anfang an auf eine korrekte Sprechweise hinzuarbeiten, (z.B. „Am Morgen des 13.06.94...“) da die erarbeiteten Tagesabläufe verschriftet werden sollen.

<u>Übertragung:</u>

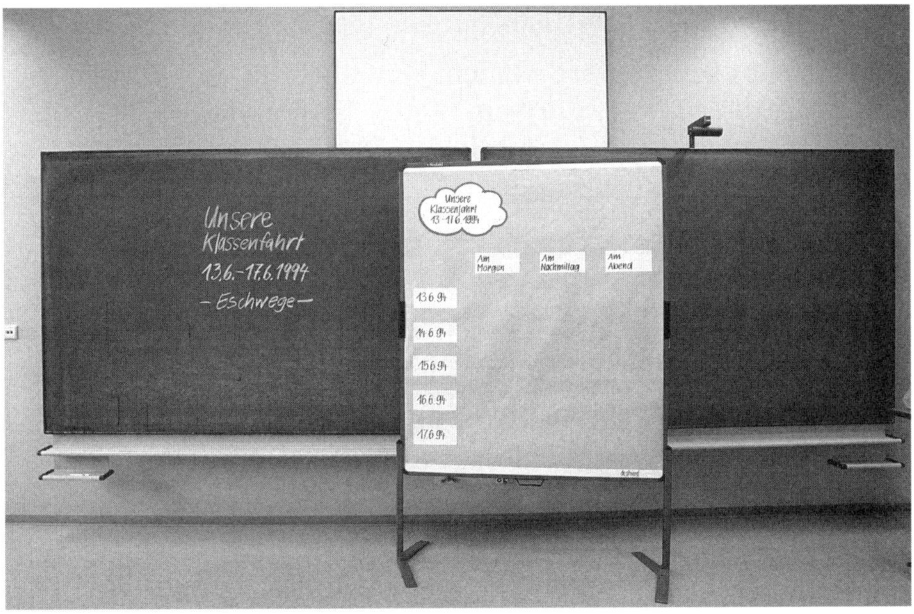

Die Pinwand mit den geordneten Tagesabläufen steht für alle sichtbar rechts neben der Tafel. Die Schülerinnen und Schüler sind dadurch in der Lage, die zeitliche Abfolge bei der Satzbildung und beim Anschreiben der Sätze an die Tafel einzuhalten. Sie müssen lediglich geeignete Tätigkeitswörter finden, um vollständige Sätze zu bilden.

<u>Festigung:</u>
Das Tafelbild wird ins Heft übertragen.

5.2 Mathematik

Wir teilen

Mathematiche Kompetenz – egal auf welcher Lernstufe angesiedelt – ist in der heutigen Gesellschaft unabdingbar, um sich nicht nur im schulischen Rahmen zu qualifizieren, sondern sich auch in außerschulischen Lebensräumen zu orientieren und zu behaupten.

Im Mathematikunterricht sollen die Schüler zu klaren Mengenvorstellungen geführt werden. Sie sollen lernen, Rechensituationen in Sachverhalten des Alltags zu erkennen, darzustellen und möglichst selbständig zu lösen. Der Entwicklung und Festigung rechnerischer Fähigkeiten – insbesondere in den Grundrechenarten – kommen zentrale Bedeutung zu.[5)]

Diese zentrale Aufgabe hat der Mathematikunterricht an der Schule für Lernhilfe zu erfüllen, ohne dabei aus dem Auge zu verlieren, daß mathematische Kompetenz über eine Vielzahl von Bedingungsfaktoren entwickelt wird. Grundsätzlich sind hier Fähigkeiten gefordert, wie :

- Fähigkeit zur optischen Differenzierung,
- Fähigkeit zum Erkennen von Mengenkonstanz und Raumlageunabhängigkeit,
- Fähigkeit zur Bildung von Merkmalsgruppen,
- Fähigkeit zum Erkennen der Mächtigkeit von Mengen.

Die Phase der Entwicklung dieser Grundlagen hätte im Erstrechenunterricht als konsequente Fortsetzung der vorschulischen Förderung in Kindergärten, Horten und Tagesstätten stattzufinden.

Schülerinnen und Schüler der Lernhilfeschule haben oftmals das Problem, daß in dieser Phase Versäumnisse stattgefunden haben und ihre Schwierigkeiten weder erkannt noch bearbeitet wurden. Der Mathematikunterricht wird für viele zur „gnadenlosen“ Extremsituation, denn es gibt für Rechenoperationen nur die Wahl richtig oder falsch. Zahlen, Mächtigkeit, Rechenzeichen, Stellentafeln, Zahlenstrahl, Meßlatten und alle anderen Begriffe und Hilfsmittel drohen in der Schülerwahrnehmung negativ besetzt zu werden. Gerade deshalb ist es notwendig, positive Erfahrungen im Umgang mit den genannten Begriffen zu ermöglichen, um ein unbelastetes „Erlernen im zweiten Anlauf" anzubahnen.

Handelndes Erarbeiten im Umgang mit konkretem Material ist für diesen Zweck besonders geeignet.

Erarbeitung vom 01.06.94

Einstieg:
Ein großer Weidenkorb mit Schneidebrettchen, Messern und Äpfeln wird demonstrativ in die Mitte des Klassenraumes gestellt. Ein Tisch für alle einsehbar vor der Tafel.

Ein Apfel, ein Messer und ein Brettchen werden auf den Tisch gelegt. Der Apfel wird in zwei gleichgroße Teile geschnitten und präsentiert.

Die Schüler und Schülerinnen sind aufgefordert die Handlung und deren Ergebnis zu beschreiben.

Ein zweiter Apfel wird halbiert und dann geviertelt. Er wird als ganzes und mit seinen 4 Teilen präsentiert. Wieder werden Handlung und Ergebnis beschrieben.

Ein dritter Apfel wird halbiert, geviertelt und dann geachtelt. Alle Teilungsschritte werden beschrieben und die acht Teile präsentiert.

Erste Erarbeitung:

Alle Schülerinnen und Schüler erhalten je einen Apfel, ein Schneidebrett und ein Messer und sollen mit einem Schnitt den

Apfel in gleichgroße Teile teilen.

Wieviel Teile sind es?

Die Handlung wird von jeder Schülerin und jedem Schüler durchgeführt und sprachlich begleitet. Die Apfelhälften können zusammengefügt und wieder getrennt werden. Entscheidend ist die Vereinheitlichung der begleitenden Sprache, um das Phänomen „Teilen in gleichgroße Teile" zu beschreiben.

„Ich teile einen Apfel in zwei gleichgroße Teile!"

Präsentation einer Apfelhälfte: Was ist das?

„Das ist ein Teil von zwei gleichgroßen Teilen!"
(=> Eins von Zwei => 1/2)

Zweite Erarbeitung:
Die Apfelhälften werden mit je einem Schnitt in gleichgroße Teile geschnitten. Die Apfelviertel werden auf dem Brettchen aufgereiht. Erste Mengenvergleiche und Erkenntnisse (zwei Viertel sind so groß wie eine Hälfte 2/4 = 1/2) können handelnd angebahnt und erarbeitet werden.

„Ich teile einen Apfel in vier gleichgroße Teile!"

Präsentation eines Viertels: Was ist das?

„Das ist ein Teil von vier gleichgroßen Teilen!"
(=> Eins von Vier => 1/4)

Dritte Erarbeitung:
Handelnd und mit sprachlicher Unterstützung teilen die Schülerinnen und Schüler ihre Apfelviertel in Apfelachtel. Mengenvergleiche und Erkenntnisse (2/8 = 1/4; 4/8 = 2/4 = 1/2; 6/8 = 3/4) können angebahnt und erarbeitet werden.

Erste Abstraktion: Wir teilen!

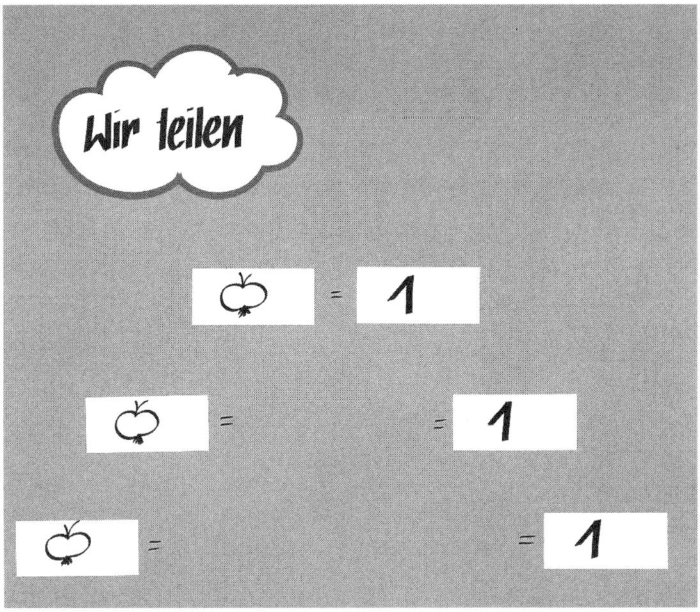

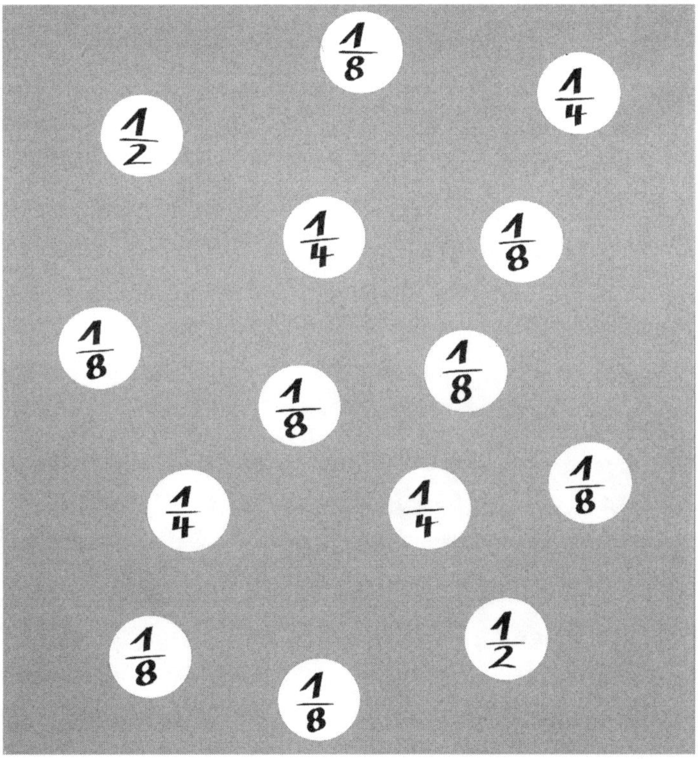

Die Pinwand mit den angeordneten weißen Kärtchen mit Apfelsymbolen und Mengenangaben wird präsentiert. Auf der zweiten Pinwand werden rote Kärtchen mit der Mengenangabe 1/2, grüne Kärtchen mit der Mengenangabe 1/4 und blaue Kärtchen mit der Mengenangabe 1/8 ungeordnet präsentiert.

Die Handlung der ersten Erarbeitung wird demonstriert, versprachlicht und zwei rote Kärtchen werden als Addition in die erste Zeile eingesetzt.

Die Handlung der zweiten Erarbeitung wird demonstriert, versprachlicht und die Anzahl der grünen Kärtchen mit der Viertelnennung festgelegt. Ein Schüler/eine Schülerin steckt die Kärtchen in die zweite Zeile. Bei Unsicherheiten kann am Demonstrationstisch nachgezählt werden.

Die Erarbeitung der Achtelreihung erfolgte nach den gleichen methodischen Vorgaben.

Zweite Abstraktion: Wir teilen!

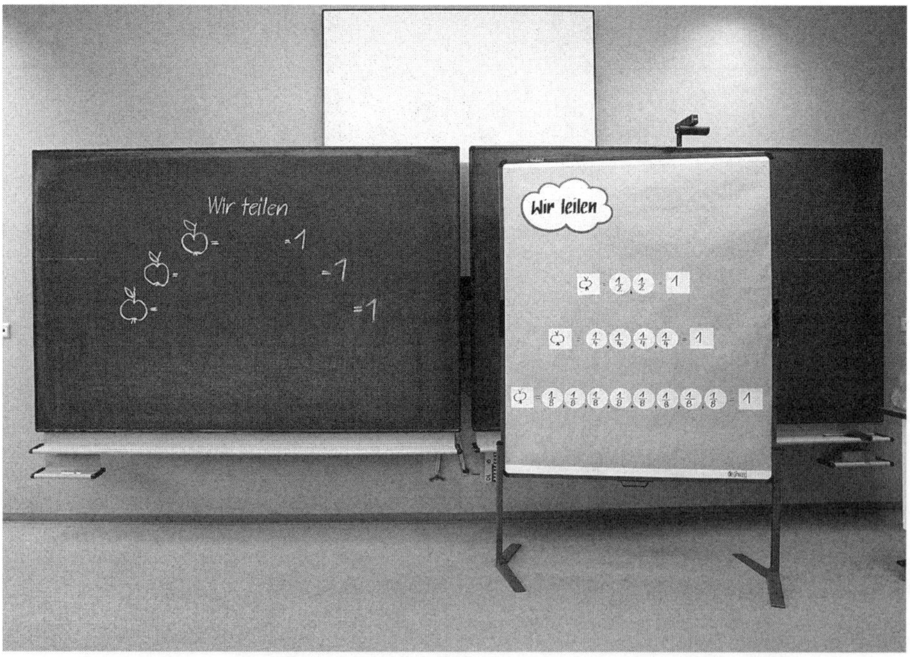

Das Tafelbild an der Wandtafel zeigt wiederum Apfelsymbole und Mengenangaben. Die Schülerinnen und Schüler sollen die

Zeilen vervollständigen. Mit bunter Kreide – entsprechend der Farben der Kärtchen an der Pinwand – werden die Mengenangaben eingetragen.

Festigung:
Das Tafelbild wird ins Heft übertragen.

5.3 Sachunterricht

Unsere Sinnesorgane

Der Unterricht in den Schulen für Lernhilfe hat das Ziel jede Schülerin und jeden Schüler auf dem Lernplateau zu erreichen und abzuholen, auf dem sie sich befinden. Die Lerninhalte sind nicht den Jahrgangsstufen, sondern Lernstufen zugeordnet.

Fächerübergreifender Sachunterricht wird für die Lernstufen 1 – 4 mit Lerninhalt aus den Bereichen
- Geschichte/Sozialkunde
- Geographie
- Biologie
- Physik/Chemie

gestaltet.

Der Sachunterricht sollte dem Interesse des Schülers an Natur und Technik Rechnung tragen sowie von den Grundproblemen der gesellschaftlichen Wirklichkeit und den sozialen Fragen des Kindes ausgehen.

Allgemeines Ziel des Sachunterrichtes ist die Erweiterung der Erkenntnis- und Handlungsfähigkeit des Schülers bezüglich der Erschließung seiner Umwelt. Dies soll durch erfahrungs- und problemorientiertes Lernen und Methodenorientierung erreicht werden.[6)]

Die Auswahl der Themen orientiert sich an dem lebenspraktischen Bezug für die Schülerinnen und Schüler. Einsichten in das Zusammenleben verschiedener Organismen und die Abhängigkeit der Lebewesen – einschließlich des Menschen – von den Lebensräumen und ihrer belebten Umwelt sollen ermöglicht und gefestigt werden.

Erarbeitung von 15.3.94

Diese Erarbeitung beendet eine Unterrichtseinheit zum Thema „Unsere Sinnesorgane". Aufbau und Funktionen der Organe Auge, Nase, Ohr, Haut und Zunge wurden handelnd – also sehend, riechend, hörend, fühlend und schmeckend – erfahren, erlebt und erarbeitet.

Dieser Lernsprozeß wurde mit konkretem Material, mit geeigneten Medien und Erlebnisstunden initiiert, gestützt und begleitet.

Die Wirklichkeit des Gehirns als Schalt- und Erlebenszentrale des Menschen ist über diesen Lernprozeß für die Schülerinnen und Schüler deutlich geworden.

Erste Erarbeitung:

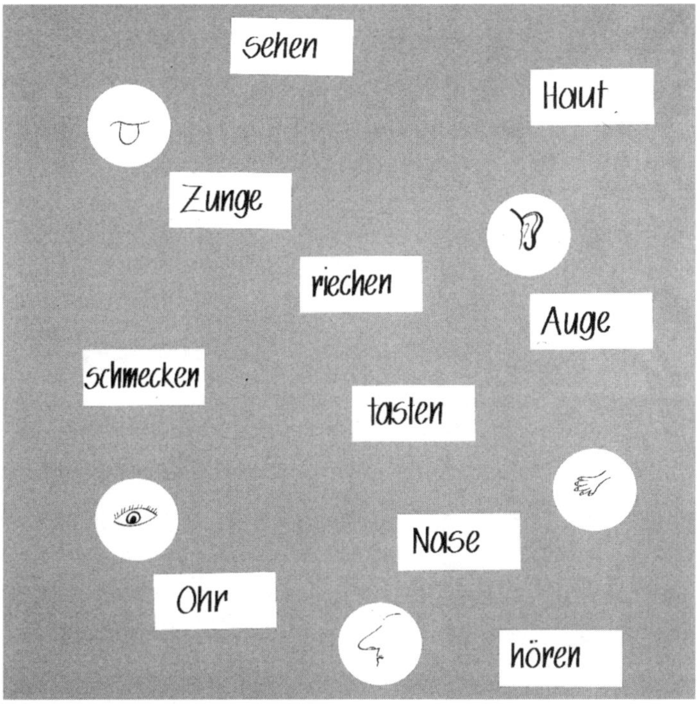

Eine Wolke mit dem Impuls wird an die Pinwand geheftet und die Schülerinnen und Schüler benennen die ihnen bekannten Sinnesorgane.

An die zweite Pinwand werden die Kärtchen mit den entsprechenden Abbildungen/Zeichnungen der genannten Organe ungeordnet geheftet.

Kärtchen mit den Namens- und Funktionsnennungen der Sinnesorgane werden dazugesteckt.

Die Schülerinnen und Schüler sollen die Idee, die Namen und Funktionen den entsprechenden Sinnesorganen zuzuordnen entwickeln. Die zusammengehörenden Kärtchen werden in eine Reihe gesteckt.

Zweite Erarbeitung:

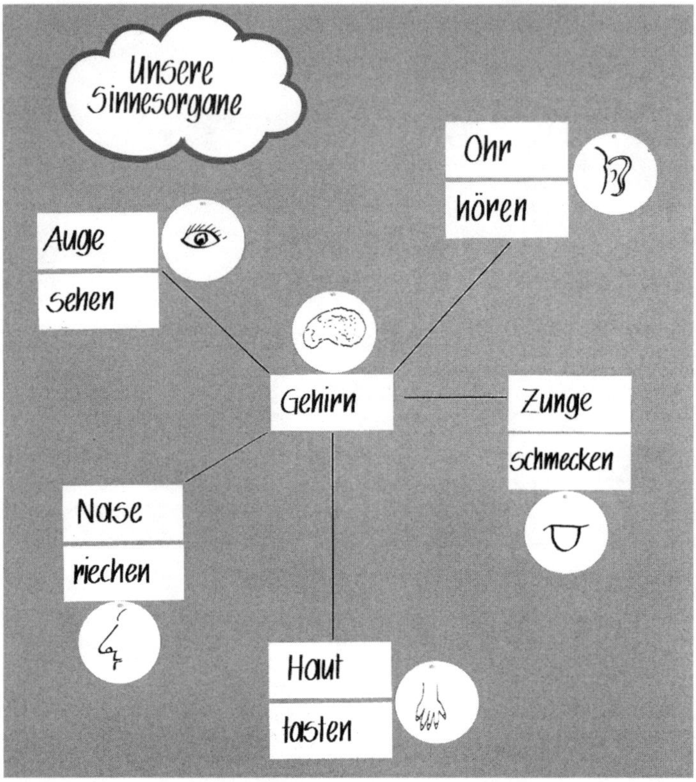

In die Mitte der ersten Pinwand wird ein Kärtchen mit der Zeichnung des Gehirns gesteckt. Die Schülerinnen und Schüler berichten über die Bedeutung des Gehirns in Bezug auf ihre Sinneswahrnehmungen. Der Zusammenhang zwischen Sinnesorgan, Wahrnehmung und Meldung des Gehirns wird verbalisiert.

Die drei zusammengehörenden Kärtchen werden auf der ersten Pinwand um das Gehirn geordnet. Die Nervenbahnen, die die Sinnesorgane mit dem Gehirn verbinden, werden symbolisch durch rote Fäden dargestellt.

Festigung:

Die Schülerinnen und Schüler erhalten ein Arbeitsblatt, auf dem lediglich in der Blattmitte das Gehirn eingezeichnet ist. Ihre Aufgabe ist es, die Abbildung der Erarbeitung an der Pinwand auf das Arbeitsblatt zu übertragen.

Literatur

1) Reiser H. u.a.:
   Sonderschule zwischen Ideologie und Wirklichkeit
   Juventa Verlag 1974
2) ebenda
3) Hessisches Kultusministerium (Hrsg.): Richtlinien für Unterricht und Erziehung in der Schule für Lernhilfe
   Entwurf 2/94
4) Hessisches Kultusministerium (Hrsg.):
   Rahmenlehrplan Mathematik
   Entwurf 2/94
5) Hessisches Kultusministerium (Hrsg.):
   Rahmenlehrpläne für die Schule für Lernhilfe
   (Sonderschule) - Mathematik - 6/78
6) Hessisches Kultusministerium (Hrsg.):
   Rahmenlehrpläne für die Schule für Lernbehinderte
   (Sonderschule) - Sachunterricht - 11/78

Moderationsmethode und Schule

Dr. Michael Imhof, Hessisches Institut für Lehrerfortbildung, Leiter der Außenstelle Fulda

Die Moderationsmethode ist ein ideales Instrument auf allen Ebenen schulischer Praxis: auf der Planungsebene, der Ebene der Organisations- und Projektentwicklung, der Unterrichtsplanung und in der Unterrichtsgestaltung selbst.

Schulalltag leidet häufig unter dem Einzelkämpfersyndrom des einzelnen Lehrers bzw. der Lehrerin, unter mangelnder Kooperationsbereitschaft, einsamen Top-Down-Entscheidungen der Schulleitungen, die häufig genug im Sande verlaufen, fehlender Transparenz von Abläufen und Entscheidungen und nicht zuletzt unter der Vernachlässigung von Schule als Gesamtsystem, das Kollegium, Leitung, Schüler, Eltern und Personal gleichermaßen umfaßt.

Unterricht selbst ist häufig überfrachtet mit Stoffülle, die täglich angehäuft und zu wenig in komplexe Lernzusammenhänge transferiert wird. Lernen in vernetzten Strukturen, Entwicklung von Methoden- und Entscheidungskompetenz werden vernachlässigt. Erziehung zu verantwortungsgeleitetem Handeln auf der Basis von systematischem und in kooperativen

Arbeitsformen entwickeltem Handlungswissen wird bestenfalls als abstraktes Lernziel formuliert, selten aber in unterrichtliche Praxis umgesetzt. Individuelles, vereinzeltes Lernen ist die herrschende Aneignungsform. Lernen im Team und in kooperativen oder gar interaktionellen Arbeitsformen bilden eher die Ausnahme. Problemlösende Arbeitsvorhaben werden zumeist zugunsten linearer und unzusammenhängender Faktenanhäufung vernachlässigt. Alles dies wird überlagert durch die Klagen der Lehrerschaft über zunehmende Lernunlust, Konzentrationsverlust, zunehmende Aggression und schwindende Leistungsbereitschaft.

Die Moderationsmethode bietet mit ihren Transparenz schaffenden Visualisierunsgrundsätzen, ihren kooperativen und alle Beteiligten in die Verantwortung einbeziehenden Prinzipien eine für sämtliche schulische Ebenen neue befriedigende und damit sinnvolle Form des Arbeitens:
auf der Ebene

- der Schulorganisation,
- der inhaltlichen Kooperation der Fächer und Lernzusammenhänge,
- der Unterrichtsplanung und Unterrichtsgestaltung,
- der Analyse der Beziehungsfelder Schüler-Lehrer-Unterricht,
- der Beziehung Lehrer-Schüler-Eltern
  und
- des Beziehungsgeflechtes des Kollegiums untereinander
  sowie
- den Beziehungskonstellationen zwischen Schulleitung und Kollegium.

Nicht wenige, sondern alle sind am Entscheidungsprozeß beteiligt.

Die Moderationsmethode fordert alle an einem Planungs-, Entscheidungs- oder Unterrichtsvorgang Beteiligten auf, sich in den Prozeß einzubringen. Alle Beiträge oder Ideen werden auf Karten geschrieben und an Pinwänden gesammelt, anschließend nach Oberbegriffen geordnet. Die Oberbegriffe dienen dann zur weitergehenden Systematisierung und ggf. Gewichtung. Sie sind Hilfestellung für den weiteren Entscheidungsprozeß oder Lernschritt. Kein Beitrag geht verloren. Alle Ideen hängen zunächst gleichrangig an den Pinwänden. Eine von vorneab Hierarchisierung der Beiträge, bedingt durch Stellung, Funktion oder Rolle des Redners oder der Redenden in Kollegium, Konferenz oder Klasse wird vermieden. Das häufig bei Redebeiträgen zu beobachtende kommentierende Mienenspiel einzelner Teilnehmer, Zwischenrufe oder Lachen werden ausgeschaltet. Alle Beiträge sind zunächst gleichwertig, keine Argument oder keine Idee ist von vorneherein falsch, ist von vorneherein wichtiger oder unwichtiger. Da alle Beteiligten eingebunden sind in die Sammlung von Antworten, Lösungsmöglichkeiten und Perspektiven, entsteht der Effekt der Beteiligung. Aus Betroffenen werden also Beteiligte. Es wird nicht über ihren Kopf hinweg entschieden: sie werden selbst zum Subjekt des Prozesses. Damit werden alle in die Verantwortlichkeit einbezogen. Niemand kann sich auf den Standpunkt des Nicht-gefragt-worden-Seins zurückziehen.

Dies gilt auch für den Lernprozeß während des Unterrichts. Den Schülerinnen und Schülern sind über die Präsentation der Unterrichtsschritte und -ergebnisse ständig Verlauf und Stand des Unterrichts gegenwärtig. Ein Blick auf die Plakate ruft ihnen das Thema kurzfristig in Erinnerung, unterstützt die Konzentration auf die Sache. Mit einem Blick ist auch die Komplexität eines Themas zu erfassen, die häufig über den Fächerwechsel im Laufe des Tages und der Woche verlorenzugehen droht. Das Kreide-Tafelbild als visuelle Stütze des Unterrichts, das in der Regel am Ende der jeweiligen Stunde mit dem Fach- und Lehrerwechsel dem Schwamm zum Opfer fällt, bleibt über das Pinwand-Plakat erhalten. Darüberhinaus sind Ergänzungen möglich. Spätere Wiederholungen werden erleichtert. Die Plakate können Schülerinnen und Schülern anderer Klassen oder Schulstufen Einblicke in die unterschiedlichen Themenerarbeitungen bieten. Allerdings verlangt die Moderationsmethode als ideale Unterrichtsmethodik für Formen offenen Unterrichts und offenen Lernens auch vom Lehrer bzw. der Lehrerin, daß der Weg zum Lernziel oder zum Unterrichtsergebnis nicht starr und linear vorgegeben ist, sondern die Unterrichtsplanung unterschiedliche Varianten zuläßt. Dies gilt in vielen Bereichen ebenso für das Unterrichtsergebnis, da ein ausschließlich einziges Ergebnis oft wissenschaftlicher Überprüfung nicht standhält.

Die Moderationsmethode erweist sich so nicht nur als hilfreiches Instrument für alle Formen offenen Unterrichts, sie ist zugleich eine teilnehmer- und schülerorientierte Arbeitsform.

In der Rolle des Moderators

Der Seminarleiter, der Lehrer bzw. die Lehrerin übernehmen mehr die Rolle des Vermittlers, werden zum Moderator. Sie sind eher Helfer beim Aktivieren von bereits vorhandenem Wissen, helfen beim Ordnen der scheinbar unzusammenhängenden Informationssplitter zu Gedankenlandschaften, sie lassen Phantasiereisen zu und verdichten die Fülle kreativer Ideen wieder zu handlungs- und erkenntnisleitenden Qualitäten und Übersichten.

Als Moderator in der eigenen Schule tätig zu sein, ist problematisch; denn es ist nicht immer leicht, sich von der Rolle des Betroffenen zu distanzieren. Gar als Lehrer vor der Klasse – oder besser mit der Klasse – ist der Lehrer, je nach Altersstufe, Wissensgebiet, Unterrichtsstoff, der Vermittler von Wissen, also „Lehrer“ im konventionellen Sinn des Wortes. In der Phase des Moderierens dagegen sollte er sich auf die Moderationstugenden besinnen, die da lauten: Halte Dich mit Deiner eigenen Meinung zurück! Kommentiere nur äußerst sparsam, möglichst gar nicht! Greife nicht Partei für eine bestimmte Meinungsrichtung! Laß der Gruppe Zeit, selbst zu einer Lösung zu kommen! Deute mögliche Lösungsrichtungen nur an! Schlage sie bestenfalls nur vor! Entscheiden aber muß die Gruppe selbst.

Moderatoren in der Schule sollten sich davor hüten, sich zum Agenten einer – von wem auch immer – vorgegebenen Ergebniserwartung instrumentalisieren zu lassen. Es würde auch die mit der Moderationsmethode verbundenen Chancen demokratischer Entscheidungsfindung, ihre auf Offenheit und Transparenz angelegten Entwicklungsmöglichkeiten konterkarieren und disavouieren. Die Moderationsmethode würde dann als Manipulations- und Herrschaftsinstrument diskreditiert. Hinter ihrem Einsatz würden die Betroffenen nur ein Erfüllungsinstrumentarium vermuten, das zur Durchsetzung von an anderer Stelle bereits getroffenen Entscheidungen dient.

Schulen als lernende und sich selbst organisierende Systeme

Schulen sind komplexe und damit auch komplizierte Systeme. Sie umfassen als direkt beteiligte Gruppen neben den Schülerinnen und Schülern und der Lehrerschaft ebenso das technische Personal, wie den Hausmeister und das Reinigungspersonal. Hinzu kommen die Eltern, die als Erziehungsberechtigte und über die Mitbestimmungsgremien zum „System" Schule gehören.

Das innere Gefüge der Schulen weist darüber hinaus eine differenzierte Struktur von Aufgabenverteilungen, Zuständigkeiten, Leitungsfunktionen, Koordinierungsaufgaben, Mitbestimmungs- und Beteiligungsgremien etc. auf. Dazu gehören Schulleitung, Abteilungsleiter, Stufenleiter, Aufgabenfeldleiter, Fachvorsteher, Koordinatoren, Sammlungsleiter etc. Nicht ganz zufällig wird auf die Verwendung der weiblichen Form an dieser Stelle verzichtet, da der Großteil der Funktionen in Schule durch männliche Kollegen besetzt sind.

Ganz wichig an dieser Stelle zu erwähnen sind die verbandspolitischen Strukturen und Fraktionierungen verschiedenster Art, von Gesinnungsfraktionen, Standesgruppierungen, „Macho-" und feministischen Formationen, Lehrersportgruppen, durch gemeinsame Freizeitinteressen geprägte Interessensgruppen –

die „Tennisfraktion", heute auch schon die Golfer, die Alpinisten, die Camper, um nur einige zu nennen – und natürlich die durch bestimmte Fachrichtungen bestimmten Interessenskonstellationen. Im Willensbildungsprozeß von Schule vermengen sich diese unterschiedlichen Interessen häufig zu einem äußerst labilen Amalgam. Konferenzen, Ausschüsse, Gremien bilden zwar oft den offiziellen Rahmen für die Entscheidungen in Schule. Lehrerzimmeratmosphäre, Pausengespräche, informelle Verabredungen, verbandspolitische und gewerkschaftliche Sitzungen sind aber oftmals die wichtigeren Stimmungsmacher und Meinungsbildner. Dieser Willensbildungsprozeß ist meist schwer durchschaubar, oftmals emotional und persönlich gefärbt. Das Schulklima wird häufig beklagt. Eine neue Schulkultur wird reklamiert, Offenheiten werden postuliert, Entscheidungstransparenz wird eingefordert.

Wenn Schulen sich in diesem Sinne auf den Weg machen und Schule und Unterricht reflektieren und weiterentwickeln wollen, bedarf es eines Instrumentariums. Die Moderationsmethode bietet sich hierzu an. Alle werden gehört, werden über die Visualisierungsmethode beteiligt. Jeder kann seine Meinung sagen und schreiben. Erst in einem gemeinsamen Prozeß der Meinungsverdichtung und Zielfindung werden Entscheidungen vorbereitet, in ihren Konsequenzen überdacht und schließlich getroffen. Die Durchführungsschritte werden überlegt, verabredet und die jeweiligen personellen Verantwortlichkeiten unter der Aufgabenstellung: „wer – tut was – bis wann?" festgelegt. Auf diese Weise nehmen Schulen ihre eigene Weiterentwicklung selbst in die Hand. Schulentwicklung wird so verantwortlicher Teil der Selbstorganisation der Schulen selbst.

Die neuere Schulreformdiskussion hat den aus dem Wirtschaftsbereich stammenden Begriff der Organisationsentwicklung für sich entdeckt und auf die Schule übertragen. Sie geht von dem Anspruch aus, daß Schulen sich zu lernenden und in eigener Verantwortung selbst problemlösenden Organisationen mit einer hoch entwickelten Gestaltungsautonomie weiterentwickeln.

Organisationsentwicklung ist ein systemischer Ansatz, der Schulen dazu ermutigt, sich von innen heraus zu gestalten. Grundvoraussetzung zur Organisationentwicklung ist, die an Schule beteiligten Personen mit ihren Einstellungen, Traditionen und Bedürfnissen ernst zu nehmen. Nach Hans-Günter Rolff will „Organisationsentwicklung (...) die technischen und menschlichen Aspekte eines sozialen Systems integrieren, respektiert aber gleichzeitig deren je eigene Gesetzmäßigkeiten. Ziel einer Organisationsentwicklung ist die Selbstentwicklung der Mitglieder und die Selbsterneuerung der Organisation zur Erhaltung und Verbesserung der Aufgabenerfüllung der Organisation" (H.-G. Rolff: Schule als lernende Organisation. In: Was können Schulen für die Schulentwicklung leisten? Einsiedeln 1993, S. 95 - 115). Voraussetzung jeder Weiterentwicklung von Schule ist die Verbesserung der Kommunikationsstrukturen in Schule. Ein erster Schritt zu dieser inneren Schulreform ist, der Vereinzelung des einzelnen Lehrers bzw. der Lehrerin in seiner/ihrer Klasse oder im Kollegium durch Teambildung entgegenzuwirken.

Lehrerteams kooperieren miteinander, verständigen sich auf fachliche Ziele und pädagogische Vereinbarung, lösen mögliche Konflikte, suchen gemeinsam nach Problemlösungen, treffen Abmachungen über Erziehungs- und Lerngrundsätze. Natürlich stehen schulische und unterrichtliche Alltagsfragen zunächst im Vordergrund. Aus deren Bewältigung ergaben sich dann Perspektiven, auch den Zukunftsdialog über Schule im Kollegium zu führen.

Um diese Planungsprozesse einerseits zielgerichtet, gleichzeitig aber auch offen zu gestalten, die möglichst alle Beteiligten einbindet, bedarf es angemessener Planungsinstrumentarien. Eines der grundlegenden ist die Moderationsmethode. In pädagogischen Konferenzen, auf pädagogischen Tagen, in Teamsitzungen und Besprechungen folgt an der Moderationswand auf Analyse und Problembeschreibung, Prioritätensetzung und Zielbeschreibung, Verabredungen zur Veränderung und Weiterentwicklung. Entscheidend dabei ist, daß nach einer Phase der Entwicklung die Überprüfung und Reflexion des Erreichten erfolgt.

Der gesamte Entscheidungs- und Planungsprozeß und schließlich die Evaluation sind auf Pinwänden, für alle ständig nachvollziehbar und überprüfbar, offengelegt. Damit liefert die Moderationsmethode einen wichtigen Beitrag zur Demokratisierung von Schule. Sie ist weit mehr als nur Technik, die beliebig instrumentalisiert werden kann. Sie ist ein Stück Schulphilosophie.

Moderation ist handlungsorientiertes und ganzheitliches Lernen

Die Erkenntnisse der Lerntheorie verweisen auf den höchsten Lerneffekt, wenn Lernen durch selbsttätiges Handeln unterstützt wird. Lernen und Arbeiteten mit der Moderationsmethode trägt zu einer über andere Methoden nicht erreichbaren Teilnehmeraktivierung bei. Durch die Methode der Kartenfrage, das gemeinsame Ordnen der Ideen, die Prioritätensetzungen durch Punktfrage, den Wechsel von Kleingruppen- und Plenumsarbeit und -erörterung sind alle Beteiligten in den Lern- und Entscheidungsprozeß aktiv einbezogen. Diese Aktivierung und Beteiligung ist es, die die Identifikation mit dem Geplanten erhöht. Sie führt dann auch über die Akzeptanz zur Bereitschaft zur Übername von Verantwortung für das Beschlossene.

Die Moderationsmethode unterstützt handlungsorientiertes Lernen und Erarbeiten. Handlungsorientiertes Lernen ist ein stärker selbstorganisiertes Lernen. Die Lernprozesse sind so organisiert und die Aufgaben so gestellt, daß die Schülerinnen und Schüler sich weitgehend selbständig neue Sachgebiete erschließen, den Erarbeitungsprozeß planen, Wissen miteinander kombinieren, eventuell Lösungsansätze überprüfen und schließlich – zumindest theoretisch – zu Handlungskonsequenzen kommen. Für diesen Prozeß des Erkundens und Sammelns, des Sichtens, Vergleichens, Planens und Entscheidens ist die Moderationsmethode unverzichtbares Arbeitsinstrumentarium und Methodik zugleich. Sie bietet den Lernenden die Möglichkeit, ihre Arbeitsvorhaben miteinander abzustimmen, das neu erschlossene Wissen zu visualisieren, zu systematisieren und immer wieder durch neue Erkenntnisse und Wissenskombinationen zu ergänzen und anzureichern.

Die permanente Lehrerdominanz wird aufgegeben zugunsten eines Arrangierens von Lernsituationen und eines Moderierens von Prozessen der „selbständigen Wissenserschließung und Wissensaneignung". Die Lernenden nutzen dabei kreativ das Instrumentarium der Moderationsmethode, schlüpfen schrittweise selbst in die Rolle des Moderators, vermitteln sich ihre Erkenntnisse und präsentieren ihre neuen Wissenskombinationen und -schlußfolgerungen. Wohl gemerkt, der Lehrer wird damit keineswegs überflüssig. Aber er ist zumindest phasenweise mehr Berater und weniger instruierender und belehrender Wissensvermittler. Die Visualisierung der Arbeitsergebnisse aber gibt ihm ständig die Möglichkeit, den Lern- und Erarbeitungsprozeß zu überprüfen, gemeinsam mit den einzelnen Gruppen den Erarbeitungsstand zu reflektieren.

Für die Lernenden selbst ist diese Form des handlungsorientierten Lernens und Erarbeitens zugleich eine Form kooperativer Wissensaneignung. Nicht das individualisierte Lernen in Konkurrenz zu anderen steht im Vordergrund, sondern das im Team erschlossene Wissen. Arbeiten mit der Moderationsmethode fördert so auch das Arbeiten im Team, hilft Teamfähigkeit herauszubilden. Neben der Methoden- und Sozialkompetenz werden aber auch Schlüsselqualifikationen „personaler" Art ausgeformt. „Solche Individualkompetenzen sind Haltungen, Einstellungen, Aktiv-Sein, Selbstakzeptanz, Selbstvertrauen, Verantwortungsfähigkeit und -bereitschaft, Gelassenheit und Energien zielgerichtet einsetzten usw." (Arnold/Müller: Handlungsorientierung und ganzheitliches Lernen in der Berufsbildung. In: Erziehungswissenschaft und Beruf 4/93, S. 323 ff).

Das Arbeiten mit der Moderationsmethode versteht sich aus einem dynamischen Wissensbegriff. „So, wie bei den Normen ein Übergang auf eine neue Dimension der dynamischen Norm unausweichlich ist, müssen wir auch im Lernprozeß den Übergang von der Vermittlung eines statischen Wissensgebäudes zu einem dynamischen Wissen finden, das heißt den Übergang auf die Entwicklung von Denkfähigkeiten, die sich weniger auf den einzelnen Wissensstoff als auf den Umgang mit diesem Stoff konzentrieren" (Frederic Vester: Poesie und Macht des Lernens. In: Konzepte, H. 2, S. 18 - 21, 1993). Die Moderationsmethode bietet dazu die angemessenen Strukturierungsvoraussetzungen, die Kombinationen von Informationen, Analogieschlüsse und Reflexionen in visualisierter Form transparent macht.

Der Lernende, der Ideenträger, der nach Lösungen Suchende und Entscheidungen Treffende ist dabei nicht nur auf seine verbal-logischen Denkfähigkeiten beschränkt. Seine visuellen Sinne, sein Gehör, seine nach Tätigkeit drängenden haptischen Veranlagungen, seine kreativ gestalterischen Fähigkeiten werden aktiviert. Daß die Moderationsmethode weit mehr ist als eine Pinwandtechnik muß nach den o.g. Ausführungen nicht mehr begründet werden. Es ist ein Lernen und Arbeiten mit allen Sinnen.

Auch auf die phantasievoll gestalterischen Komponenten der Moderationsmethode sollen noch einige Zeilen verwendet werden.

Sobald etwas Routine im Umgang mit Karten, Kreisen, Papierellipsen und Filzstiften vorhanden ist, sind den kreativen Gestaltungsmöglichkeiten mit dem Moderationsmaterial kaum Grenzen gesetzt. Da entstehen nicht nur geometrische Gebilde, die optisch systematisierte inhaltliche Aussagen visuell transportieren, da können sich ganze Moderationslandschaften und -bilder entwickeln. Die Farbwahl der Karten wird möglicherweise nach bestimmten Bedeutungszuordnungen gewählt, die Argumente werden in unterschiedlichen Farben geschrieben. Verschiedenfarbige Pfeile stellen Beziehungen und Zuordnungen her und erleichtern das Lesen. Die Stifte können aber auch zu ästhetischen Gestaltungselementen genutzt werden, die den Informationswert der Pinwand noch anschaulicher werden läßt. Da werden Symbole und Bilder entworfen. Schließlich können Wachsmalfarben einbezogen werden, die in ihrer Pastellwirkungen einzelne Aussagefelder besonders markieren oder so untermalen, daß dezente Betonungen entstehen.

Bleibt noch die Begünstigung von Lernatmosphäre durch Musik zu erwähnen, deren positive Auswirkungen auf Lernen, Entspannung und Konzentrationsfähigkeit die suggestopädischen Lern- und Arbeitsmethoden nachgewiesen haben. An dieser Stelle soll nur der Vollständigkeit halber genannt werden, daß auch die umgebene Lernatmosphäre Einfluß auf den Arbeitsprozeß hat. Raumgestaltung, Licht, Pflanzen, Möblierung beeinflussen das Arbeitsklima, stimulieren Lernbereitschaft, motivieren zu Teilnahme und Engagement.

Die Moderationsmethode spricht mit ihrem ganzheitlichen Lern- und Arbeitsansatz die beteiligten Personen, wenn auch nicht immer mit allen, so doch mit einem Großteil ihrer Sinne an. Daher kommt die Moderationsmethode auch den unterschiedlichsten Lerntypen entgegen. Die Moderationsplanung sollte diesen Vorzug der Methode bedenken und darauf achten, daß den verschiedenen neu Lernzugängen Rechnung getragen wird. Wenn dies geschieht, dann kommt sogar eine Komponente zum Tragen, die Schule und Unterricht allzugerne vernachlässigen, nämlich, daß Lernen und Arbeiten auch Spaß machen kann. Die kreativen Simulationen, die von der Moderationsmethode ausgehen, beinhalten eine lustbetonte Komponente, die sich auf das Erreichen der gesteckten Ziele als potenzierender Beschleuniger auswirken können. Wenn etwas Spaß macht, dann tut man es gerne. Was man gerne tut, das tut man mit Engagement, dafür übernimmt man auch bereitwillig Verantwortung. Damit schließt sich der Kreis zu einer lebendigen, aktiven und offenen Schule, die die Chancen einer eigenen Profilfindung ergreift und mit geeigneten Methoden, wie denen der Moderation, gemeinsam Wege zu ihrer Umsetzung sucht.

Drei Beispiele

1. Beispiel: Zusammenarbeit Schule - Eltern

Die Elternbeiräte einer Schulstufe treffen sich zu einem klassenübergreifenden Elternabend. Gemeinsame Anliegen sollen erkundet, erörtert und anschließend mit Schulleitung und Klassenlehrerinnen und -lehrern besprochen werden.

Drei Pinwände sind aufgebaut.

Kennenlernen - Vorstellungsrunde - Gruppenspiegel

Auf Pinwand 1 ist das Papier durch Falten so gefalzt, daß Schreiblinien entstehen, auf denen die Eltern Name, Vorname, Klasse und den Namen des/der Klassenlehrers/in eintragen können. Dieser Gruppenspiegel ist besonders wichtig, wenn die Gruppe sich noch nicht kennt.

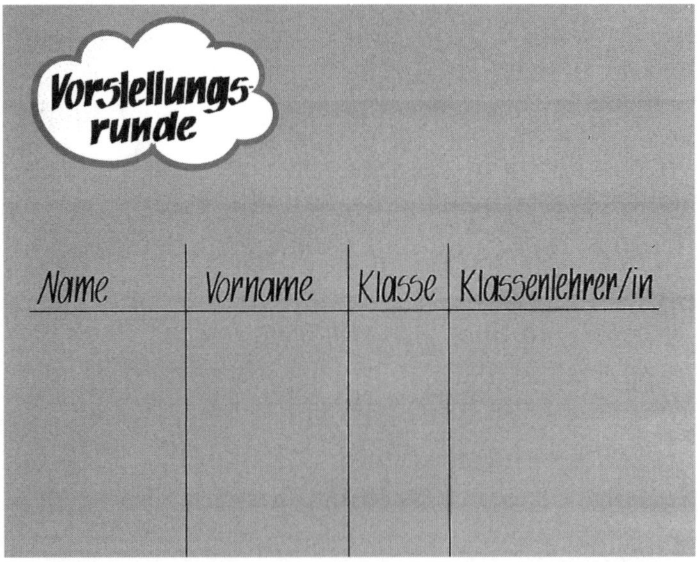

Die Gruppenmitglieder stellen sich kurz vor.

Themenfindung

Da die Teilnehmer in der Arbeit mit der Moderationsmethode noch unerfahren sind, fragt der Moderator in einer Zuruffrage:

Die Elternbeiräte äußern sich spontan zu den anliegenden Klassenproblemen. Der Moderator sammelt die Themen auf Karten. In der Regel ergibt das Brainstorming eine Fülle von sehr unterschiedlichen Beiträgen. In der Regel ergibt das Brainstorming eine Fülle sehr unterschiedlicher Beiträge. Ganz individuelle Sichtweisen stehen neben systematisierten und abstrakteren Äußerungen. Alle Beiträge werden vorgelesen und an die Pinwand geheftet. Dabei versucht der Moderator bereits eine inhaltliche und optische Zuordnung (Clusterung). Für die einzelnen Cluster werden Überschriften gesucht, die wie folgt lauten könnten:

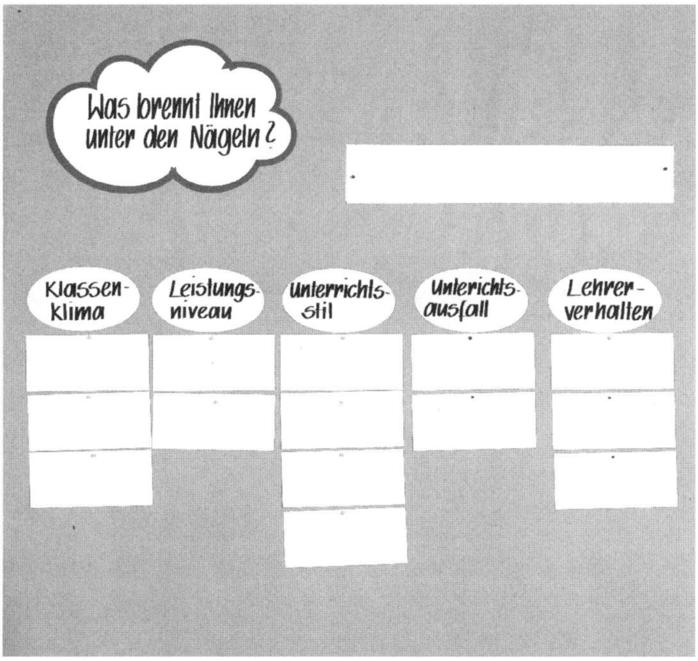

Der Moderator initiiert den nächsten Schritt zur Lösungssuche:

Die Teilnehmer entscheiden über die Rangfolge der Themen in einer Punktbefragung. Jeder erhält Markierungspunkte in der Größenordnung der Hälfte der aufgelisteten Themen.

Themenbearbeitung/Lösungssuche

In Kleingruppen werden die einzelnen Themen bearbeitet und nach Lösungen gesucht.

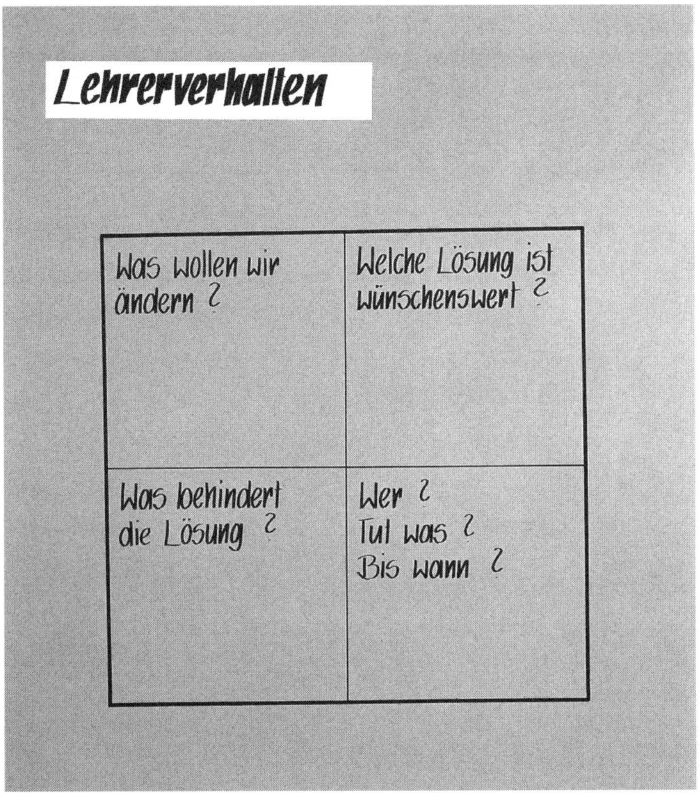

Der Stufenelternabend endet mit konkreten Vereinbarungen und einer Verabredung für den nächsten Termin.

Schlußrunde: abschließendes Stimmungsbarometer

Wie hoch schätzen Sie den Erfolg unserer Bemühungen ein?

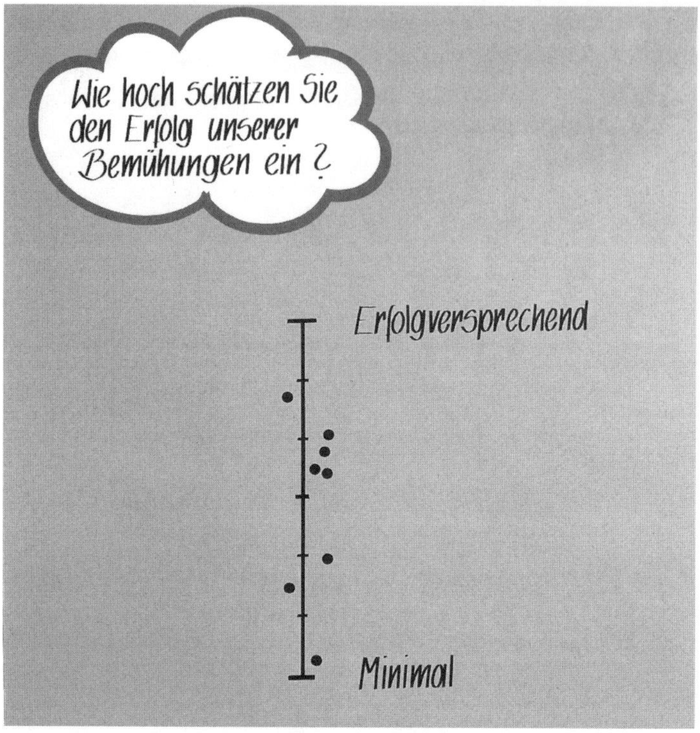

2. Beispiel: Umweltlernen konkret

Die Moderationsmethode eignet sich besonders auch für entdeckendes und forschendes Lernen. Sie hilft bei der Systematisierung in Sammlungs- und Erkundungsphasen, schafft für den Lernenden Übersicht und vermittelt dadurch Einsichten.

Eine Klasse erkundet im Wald den Nahrungskreislauf der Tiere. Im Vordergrund steht das Ernährungsverhalten der Waldtiere. Das Thema ist im Unterricht bereits behandelt. Die Arbeitsaufträge werden von den Kindern verstanden:

Die Kinder sammeln in Zweiergruppen in kleinen Plastikbeuteln Fraßspuren von Eichhörnchen, vom Specht, das Gewöll der Eule, von Rehen verbissene Zweige, abgenagte Tannenzapfen, angebissene Beeren der Eberesche, einen Büschel Fellhaare, ausgerupfte Vogelfedern etc.

Die Funde werden auf einer Pinwand angeheftet und nach folgenden Gesichtspunkten bestimmt:

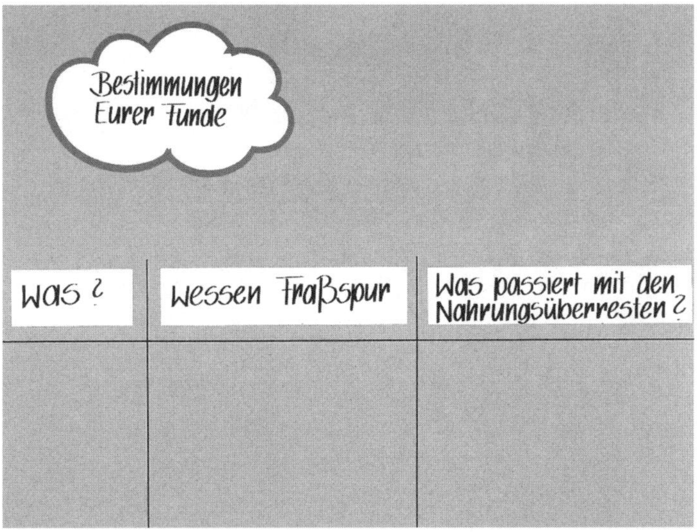

Bestimmungsbücher und Schaubilder bzw. Zeichnungen helfen den Schülern bei der Zuordnung.

Im nächsten Schritt wird der Nahrungskreislauf des Waldes an der Pinwand rekonstruiert, in dem der Kreislauf von den Nahrungsproduzenten, wie Pflanzen, über Waldtiere als Konsumenten bis zu den sog. Destruenten, wie Pilze, Bakterien und kleine stoffzersetzende Kleintiere, deutlich wird.

An der Pinwand sind die zentralen Stationen des Stoffkreislaufes bereits vorgegeben:

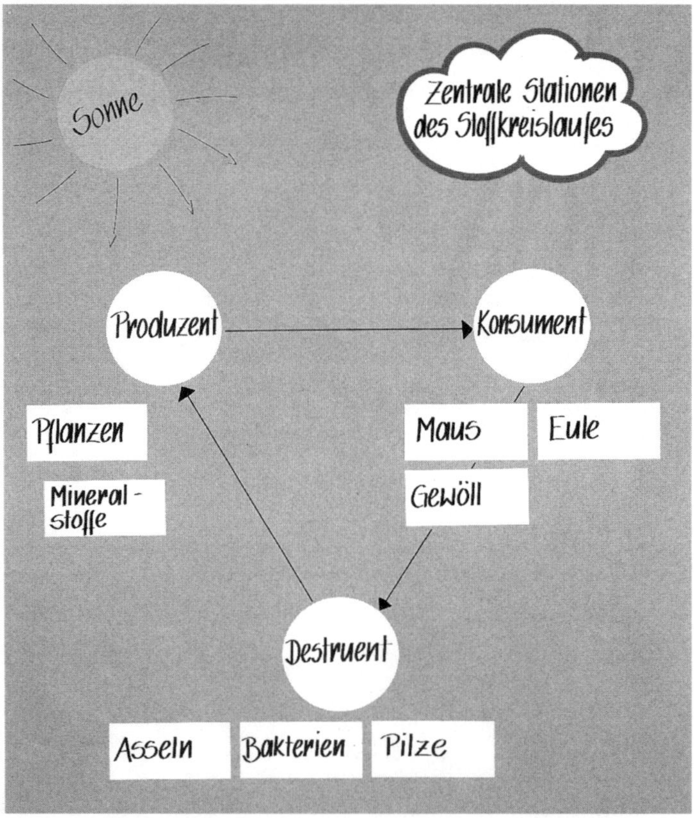

Die Schülerinnen und Schüler haben die Aufgabe, in Gruppenarbeit die ökologischen Abstraktionen (auf Kreiskarten) mit Hilfe ihrer eigenen Funde (auf Rechteckkarten) zu konkretisieren.

Dieses idealtypische Kreislaufsystem arbeitet rückstandsfrei und ist in jedem Ökosystem nachvollziehbar. Vom Menschen angestrebte technische Stoffkreisläufe erzielen nirgendwo dieses vollkommene Recycling. Depots, wie Müllberge, sind die zwangsläufige Erscheinung.

Der Antriebsmotor dieses Kreislaufes ist die Sonne: Im Rahmen der Photosynthese werden die verbrauchten Nahrungsmittel von ihrer Endstufe in wiederverwertbar hochwertige Energieträger, wie Pflanzenn, verwandelt, und dienen so den Konsumenten erneut als Lebensgrundlage. Damit schließt sich der Kreis.

Entscheidend für den pädagogischen Prozeß ist hierbei neben der inhaltlichen Seite, für deren Richtigkeit nicht zuletzt der Lehrer bzw. die Lehrerin steht, der Prozeß der Erarbeitung.

3. Beispiel: Pädagogische Konferenz: Wir wollen unsere Schule weiterentwickeln

Das Bewußtsein vieler Lehrerinnen und Lehrer ist geprägt von den belastenden Erfahrungen in Schule und Unterricht. Probleme, den Erwartungen von Eltern, Schulaufsicht und Schülern gerecht zu werden, vielleicht Auseinandersetzungen mit einem Kollegen oder einer Kollegin oder einer Gruppe im Kollegium über Unterrichtsziele oder Lehrerverhalten, Unzufriedenheit mit dem Erreichen der eigenen Ansprüche, entwickelt sich oft zu einer immer größer werdenden Belastung. Die positiven Schul- und Unterrichtserfahrungen werden dabei in den Hintergrund gedrängt.

Verabredet sich also ein Kollegium oder eine Teilkonferenz einer Schule zu einer Pädagogischen Konferenz oder einem Pädagogischen Tag, so sollte auf alle Fälle auch ein Stärkenbilanz vorgenommen werden. Die Planung der Konferenz mit Hilfe der Moderationsmethode könnte folgendermaßen aussehen:

Was gefällt mir an meiner Schule?

wird in einer Zuruffrage beantwortet. Die Zurufe werden vom Moderator ggf. mit Unterstützung eines Partners aus der Gruppe schriftlich gesammelt, an der Pinwand angeheftet und schließlich geordnet.

Was belastet mich im Lehreralltag?

wird über eine Kartenfrage von den Teilnehmern beantwortet. Über diese Kartenfrage sollen die Problemfelder erschlossen werden, die nach Änderung verlangen. Daher brauchen die Betroffenen Zeit, ihre Gedanken zu sammeln und schriftlich zu fixieren.

Über die Doppelfrage

Was können wir kurzfristig ändern?

und

Was sollte langfristig geändert werden?

wird eine Lösungshierarchie gefunden, die über eine Punktfrage erfolgt.

In einer Gruppenarbeitsphase wird anschließend die Frage bearbeitet:

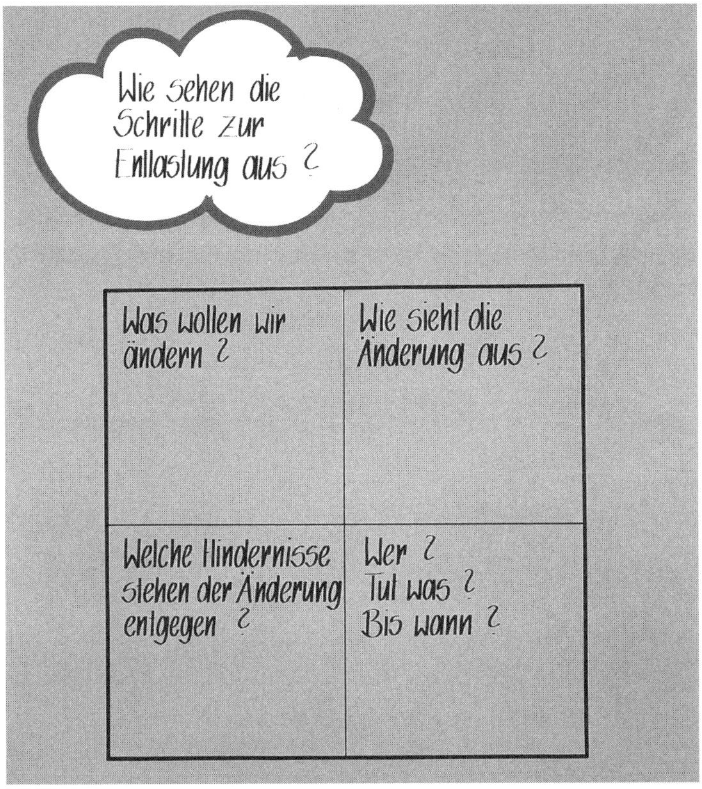

Am Ende des ersten Schrittes stehen so konkrete Verabredungen für erste Verbesserungsansätze. Die kleinen pragmatischen Schritte, die sichtbare Ergebnisse zulassen, sind dabei den großen Lösungen vorzuziehen, da diese im Schulalltag unterzugehen drohen. Machbares und Erkennbares sollten die Entscheidungskriterien sein. Nur auf diesem Weg kann Frust vermieden und sichtbarer Erfolg erreicht werden.

Beispiel 4: Präsentation einer Interpretation

Oftmals wird gegenüber der Moderationsmethode eingewandt, daß sie zwar zum Problemaufriß und als Planungsinstrument brauchbar, aber zur Vermittlung von Wissen oder zur Erarbeitung von Wissenszusammenhängen weniger geeignet sei.
Hier nun ein Pinwand-Poster über Goethes wohl berühmtestes Gedicht „Über allen Gipfeln ist Ruh'“. Es zeigt das Ergebnis einer Erarbeitung aus dem Deutschunterricht:

Johann Wolfgang von Goethe:

Über allen Gipfeln
Ist Ruh'
In allen Wipfeln
spürest Du
Kaum einen Hauch;
Die Vögelein schweigen im Walde
Wartet nur! Balde
Ruhest Du auch.

geschrieben:
6.9.1780 mit Bleistift auf die Holzwand einer Jagdhütte auf dem Kickelhahn bei Illmenau während einer Jagdgesellschaft

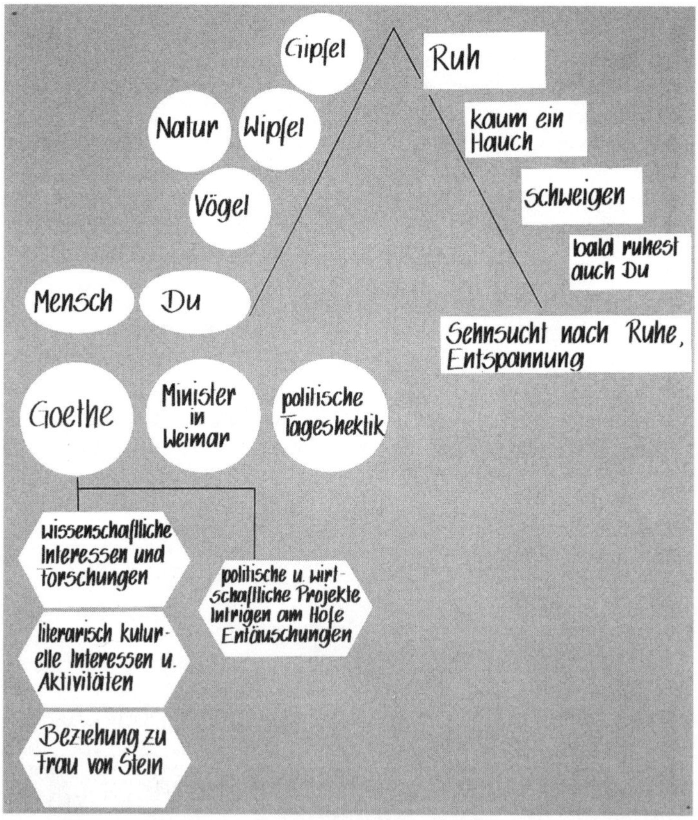

Dieses Info-Poster hängt im Klassenraum. Es macht den Zusammenhang von Inhalt, Person des Schreibers und Schreibsituation deutlich. Diese Informationen sind den Schülerinnen und Schülern ständig präsent. Sie bedienen ihnen als Gedächtnisstütze, aber auch als Hilfe zu Analogiebildungen und methodische Orientierung bei vergleichbarem interpretativem Vorgehen.

Zum Stellenwert der Moderationsmethode – im Ablauf von Innovations- und Arbeitsprozessen

Beispiele und Erfahrungen aus Schule und Lehrerfortbildung

Werner Röhrig, Studiendirektor
Hessisches Institut für Lehrerfortbildung, Weilburg

1. Einführende Anmerkungen

Die Geschichte der Schulentwicklung in den letzten Jahrzehnten ist von inhaltlichen Schwerpunktsetzungen und Innovationszielen bestimmt. Methodische Verfahrensweisen für Innovations- und Arbeitsprozesse wurden dabei – wenn überhaupt – nur am Rande erörtert (Personen und Einrichtungen, die auf die Bedeutung von Prozeßabläufen und methodisch andere Verfahrensweisen verwiesen haben, wurden eher als störend empfunden.)

Möglicherweise liegt in diesem Zusammenhang auch ein Grund, warum von inhaltlichen Innovationszielen – global gesehen – nicht alle oder in bestimmten Teilbereichen sogar nur wenige Schulen und Lehrkräfte erreicht wurden und die Alltagspraxis des Unterrichts nicht bestimmen.

Diese Aussage bezieht sich insbesondere auf zentrale, staatliche Rahmenvorgaben: Reformen von „oben" ohne partizipatorische Beteiligung von Schulkollegien, die nach dem Muster der

„Einwegkommunikation“ vermittelt werden.

Daneben gibt es eine beachtliche Anzahl von gelungenen Reformprojekten (z.B.: Wochenplanunterricht in den Grundschulen, kommunikativer Fremdsprachenunterricht), wo Kommunikations- und Arbeitsprozesse – teilweise spontan und unreflektiert – nach anderen Verfahrensweisen und Methoden strukturiert waren bzw. sind.

Die Breitenwirkung dieser Reformen von „unten“ ist z.B. in Hessen – neben anderen Verfahrensweisen und Methoden in der Erörterung von Reformzielen – durch das Zusammenwirken von regionalen und zentralen Einrichtungen der Lehrerfortbildung begründet, die den infrastrukturellen Rahmen für einen praxisbezogenen Dialog zwischen Lehrerschaft, Hochschulen, Einrichtungen für Schulplanung und Schulentwicklung und der Schulaufsicht auf den verschiedenen Ebenen erleichterte. Die unterstützende, positive Rolle von einzelnen Referenten und Referaten, z.B. im Hessischen Kultusministerium in diesen Prozessen muß an dieser Stelle ausdrücklich betont werden. Insofern gibt es keine Automatik: Reformen von „oben“ scheitern, Reformen von „unten“ gelingen.

Dieser strukturelle Rahmen ist jedoch nicht Gegenstand dieses Erfahrungsberichtes. Der Hinweis auf diese Zusammenhänge erscheint jedoch von Bedeutung zu sein:

Veränderungen im Prozeßablauf im allgemeinen und den Arbeitsmethoden im besonderen allein sichern noch nicht den Erfolg einer angestrebten Veränderung. Eine Veränderung in den Methoden setzt einen bestimmten infrastrukturellen und schulrechtlichen Rahmen voraus. Diese Rahmenbedingungen sind zur Zeit in Hessen durch ein neues Schulgesetz und eine die Lehrerschaft einbeziehende Lehrerfortbildungsstrukur gegeben, sogar verbessert worden.

In der Organisation der Lehrerfortbildung in Hessen stehen jedoch Veränderungen bevor, deren Konturen noch „verschwommen", „offen" (je nach dem Standort des Urteilenden) sind, bzw. „in einigen Köpfen" bereits entschieden wurden. Ob die beabsichtigten Veränderungen Innovationsprozesse stärken oder möglicherweise den bereits erreichten Stand infragestellen, bleibt abzuwarten.

Diese Anmerkungen erschienen mir einleitend erforderlich zu sein, obwohl in diesem Beitrag an einigen Beispielen binnenorganisatorische und methodische Verfahrensweisen erörtert werden sollen. Schließlich engen Veränderungen in den Rahmenbedingungen auch das methodische Repertoire ein.

Obwohl sich in den letzten Jahren – insbesondere durch den Einfluß von Konferenz- und Moderationstechniken aus den Arbeitsfeldern industrieller und wirtschaftlicher Innovation – in den Kommunikationsabläufen in den Veranstaltungen der Lehrerfortbildung und den schulischen Konferenzen vieles verändert hat, sind folgende Beobachtungen auch heute noch abrufbar:

Wenn Sie mehrere Lehrkräfte nach einer traditionellen, schulischen Konferenz oder einem traditionellen Seminar nach ihrer Beurteilung fragen, werden Sie oftmals eine negative Aussage erhalten. Auch heute würden Sie – als Beobachter/Beobachterin in irgendeine Schule eingeladen – als Merkmale einer schulischen Konferenz folgendes aufschreiben können: Da sitzt eine große Anzahl von Lehrkräften. Einige verfolgen aktiv den Ablauf der Konferenz, damit keine die eigene Praxis beeinträchtigenden Beschlüsse gefaßt werden. Die Schulleitung ist bemüht, alle Punkte der Tagesordnung zu behandeln, eigene Anträge durchzusetzen und spontane Anträge von einzelnen Lehrkräften in Fachkonferenzen zu überweisen, bzw. auf die nächste Konferenz zu vertagen. Wenige, in der Regel immer dieselben Konferenzmitgleider beteiligen sich an der Diskussion. Der Personalratsvorsitzende achtet auf die Einhaltung des für die Konferenz zeitlich gesetzten Rahmens. Einige Lehrkräfte versuchen die Konferenz „tätig" zu gestalten: sie stricken oder korrigieren teilweise offen, teilweise „versteckt" Klassenarbeiten.

Auch heute können Sie ähnliches in traditionellen Seminarabläufen beobachten:
Das Seminar beginnt mit einem Expertenvortrag. Den Lehrkräften wird verkündet, was sie falsch machen und was sie ändern sollen. Es schließt sich dann eine Erörterung an. Diese Erörterung besteht aus einigen Zusatzreferaten von Teilnehmerinnen und Teilnehmern, die belegen, daß sie „mehr" wissen als der Referent oder die Referentin. Andere stellen Fragen, die ungeordnet, teilweise beantwortet werden oder auch nur den Referenten/die Referentin aufs „Glatteis" führen sollen. Der größere Teil der Zuhörerinnen und Zuhörer verhält sich jedoch still und hat mehrere Möglichkeiten individuell das Gehörte zu den „Akten" zu legen: „Das mache ich alles schon!" oder „Das ist alles nicht praktikabel!"

Ein weiteres Hindernis für Veränderungen an einer Schule sind „Fraktionsbildungen". Dies hat primär nichts mit politischen Grundorientierungen zu tun. Eine „Fraktion" kann z.B. besonderen Wert auf „Wissensvermittlung" legen, eine andere Fraktion größeren Wert auf das Ziel „Lernen wie man lernt". In Erziehungsfragen bilden sich schnell weitere „Fraktionen". Hinzu kommt, daß sich in der Geschichte einer Schule Beurteilungshierarchien „guter" oder „schlechter" Lehrer bilden, die mit der Eigenwahrnehmung nicht übereinstimmen müssen, aber entscheidend Kommunikationsabläufe bestimmen.

Weiter gibt es in der eigenen und der fremden Wahrnehmung der „Lehrerrolle" bei den Lehrkräften gegenüber allen anderen Berufen eine Besonderheit.

„Lehrer wechseln – und dies unterscheidet sie in der Regel von anderen Berufsgruppen – bei der Fortbildung (in einem Innovationsprozeß, W.R.) gleichsam in Umkehr ihrer Alltagspraxis aus der Rolle des Lehrenden in die des Lernenden. Lehrerfortbildung (und schulische Innovationen) bringt Lehrer in eine Situation, in der sich im Berufsalltag Kinder befinden. Lernen erscheint nicht nur als Attribut des Nichtwissens, sondern vor allem als Kennzeichen für Noch-nicht-erwachsen-Sein. Hinzu kommt, daß die enge Verknüpfung von Lernsituationen mit Abhängigkeitserfahrungen im Verlauf der eigenen beruflichen Sozialisation in eine berufliche Praxis einmündet, die Lehrer auf die Rolle lebenslänglicher Propädeutiker festlegt („Schüler lernen fürs Leben"). Von hier aus liegt es nahe, wenn Lehrer die Beendigung ihrer Adoleszenz am Abschluß der 2. Ausbildungsphase auch dadurch dokumentieren, daß sie zunächst erst einmal aufhören zu lernen." (Hartmut Wolf, Norbert Klüsche 1977, S. 94)

Mit diesem Zitat möchte ich nicht die generelle Lernbereitschaft von Lehrkräften infragestellen. Diese Besonderheit - eine Verallgemeinerung auf alle Lehrkräfte wäre unzutreffend - sollte jedoch bei der Planung von Innovationsprozessen einbezogen werden.

Ein Blick in die Geschichte der Konzeptionsentwicklung der Lehrerfortbildung zeigt, daß versucht wurde, Arbeitsformen zu finden, die Lernfortschritte erleichtern, z.B.:
„a) Trainingsseminare (Tausch),
b) Training des Lehrverhaltens mit Fernsehaufzeichnungen in Kleingruppen-Seminaren (Zi freund),
c) Gruppenarbeit (E. Meyer)
d) Gruppendynamische Seminare und Trainingsgruppen (USA, Frankreich (ARIP), Deutschland, Versuch im Haus Schliersee 1963),
e) interpretierende Gruppendiskussion (Hallworth, University of Birmingham),
f) Arbeitsgruppen (Tavistock Institute of Human Relations London und E.L. Herbert, Frankreich),
g) Workshop Way of Learning (Earl C. Kelley, Wayne State University, Detroit, USA),
h) Cild Study Program (Daniel A. Prescott, Institute for Cild Study University of Maryland)" (Kurt Spangenberg, 1974, S. 132.)

So hatte das „Workshop Way of Learning"-Konzept von Earl C. Kelly bereits 1938 folgende Zielsetzungen:

1. die Lehrer in eine Situation zu versetzen, in der sie bereitwilliger miteinander in Kommunikation treten könnten,
2. ihnen Gelegenheit für eine persönliche Weiterentwicklung zu geben durch das Akzeptieren eines gemeinsamen Ziels und darauf gerichtete kooperative Arbeit,
3. ihnen zu ermöglichen, sich mit Problemen zu beschäftigen, die von unmittelbarer, aktueller Bedeutung für sie sind,
4. sie für ihr Lernen selbst verantwortlich zu machen,
5. Erfahrungen bei der Kooperation mit anderen zu sammeln,
6. Methoden und Techniken zu erlernen, die sie in ihren Klassen anwenden konnten,
7. gemeinsam mit anderen Materialien herzustellen, die für ihren Unterricht nützlich sein konnten,
8. ihre eigenen Bemühungen zu bewerten und auszuwerten und
9. aus der Routine herauszugelangen und ein höheres Berufsethos wiederzugewinnen."(zitiert nach Spangenberg, 1974, S. 127)

In einer Erkenntnis stimmen die meisten vorliegenden Konzepte überein: der Vorrang direkter (mündlicher) vor schriftlicher Kommunikation.

Insofern erscheint mir die Kleingruppe, wo in direkter Kommunikation schulische Aufgabenfelder und Problemstellungen erörtert werden, die Organisationsform zu sein, um Veränderungsprozesse in die Schule zu tragen:
„Wenn die Personen (die Lehrerinnen und Lehrer, W.R) mit ihren ureigensten Dingen konfrontiert werden und selber die rationale Analyse des Prozesses vornehmen, sind sie innovationsbereit. ... man kann Probleme nur lösen, indem man sich in ihnen bewegt und nicht, indem sie vorweg gelöst werden, sozusagen in der Theorie, und dann mit den Wahrnehmungssperren derjenigen konfrontiert werden, die in der Praxis die theoretische Lösung übernehmen sollen." (W. Edelstein, 1968, S. 68)

Nur so dürfte es gelingen, daß Innovationsvorhaben nicht an kognitiven Dissonanzen der Trägergruppe einer Reform scheitern.

Die Theorie der kognitiven Dissonanz gehört zu den „Gleichgewichtstheorien“ und wurde von Festinger entwickelt. So kann kognitive Dissonanz entstehen, wenn Informationen aufgenommen und verarbeitet werden sollen, die mit den bisherigen Informationen und Überzeugungen nicht übereinstimmen. „Solcherlei keineswegs nur theoretisch relevante Ergebnisse der Dissonanztheoretiker erklären unter anderem die häufige Ineffektivität pädagogisch-politischer Aufklärungsbemühungen.“ (Dieter Baacke, 1973, S.130)

Nach Festinger kommt es nun nicht mehr darauf an, „die Einstellungen von Individuen oder Gruppen zu ändern, um sie zu bestimmten Verhaltensweisen anzuleiten, sondern man müßte sie in die Lage bringen, in der sie jene Verhaltensweisen bereits ausüben und sie werden von selber ihre Einstellung ändern.“ (zitiert nach Berhard Rathmayr, 1975, S. 117a).

Vielleicht wird diese Aussage mit der Aufgabenstellung „Quadratur des Kreises“ gleichgesetzt und damit als nicht lösbar/organisierbar/machbar erklärt. Ist die Frage der Einlösbarkeit nicht auch eine Herausforderung an die Methoden und die Diskussionsprozesse?

Liegen nicht in bestimmten Kommunikationsstrukturen, die mit Offenheit, Akzeptanz von unterschiedlichen Erfahrungen und Positionen, u.s.w. beschrieben werden, Möglichkeiten diese Erkenntnis einzulösen?

Dieter Baacke hat bereits 1973 bei der Entwicklung einer Kommunikationstheorie Axiome gebildet, die insbesondere in diesem Erörterungszusammenhang bedeutsam sind.

Zwei dieser Axiome lauten:
1. „Risiko und Aufwand, die Kommunikationen erfordern, ent-

spricht ein ökonomisches Verhalten der Kommunikationspartner. Es besteht vor allem in der Bevorzugung solcher Kommunikationen, die geringen Aufwand und geringes Risiko fordern und in der Vermeidung derjenigen, die dies nicht tun." (Dieter Baacke, 1973, S. 110)

2. „Kommunikationsbeziehungen haben die Tendenz, sich (kürzere oder längere Zeit) aufrecht zu erhalten. Ihre Konstanz wird durch offizielle oder privat-zufällige Institutionalisierung gewährleistet." (Baacke, S. 112)

Dies legt die Schlußfolgerung nahe, daß es für die Kleingruppen- und Großgruppenarbeit besonderer, jedoch möglichst elementarer Methoden und Verfahrensweisen bedarf, die im Rahmen vorhandener, bereits eingeführter binnenorganisatorischer Formen schnell und effektiv greifen und einer gewissen Institutionalisierung bedürfen.

Diese Methoden sind aber erst in den letzten 10 Jahren für schulische Arbeitsprozesse aus dem Bereich der Wirtschaft entdeckt und kultiviert worden:

- Verfahren und Methoden kreativer Ideenfindung,
- die Moderationsmethode für verschiedene Gruppen- und Planungsprozesse.

Helmut Schlicksupp erfaßt in seinem bereits 1977 veröffentlichen Buch „Kreative Ideenfindung in der Unternehmung" mehr als 40 Verfahrensweisen, die für Problemlösungsprozesse in Wirtschaftsunternehmen von Bedeutung sind. Schlicksupp hat seine Recherchen im Rahmen eines Projektes des hessischen Battelle-Instituts durchgeführt:
„Die Rolle der Ideenfindung ist es, ein vielfältiges Anreizsystem zu bilden, d.h im Bereich des Anwenders Impulse zur fortwährenden Selbsterneuerung zu geben." (Schlicksupp, 1977, S. 8)

Die fortwährende Selbsterneuerung ist jedoch eines der Ziele, die für die Veränderungsprozesse in der Schule eine nicht selbstverständliche Voraussetzung sind.

Für die Binnenorganisation dieser Modelle und Methoden der kreativen Ideenfindung haben Autoren und Autorinnen im Bereich der Reflexion und Aufbereitung der Moderationsmethode neue Impulse gesetzt.

Erstes Kennzeichen für die Moderationsmethode ist eine zugrundeliegende Philosophie: „Moderation ist ein Handwerk und eine Kunst zur Verbesserung der menschlichen Kommunikation. Damit reiht sie sich in die Kette von Erfindungen in den letzten Jahrzehnten ein, die alle dem gleichen Ziel dienten: die Methoden der humanistischen Psychologie, das personal growth, Selbsterfahrung, TZI, Gestalt usw.."
(Karin Klebert, 1991, 5. Auflg., S. 9)

Weitere Merkmale sind die gezielte Ausgestaltung von Seminar- und Konferenzabläufen angefangen von der äußeren Beschaffenheit der Seminarräume bishin zur konkreten Handlungsebene des Seminars: vom Ankommen, dem Kennenlernen, der Konstituierung der Gruppe, von Teilgruppen, der Aufarbeitung des Themas, Auswertung der Ergebnisse, Festlegung weiterer Arbeitsschritte und bewußtes Abschiednehmen.

Insofern sollte die Moderationsmethode nicht allein auf die Wahrnehmung „Zettelmethode" verkürzt werden.

In der Kombination von Methoden kreativer Ideenfindung und Moderation eröffnen sich auch in Schule und Lehrerfortbildung vielfältige Problemlösungsmöglichkeiten.

Dabei liegen in diesen Methoden folgende Chancen:
- Offenheit der Erörterung,
- Erleichterung der Strukturierung des Arbeits- und Erörterungsprozesses,
- Beteiligungsmöglichkeit aller (an der Entwicklung einer Schule beteiligten Einzelpersonen und Gruppen) bei der Problemeingrenzung und Findung von Lösungsansätzen,
- Erleichterung der Konsensbildung.

Bei der Erstbegegnung mit diesen Methoden werden in der Regel von der Mehrheit der beteiligten Personen positive Rückmeldungen gegeben. Probleme mit der Übernahme dieser Methoden haben insbesondere Personen, die für eine Aufgabenstellung/Problemstellung bereits eine Lösung gefunden haben und der Auffassung sind, daß diese von allen übernommen werden müsse. Auch in den Bereichen „Schulleitung-Kollegium" bzw. „Referent-Seminarteilnehmer" können eigene und fremde Rollenwahrnehmungen zu Belastungen des Kommunikationsablaufes führen.

Besonders problematisch wird es, wenn von „schulfernen" Organisationsentwicklern der Kommunikationsablauf - bewußt oder unbewußt - so angelegt ist, daß es zu einer „Totalabrechnung zwischen Teilen des Kollegiums und der Schulleitung" kommt. Dann kann es z.B. bei einem offenen Ausgangsverfahren dazu kommen, daß sich nahezu alle Problemaspekte auf das Schulleitungshandeln beziehen und die selbstverantwortete Ebene von Unterricht bei einem Teil der Konferenzteilnehmer völlig aus dem Blick gerät. Ähnliches kann sich in Seminaren ereignen, wenn die Ebene der Eigenverantwortung der Teilnehmerinnen und Teilnehmern für konkrete Ergebnisse ausgeblendet und die Unzufriedenheit mit den Resultaten ausschließlich der Seminarleitung angelastet wird.

Trotz dieser Einschränkungen möchte ich dazu ermutigen, die Moderationsmethode in Schule und Lehrerfortbildung zu nutzen und weiterzuentwickeln. Ich bin sogar davon überzeugt, daß sich diese Verfahrensweisen auf Teilbereiche des Unterrichts übertragen lassen und dazu beitragen könnten, die Kommunikationsstrukturen und -abläufe zu verbessern.

Hierzu soll mit den folgenden Beispielen ein Erfahrungsaustausch in Schule und Lehrerfortbildung erleichtert werden.

2. Beispiele und Erfahrungen mit der Moderationsmethode

2.1. Beispiel: „Immer Ärger mit der Zeit“

Obwohl es in der Öffentlichkeit viele Menschen gibt, die Lehrkräfte wegen der schulischen Arbeitszeitregelung – insbesondere wegen der vermuteten, absoluten Flexibilität an den Nachmittagen – beneiden, trügt der Anschein, Lehrkräfte hätten „viel Zeit“.

Es sind nicht wenige Lehrkräfte, die über „Zeitprobleme“ klagen. Wenn ein Schulleitungsteam oder eine Lehrergruppe eines Kollegiums ein Reformprojekt beginnen will, ist es empfehlenswert, die Erörterung und Planung dieses Projektes in eine mittelfristige Zeitplanung für die Schule einzubeziehen. Schließlich muß das Neue neben der üblichen Arbeit geleistet werden. (Zeitplanung ist auch für überregionale Projekte und Schulversuche eine wichtige Voraussetzung für den Erfolg oder Mißerfolg eines Vorhabens.)

Die Erörterung von Terminen erfolgt aber oftmals kurzfristig und in einer wenig strukturierten Diskussion: „ Bei uns werden immer einige überfahren“, „Die Blöden sind immer dieselben!“ Die Moderationsmethode ermöglicht bereits bei der Zeitplanung eine andere Verfahrensweise.

Ein Mitglied der Schulleitung hat eine Terminübersicht für das neue Schuljahr erarbeitet.

Diese Terminübersicht enthält außer den Terminen für die Zeugniskonferenzen, dem Elternsprechtag und die bereits beschlossene Wander- und Projektwoche keine Eintragungen.

Alternative 1

(Dieses Verfahren sollte/kann zugleich als Einführung in die Moderationsmethode mit Kärtchen gewählt werden. Wenn diese Möglichkeit zeitlich zu aufwendig erscheint, kann die

Alternative 2 genutzt werden. Da die Festlegung von Terminen nicht zwingend für jedes Schuljahr wiederholt werden muß, erscheint es durchaus begründbar, einmal einen Zeitraum von zwei Zeitstunden dafür zu reservieren. Die Begrenzung der Zeit ist insbesondere in Schulen wichtig, weil oftmals Redebeiträge am unmittelbaren Thema vorbei zuviel Zeit beanspruchen.)

Ziel und Ergebnis der Bearbeitung der folgenden Aufgabenstellung ist die möglichst von allen mitgetragene Verabschiedung eines schulischen Jahresveranstaltungskalenders. Das bedeutet, daß der gewählte Bearbeitungsablauf zugleich der Konsensbildung dienen soll. (vgl.: Klebert, Schrader, Straub, 1991, S. 123f)

Nach einer einleitenden Einführung (15 Min.) zur Aufgabenstellung löst sich die Gesamtkonferenz in Teilgruppen auf. Gruppenbildend sind die Klassenlehrerinnen/Klassenlehrer der Jahrgänge. Fachlehrerinnen und Fachlehrer ohne Klassenführung ordnen sich je nach dem Schwerpunkt ihres Unterrichtseinsatzes einer Klasse zu.

(In dem durchgeführten Beispiel hatte die Gesamtkonferenz bereits bestimmte Wochentage für bestimmte Konferenzen festgelegt: montags: Gesamtkonferenz, mittwochs: Fachkonferen-

zen, dienstagsabends: Elternbeirat, donnerstagsabends: Schulkonferenz, freitags in der 6. Stunde: Schülerrat.)
Jede Gruppe erhält folgende Aufgaben:
Neben den für den laufenden Betrieb unserer Schule erforderlichen Gesamt- und Fachkonferenzen soll ein „Pädagogischer Tag“ so terminiert werden, daß die Ergebnisse in jeweils einer Fachkonferenz (möglichweise aller Fachgebiete) konkretisiert und in einer weiteren Gesamtkonferenz abschließend beraten werden können.

Vorschlag für den Ablauf:
Überlegen Sie zunächst aus Ihrer persönlichen Arbeitsplanung, in welchen Wochen die üblichen 3 Gesamtkonferenzen und die 4 Fachkonferenzen eingeplant werden sollen.

Schreiben Sie Ihre Entscheidung zu den Gesamtkonferenzen auf gelbe Kärtchen,

Schreiben Sie Ihre Entscheidung zu den Fachkonferenzen auf blaue Kärtchen,

Schreiben Sie Ihre Entscheidung zum „Pädagogischen Tag“ auf ein grünes Kärtchen, zu einer weiteren Gesamtkonferenz auf ein rotes und einer weiteren Fachkonferenz auf ein weißes Kärtchen.

Sammeln Sie die Kärtchen und werten Sie diese gemeinsam aus. Übereinstimmungen in der Gruppe übertragen Sie bitte unmittelbar in das Formblatt „Terminübersicht“ (DIN A2). Verschiedene Terminvorstellungen erörtern Sie bitte mit dem Ziel, eine Übereinstimmung zu erhalten. Gelingt dies (innerhalb von 30 Minuten) nicht, halten Sie die verschiedenen Argumente und Terminvorschläge für die abschließende Beratung im Plenum fest.

Im Plenum entstehen je nach Anzahl der Jahrgänge einer Schule verschiedene in der Regel aber in vielen Terminen übereinstimmende Übersichten. Um ständige Nachfragen nach

Farbe und der entsprechenden Konferenz zu vermeiden, ist es empfehlenswert, die jeweilige Konferenz auf die farbigen Kärtchen aufzudrucken und in den Räumen für die Gruppenarbeit auszulegen.

<u>Alternative 2</u>

Auf einer Pinwand mit Packpapier ist die Jahresterminübersicht übertragen worden (kann auch auf FlipCharts erfolgen). Je nach Größe des Kollegiums sind mehrere Terminübersichten erforderlich. Jede Kollegin/jeder Kollege erhält verschiedenfarbige Klebepunkte, die an einem bestimmten Tag in den Pausen auf den Terminplaner in eine außer dem Termin, von Texten freigelassene Woche geklebt werden. Die Schulleitung nimmt die Auswertung vor und legt das Ergebnis in einer Tischvorlage zur Beratung und Beschlußfassung vor. Die Beratung sollte ebenfalls in den o.g. Kleingruppen beginnen.

(Auch für die persönliche Zeitplanung einer Lehrkraft sind bestimmte Methoden bedeutsam, die an dieser Stelle nur durch Hinweise in den Literaturangaben benannt werden können.)

(Sofern Sie eine der Alternativen erprobt haben und dabei feststellen, daß die Terminvorstellungen Ihres Kollegiums zu keiner, zumindest von einer großen Mehrheit getragenen Übereinstimmung zu führen sind, müßte dies ein Anlaß sein, grundsätzlich über den Arbeitsplatz Schule und seine Anforderungen nachzudenken! Insofern verrät der Prozeß des Ablaufs der Terminplanung einer Schule mehr über den Stand der Entwicklungsbereitschaft und den Ausgangspunkt kollegialer Zusammenarbeit.)

2.2. Beispiel: „Rechtzeitig fragen, statt nachher vorschreiben!"

Alle 8 bis 10 Jahre werden Lehrpläne/Richtlinien (bei Regierungswechsel früher) überarbeitet oder neu geschrieben. Das

Verfahren erfolgt nahezu in allen Bundesländern nach folgendem Ablaufschema:

1. Eine oder mehrere Personen schreiben den Lehrplan. Dann folgt eine Vorprüfung im entsprechenden Lehrplaninstitut oder zuständigen Referat des Ministeriums.
2. Der Lehrplan wird einer ersten, genauen Überprüfung im Ministerium unterzogen.
3. Er wird den Mitbestimmungsgremien zugeleitet und die Zustimmung eingeholt.
4. Er wird in Fachkonferenzen ausgewählter Schulen vorgestellt und diskutiert.
5. Er wird zur verbindlichen Erprobung freigegeben, bzw. verbindlich vorgeschrieben.
6. Selbst in Bundesländern mit einer „nachgesagt" strengen Schulaufsicht sind sich die Lehrplanexpertinnen und -experten nicht sicher, ob die Vorgaben in den Lehrplänen auch den Unterricht erreichen und strukturieren werden.

Dieses Verfahren ist sicherlich aufwendig und macht vielen Menschen Arbeit. Das Resultat der Verwirklichung ist aber eher unbefriedigend. Allein die Schulbuchverlage müssen sich bei der Ausarbeitung von Schulbüchern an diese Lehrpläne halten, sonst wird die Zulassung verweigert, eine Lehrkraft schließt „bei Beginn des Unterrichts die Klassentür"!

Bei dem oben beschriebenen Ablauf ist ein weiterer Aspekt auffallend: Lehrkräfte sind generell in Lehrplanveränderungen wenig, bzw. überhaupt nicht einbezogen. Entsprechend demotiviert und ablehnend werden Ankündigungen von neuen Lehrplänen kommentiert.

Dabei eröffnet die Moderationsmethode in diesem Feld sehr elementare Beteiligungsmöglichkeiten.

Schließlich liegt die Kompetenz der Beurteilung, was unterrichtlich möglich ist, was bei den Schülerinnen und Schülern angekommen ist, was zurückgestellt wurde, bei den Lehrkräften. Das heißt nicht, daß dieser „Ist-Bewertung" nicht „Soll-

Anforderungen“ gegenübergestellt werden sollen. „Soll-Anforderungen“ zu veröffentlichen ohne die „Ist-Bewertung“ zu kennen, verringern jedoch die Erfolgsaussichten für neue inhaltliche Schwerpunktsetzungen.

Dabei ist es doch eigentlich leicht, die Erfahrungen von Lehrkräften zu sammeln und zu systematisieren:
In einigen Schulen, die sich dazu freiwillig bereiterklärt haben, notieren Lehrkräfte ihre thematischen Unterrichtseinheiten in einem Fach.

Der Ablauf:
1. Jede Lehrkraft schreibt die Themen eines bestimmten Faches (pro Jahrgangsstufe) auf, die ihr unverzichtbar sind (grüne Kärtchen).
2. Jede Lehrkraft schreibt die Themen eines bestimmten Faches (pro Jahrgangsstufe) auf, die sie aus Zeitmangel zurückgestellt hat (rote Kärtchen).
3. Jede Lehrkraft schreibt die Themen eines bestimmten Faches (pro Jahrgangsstufe) auf, die sie aufgrund veränderter Lebenssituationen/neuer wissenschaftlicher Erkenntnisse für eine Aufnahme für wichtig erachtet (blaue Kärtchen).
4. Jede Lehrkraft schreibt die Themen auf, die nach ihrer Meinung eine fächerübergreifende Bearbeitung erfordern (gelbe Kärtchen).
5. Übereinstimmungen und verschiedene Einschätzungen und Erfahrungen werden zusammengestellt, veröffentlicht und einer vergleichenden Erörterung unterzogen.

Wenn eine Lehrplangruppe dieses Verfahren an nur zehn gezielt ausgewählten Schulen durchführen würde, das Ergebnis weiteren zwanzig Schulen und anderen Einrichtungen/Mitbestimmungsgremien mit der Bitte um Stellungnahme zuleiten würde, wäre das Ergebnis der anschließend vorgelegten, ausformulierten Lehrpläne sicherlich näher an der Praxis von Schule. Ist erst eine Teilakzeptanz zu einem neuen Lehrplan erreicht, dürfte es leichter sein, neue Aufgabenstellungen und Zielsetzungen zu erörtern.

Nun hat es eine derartige Beteiligung in keinem deutschen Bundesland gegeben. Die Erfahrungsgrundlage zu o.g. Beispiel stammt aus zwei sehr unterschiedlich strukturierten Landkreisen in Hessen, wo Lehrkräfte versucht haben, parallel zur Kontroverse um die Hessischen Rahmenrichtlinien Gesellschaftslehre einen von möglichst vielen Lehrergruppen akzeptierbaren Arbeitsplan für die historisch-politische Bildung zu erarbeiten.

Dieses Verfahren kann aber in ähnlicher Form auch bei der Lehrplanvorstellung genutzt werden, wenn Lehrpläne nur von „Auftragsautorinnen/Autoren" oder „Lehrplangruppen" erarbeitet wurden. Die Vorstellung erfolgt in der Regel in der Form einer traditionellen Informationsveranstaltung. Ein Autor/eine Autorin stellt ihr „Werk" vor und erntet „Lob" oder „Kritik" – meistens „Tadel". Es ist auch schon vorgekommen, daß der Referent oder die Referentin zum „Blitzableiter" für Unzufriedenheiten der Lehrkräfte über andere kultusministerielle Entscheidungen wurden. In der Regel beurteilen die teilnehmenden Lehrkräfte derartige traditionelle Informationsveranstaltungen als „verlorene Zeit".

Die Information über einen neuen Lehrplan könnte – in bewußter Abkehr von der „Einwegkommunikation" – mit einer Aufgabe beginnen, wo die Lehrkräfte einer Fachkonferenz ihre Themenschwerpunkte zunächst auf Merkkärtchen (vgl. oben) festhalten und der Referent/die Referentin des entsprechenden Lehrplanentwurfes die Übereinstimmung/Nichtübereinstimmung mit dem Entwurf referiert.

Erfahrungen zeigen, daß es in vielen Punkten Übereinstimmung geben wird, was entscheidend zur Bereitschaft beitragen wird, sich über neue, sicherlich auch teilweise kontroverse Teile auszutauschen. (Vgl. Sie bitte hierzu die Hinweise zur kognitiven Dissonanz am Beginn dieses Beitrages.)

Die in einer so gestalteten Konferenz erarbeiteten Themenlisten sind zugleich ein Arbeitsergebnis, das einen unmittelbaren schulischen Nutzen für die Alltagsarbeit der Lehrkräfte haben kann.

2.3. Beispiel: „Weniger ist oft mehr!"

In den letzten 5 Jahren der erziehungswissenschaftlichen Diskussion haben die Fragestellungen „Was ist eine „gute" Schule?", „Wie entwickle ich ein Schulprofil?" nicht nur Akademieveranstaltungen der verschiedesten Träger bestimmt, auch in vielen Konferenzen wurde diesen Fragestellungen nachgegangen. Selbst in Amtsblättern (Beispiel Hessen) wurden auf die einzelnen Personengruppen in der Schule (Schulrat/Schulrätin, Schulleitung, Lehrerin/Lehrer) bezogen Postulate gesetzt und Erwartungen geäußert.

Als ich für eine pädagogische Konferenz mit der Bitte eines Referates zu diesem Thema eingeladen wurde, verabredete ich mit der Schulleitung ein anderes Verfahren. Es erschien mir naheliegend, diese Postulate und Erwartungen in Stichworten auf Karteikärtchen zu sammeln und unter folgenden Gesichtspunkten zu ordnen:
- Arbeitsplatz Schule (Rahmenbedingungen)
- Schulleitung/Konferenzkultur,

- Mitarbeit von Eltern- und Schülerschaft,
- Regelunterricht/Arbeitsgemeinschaften/ Fördermaßnahmen,
- Arbeitsverfahren/Unterrichtsmethoden,
- Schulleben.

Dies ergab insgesamt 72 Kärtchen mit jeweils einem Stichwort.

In der Vorbereitung einer pädagogischen Gesamtkonferenz mit Kleingruppenphasen (an dieser Schule) wurden folgende Absprachen getroffen:
Es bilden sich jahrgangsbezogene Kleingruppen. Jede Gruppe erhält über Losentscheid einen der o.g. Schwerpunkte der Stichwortsammlung als Pflichtaufgabe und wählt sich einen weiteren Schwerpunkt als Wahlaufgabe. Das führt dazu, daß alle Felder bearbeitet werden und in bestimmten Bereichen durch die bewußte Wahl möglicherweise interessante Vergleichsmöglichkeiten entstehen.

Der Ablauf in den Gruppen:
1. Jedes Gruppenmitglied erhält alle nach den o.g. Schwerpunkten geordneten Karteikarten.
2. Jedes Gruppenmitglied wählt Stichworte (Karteikarten) aus, die bedeutsam erscheinen. Die anderen werden zur Seite gelegt.
3. Aus der persönlichen Sicht fehlende Stichworte werden ergänzt (Kärtchen).
4. Die ausgewählten Stichworte (Karteikarten) werden ausgezählt und auf einer vorbereiteten Matrix auf einer Pinwand festgehalten.
5. Die persönlichen Ergänzungen werden vorgestellt und auf der vorbereiteten Matrix festgehalten.
6. Die Gruppenmitglieder vergeben auf der Matrix Punkte, welchem Inhalt die höchste Priorität zukommen soll.
7. Die Ergebnisse werden als Wandzeitungen veröffentlicht und mündlich im Plenum vorgestellt.

Alle Gruppen konnten auch eine andere Vorgehensweise wählen:

1. Sie legen die vorbereiteten Karteikärtchen insgesamt zur Seite.
2. In einem offenen Verfahren (brain-writing) werden zu dem Wahl- bzw. Pflichtschwerpunkt persönliche Erfahrungen und Positionen in Stichworten festgehalten, in der Gruppe veröffentlicht und dann nach Prioritäten gewichtet.
3. Das Ergebnis wird mündlich und mit Wandzeitung im Plenum vorgestellt.

Alle Gruppen nutzten die vorgegebenen Kärtchen, ergänzten diese um weitere 32 fachliche, auf Erziehung und Schulleben bezogene Stichworte. Es gelang sogar, im Plenum eine sehr breite Übereinstimmung zu Prioritäten („Die Schule öffnen!", „Neubelebung von Ritualen") zu finden, die den weiteren Arbeitsprozeß bestimmen sollten. Trotzdem wurde dieses Ergebnis am Ende der Konferenz infragegestellt: Personalratsvertreter, Vorstandsmitglieder der Gewerkschaft und zwei Lehrerinnen mit politischem Mandat im Kreistag verhinderten die Weiterarbeit, indem sie folgende Argumente in die Abschlußdiskussion einführten:
1. „Auf den Wandzeitungen sei die ganze Pädagogik versammelt und dies aufgrund der Arbeitsplatzbedingungen nicht zu schaffen."
2. „Der gesamte Ablauf der Konferenz sei ein manipulativer Akt, um Lehrerinnen und Lehrer von berechtigten Forderungen um Arbeitsplatzverbesserungen abzulenken und durch ein Verantwortungsethos gegenüber den Schülerinnen und Schülern zur Selbstausbeutung und Mehrarbeit zu verpflichten."

(Diese Aussagen wurden mit Beifall bedacht. Nur die Berichterstatter aus zwei Arbeitsgruppen hielten diesen Aussagen entgegen, daß das gewählte Arbeitsverfahren eine detaillierte Auseinandersetzung mit der Fragestellung „Was ist eine gute Schule" ermöglicht hätte und geeigneter als ein Einführungsreferat zu bewerten sei.)

Eine weitere Bearbeitung bei der von den meisten Gruppen geteilten ersten Priorität („Die Schule öffnen“) ist aber nicht erfolgt.

Was habe ich an dieser Stelle „falsch“ gemacht, wie könnte der Ablauf verbessert werden?

1. Die Anzahl der vorgegebenen Kärtchen mit Stichworten war zu breit gefächert. (Weniger ist oft mehr!“.)
2. Eine offene Ausgestaltung zu den o.g. thematischen Schwerpunktbereichen durch die Gruppenmitglieder erscheint geeigneter. Erst bei Nachfragen einer Gruppe, werden wenige Kärtchen mit Stichworten ausgegeben.
3. Der Begriff „gute Schule“ erhöht in einer umfassenden Ausdifferenzierung möglicherweise die Gefahren kognitiver Dissonanzen und führt zu Abwehrmechanismen, sich überhaupt noch mit dem „Machbaren“ zu beschäftigen. Welche Schule, welcher Lehrer, welche Lehrerin möchte nicht das Prädikat „gut“ für sich in Anspruch nehmen. Wenn das Prädikat „gut“ in der Regel von außen so definiert ist, daß der entsprechende Qualitätsstandart nicht mehr erreichbar ist bzw. erreichbar erscheint, dürften Abwehrmechanismen einsetzen.

Die Alternative:

4. Die Fragestellung der pädagogischen Konferenz „Was ist eine gute Schule?“ hätte anders gewählt und ausgestaltet werden sollen: „Pädagogische Zwischenbilanz“.
   - Welche Problem- und Aufgabenstellungen ergeben sich an unserer Schule?
   - Welche Maßnahmen versprechen eine Bearbeitung der Aufgabenstellungen und eröffnen Lösungswege in den Problemfeldern?
   - Mit welchem Schwerpunkt fangen wir an? Wer übernimmt welche Aufgaben? Welche Mittel stehen zur Verfügung, welche müssen noch beschafft werden?

Ablauf:
Innerhalb von 14 Tagen (4 Wochen vor der pädagogischen Konferenz) werden auf roten Kärtchen Aufgaben- und Problembereiche und auf grünen Kärtchen Lösungsvorschläge gesammelt. Eine Kleingruppe wertet diese Kärtchen aus, überträgt sie auf einen Auswertungsbogen. In Kleingruppen bewertet jede Lehrkraft für sich die verschiedenen Stichworte und gibt durch Punkte eine Bewertung ab. In der Kleingruppe werden diese Punkte addiert und die hohen und die niedrig bewerteten Stichworte mit dem Ziel erörtert, Sichtweisen anzugleichen und eine gemeinsame Prioritätenliste zu erarbeiten. Es schließt sich ein vergleichbarer Prozeß in weiteren Kleingruppen an (5/6; 7/8; 9/10). Die jeweiligen Ergebnisse der Erörterung Gruppen werden im Plenum veröffentlicht: Wandzeitung und mündliche Vorstellung.

Wenn vorab Auswertungskonferenzen zur pädagogischen Konferenz (vgl. Beispiel 2.1.) verabredet worden sind, können die nächsten Schritte der Bearbeitung von besonders wichtigen Aufgaben und Problemfeldern begonnen werden. Wenn ein Kollegium gezielt die auf Schule vorhandenen Dienstleistungsbereiche (Einrichtungen der Lehrerfortbildung /Bildungsplanung / schulpsychologischem Dienst / schulrechtliche Beratung durch die Schulaufsicht / Arbeitsleistungen durch Bildstellen / außerschulische Bildungs- und Freizeiteinrichtungen u.s.w.) nutzt, sind auch verwertbare Ergebnisse zu erwarten. (Die Hinweise zur Zeit- und Arbeitsplanung behalten in diesem Zusammenhang ihre Bedeutung.)

Die Kontinuität in der weiteren Arbeit dürfte davon abhängig sein, ob sich in der Alltagspraxis „spürbare“ (kognitiv und emotional) Verbesserungen nachweisen lassen. Möglicherweise würde sich auch der Prozeß beschleunigen lassen, wenn Veränderungen unter dem Aspekt inhaltlicher Arbeitsplatzgestaltung in den Schulen begonnen würden.

2.4. Beispiel: „Moderation – offen oder durch Vorgaben strukturiert?“

2.4.1. Arbeitsplatz Schule

Die Schulen (insbesondere in Hessen) haben seit Beginn der Diskussion um mehr Selbständigkeit und Selbstveranwortung (vgl. Gutachten des Bildungsrates 1972) in den jeweiligen Konferenzordnungen Gestaltungsmöglichkeiten für den Arbeitsplatz Schule. Entscheidenden Einfluß auf die Schulorganisation und die Zufriedenheit am Arbeitsplatz Schule hat der Stundenplan. Die Konferenzordnung gibt z.B. in Hessen der Gesamtkonferenz das Recht, Grundsätze für den Stundenplan zu verabschieden. Dieses Recht wurde aber – zumindest in den zurückliegenden Jahren – nur von wenigen Schulen wahrgenommen und konkretisiert. Die Mehrheit von Fortbildungsveranstaltungen in diesem Bereich bezog sich auf Möglichkeiten, den Stundenplan mit EDV-Anlagen durchzuführen. Pädagogische Gesichtspunkte und eine bewußte Ausgestaltung des Arbeitsplatzes wurden dabei nicht berücksichtigt. Gerade in diesem empfindlichen Bereich – in den Stundenplan einer Schule gehen oftmals bewußt oder unbewußt vielfältige Bevorzugungen ein – kann die Moderationsmethode in ihrer Leistungsfähigkeit geprüft werden.

Dies kann in einem offenen Verfahren – Sammlung von Einzelaspekten durch das Kollegium Schüler- und Elternschaft selbst (vgl. Beispiel 2.3.) oder durch Übernahme des Ergebnisses einer anderen Schule/bzw. einer Zusammenstellung eines Planspiels in einem Fortbildungsseminar (durch Vorgaben strukturiert) erfolgen. Sofern eine Entscheidung für eine strukturierte Vorgabe erfolgt, werden diese durch Vergabe von Punkten gewichtet und durch eigene Überlegungen ergänzt.

Das Kollegium der „Offenen Schule“ Kassel Waldau gehört zu den Schulen, die Grundsätze zur Stundenplangestaltung verabschiedet haben. Der Prozeß bis zur Verabschiedung der Grundsätze zum Stundenplan erfolgte in folgenden Schritten:

1. Die Schulleitung gab folgende Gliederung vor:
   - allgemeinpädagogische Grundsätze zur Stundenplangestaltung,
   - „Offene Schule" spezifische Gesichtspunkte zur Stundenplangestaltung,
   - das Kollegium betreffende Gesichtspunkte zur Stundenplangestaltung.
2. Die Jahrgangsteams der Schule sammelten Aspekte um diese Gliederung zu konkretisieren und auszudifferenzieren.
3. Die Ergebnisse der Konkretisierung und Differenzierung wurden den Jahrgangsteams zur Bewertung mit Punkten vorgelegt:
   4 Pkt. = wichtig,
   3 Pkt. = wichtig,
   2 Pkt. = berücksichtigenswert,
   1 Pkt. = wenig wichtig,
   0 = unwichtig
4. Die Schulleitung hat die Ergebnisse dieser Bewertung zusammengefaßt und zur Beratung und Beschlußfassung der Gesamtkonferenz vorgelegt. (21.06.1988, geändert am 13.06.1989)

Die Erfahrung zeigt, daß ein offener Ansatz an dieser Stelle in der Regel geeigneter ist, weil z.B. die „Offene Schule Kassel-Waldau" eine große Anzahl von pädagogischen Zielsetzungen berücksichtigt, die in einer anderen Schule zunächst beraten werden müßten. Trotzdem sind die Ergebnisse für eine andere Schule bedeutsam. Sie belegen, daß die Erarbeitung und Verabschiedung von Grundsätzen möglich ist und erleichtern die eigene Erarbeitung von Grundsätzen zur Stundenplangestaltung.

(Obwohl beim Lesen der dokumentierten Grundsätze der „Offenen Schule Kassel-Waldau" zur Stundenplangestaltung eine Reihe von zusätzlichen Fragen entstehen werden (vgl. Anlage), können im Rahmen dieses Beitrages die sich in den Begriffen wiederspiegelnden spezifischen pädagogischen Besonderheiten dieser Schule nicht erläutert werden. Das Ergebnis dieser Schule soll jedoch als Beleg dienen, daß es auch in einem „empfindlichen Bereich“ von Schule gelingen kann, zu einer Konsensbildung zu gelangen.)

2.4.2. Neue curriculare Anforderungen: „Europäische Dimension von Unterricht“

Wenn ich beim Beispiel „Grundsätze für die Stundenplangestaltung“ für ein offenes Verfahren der Moderation plädiert habe, schlage ich für die Aufgabenstellung „Europäische Dimension“ eine strukturierte Vorgabe vor.

Die Strukturierung der Aufgabenstellung „Europäische Dimension“ ist für die verschiedenen Fachgebiete in der Schule von unterschiedlicher Bedeutung. Daher ist ein Start bei der Bearbeitung in bestimmten Fachkonferenzen empfehlenswert:

- Neue Sprachen,
- Lernbereich Gesellschaftslehre (Geschichte, Sozialkunde, Erdkunde),
- Kunst,
- Musik,
- Arbeitslehre
- Deutsch (Literatur).

Das Ergebnis der Erörterung in den entsprechenden Fachkonferenzen kann auch von der Erkenntnis bestimmt sein, daß die Berücksichtigung der „Europäischen Dimension“ auch fächerübergreifende Projekte berücksichtigen muß und auch das „Schulleben“ wichtige Beiträge leisten kann. Erst zu diesem Zeitpunkt sind alle Fachbereiche und damit die Gesamtkonferenz zu beteiligen. In der Regel ist jedoch ein Ergebnis zu erwarten, das die Gesamtkonferenz nicht nur als Ort der Berichterstattung, sondern als Ort der erneuten Beratung und Beschlußfassung einbezieht.

Der Start auf der Ebene bestimmter Fachkonferenzen kann auch traditionell erfolgen. Ein Referent/eine Referentin soll informieren, was unter „Europäischer Dimension“ zu verstehen ist.

Es ist aber auch ein anderes Verfahren möglich, das erneut die Moderationsmethode nutzt. So wurden in einem Seminar der hessischen Lehrerfortbildung Veröffentlichungen und Beschlüsse zur Konkretisierung der „Europäischen Dimension“ gesammelt, in den relevanten Teilen ausgewählt und auf Planspielkarten übertragen. Diese Planspielkarten werden in den jeweiligen Fachkonferenzen ausgegeben. Jede Lehrkraft erhält eine oder mehrere (je nach Größe der Fachkonferenz) Planspielkarten.

Die Aufgabe besteht darin, aus dem Text Aspekte herauszuarbeiten, die den Begriff „Europäische Dimension“ konkretisieren. Diese Aspekte werden auf „Merkkärtchen“ geschrieben, geordnet und in der jeweiligen Bedeutung für ein bestimmtes Fachgebiet gewichtet. Die Ergebnisse der verschiedenen Fachkonferenzen werden verglichen und führen in der Regel zu Überlegungen fächerübergreifenden Lernens.

Bezogen auf diesen Bereich liegen mir z.Zt. nur konkrete Erfahrungen aus Seminaren der Lehrerfortbildung vor, in denen es nur in der Simulation möglich ist, schulische Kommunikationsabläufe durchzuspielen.

Bezogen auf die Ausgangsfrage offene oder strukturierte Moderation erscheint mir der Seminarablauf interessant zu sein. In dem durchgeführten Seminarbeispiel ergab die Bündelung der verschiedenen Teilergebnisse (Auswertung der Planspielkarten), daß eine Konkretisierung fächerunspezifisch durch folgende Vorgaben erreicht werden sollte:

Europäische Dimension konkretisiert sich u.a. in der Ausgestaltung des Begriffs „Europäische Kultur“ !
Was ist „Europäische Kultur“?
Wer ist Träger dieser Kultur ?
Wie und wo findet Kulturbegegnung und Kulturaustausch statt?

Das Ergebnis der Erörterung war:
Kultur konkretisiert sich in folgenden Teilbereichen:
Philosophie und Religion
Gesellschaftsordnung, Recht und Verfassung
Bildung und Erziehung
Sprachen,
Umgang und Gestaltung von Natur, Formen der Landwirtschaft
Naturwissenschaften, Technik und Medien
Handel und Verkehr
Handwerk und Industrie
Geldwesen
Sitte und Brauchtum
Kleidung und Schmuck
Hausrat, Essen und Trinken
Wohnung und Möbel
Kunst, Architektur und Design
Musik
Literatur und Theater

Weitere Ergebnisse waren:
- Träger von Kultur sind Menschen,
- Kultur ereignet sich an Orten (Städte und Gemeinden),
- Kulturaustausch und Kulturbegegnungen erfolgen durch Wanderbewegungen und internationale Kontakte.

Diese Ergebnisse wurden auf einer Matrix zusammengeführt, die in weiteren Seminaren zu einer Lernwerkstatt „EURe und OPAs KULTUR“ konkretisiert wurden.

	Menschen als Träger von Kultur Jugendliche in Europa	Orte die Stadt als Stätte der Kulturbegegnung, des Kulturaustauschs	Wanderbewegungen, Arbeitsmigration als Ausgangspunkt von Kulturaustausch und Kulturbegegnung	Kontakte Hand in Hand – internationale Kontakte in und mit dem Hessenland
Philosophie und Religion				
Gesellschaftsordnung, Recht und Verfassung				
Bildung und Erziehung				
Natur				
Landwirtschaft				
Naturwissenschaften, Technik und Medien				
u.s.w.				

Es erscheint möglich, diesen Ablauf auch auf die Ebene einer einzelnen Schule zu übertragen.

Die Lernwerkstatt erleichtert außerdem die Phase der schullischen Konkretisierung, die am arbeitsintensivsten ist: die Recherchen zu den benötigten Materialien und Medien.

2. 5. Beispiel: „Arbeitsteilung nutzen"

Die Hinweise zu strukturierten Vorgaben für die inhaltliche Ausgestaltung einer Moderation (vgl. 2.4.) sind in einem weiteren Zusammenhang wichtig.

Die Ergebnisse von offenen Moderationsabläufen – also kreativer Ideenfindung bzw. Problemlösungsverfahren – sind oftmals nur in Stichworten zusammengefaßt. Hinter jedem dieser Stichworte verbirgt sich eine große Anzahl von weiteren Aufträgen, d.h. Arbeit.

Wer leistet diese Arbeit? Ist es überhaupt sinnvoll, immer bei „Null" zu beginnen und „das Rad neu zu erfinden"? Welche

Service – Einrichtungen kann eine Schule nutzen, um mittelfristig als richtig erkannte Zielsetzungen zu bearbeiten und zu erreichen? Welche Möglichkeiten gibt es, auch (oder gerade) in pädagogischen Einrichtungen Arbeitsteilung zu nutzen?

Die Moderationsmethode könnte sich auch auf die Auswertung verschiedener Textsorten beziehen, wenn diese Texte aufbereitet wurden. Auch das Referat oder eine grundlegende Informationseingabe bleiben Teil eines Gesamtkonzeptes für Konferenzen und Seminare. Das Entscheidende sind andere Formen der Auswertung und weiteren Bearbeitung.

So kann ein kurzer Text, der die Elemente eines pädagogischen Konzepts einer bestimmten Schule zusammenfaßt, Ausgangspunkt für eine Kleingruppenmoderation sein. Ein Buch, dessen Inhalt relevant für die Entwicklung einer Schule beurteilt wurde, muß in Teilbereiche aufgelöst werden, so daß in einer Konferenz lesbare Texte entstehen (vgl. o. Planspielkarten). Auch ein Referat kann in dieser Form aufbereitet werden, wenn es in schriftlicher Form vorliegt.

Die Arbeitsmittelstelle des HILF stellt zur Zeit für zwei thematische Schwerpunkte auf Anforderung durch eine Schule derartige Textbausteine zur Verfügung: „Europäische Dimension/Interkulturelles Lernen“, „Profilbildung an Schulen mit hohem Anteil zugewanderter Kinder und Jugendlicher/ pädagogische Konzepterarbeitung für benachteiligte Jugendliche“.

Diese Vorgaben beinhalten außerdem die Chance, daß sich ein Kollegium mit Erfahrungen anderer Schulen und Bildungseinrichtungen (auch der benachbarten EU-Länder) auseinandersetzt.

Die Moderation folgt dem bereits beschriebenen Ablauf (vgl. Beispiele 2 bis 4).

Nach der Begrüßung und Einführung in die Aufgabenstellung und Ausgabe der Texte werden diese in Kleingruppen ausgewertet. Die Ergebnisse dieser Auswertung werden in Stichworten/einem kurzen Satz von jeder beteiligten Person auf verschiedenfarbige Kärtchen geschrieben.

grüne Kärtchen	= für die eigenen Planungen bedeutsam,
rote Kärtchen	= für die eigenen Planungen eher problematisch,
gelbe Kärtchen	= eigene Ideen zur Ergänzung.

Ist diese persönliche Auswertung abgeschlossen, beginnt ein Mitglied einer Kleingruppe ein „Stichwort" vorzulesen und alle anderen ordnen ihre vergleichbaren Stichworte zu. Unterschiedliche Sichtweisen werden festgehalten. Dieser Ablauf setzt sich fort, bis alle Stichworte zugeordnet sind. Jeweils nach dem Vortrag eines „Stichwortes" und der Zuordnung weiterer zum Inhalt passenden Ergänzungen übernimmt der Moderator/die Moderatorin die Kärtchen und ordnet diese auf einer Pinwand.

So entsteht eine Übersicht, die in einer offenen Erörterung weiter bearbeitet wird. Ziel dieser Erörterung ist in der Regel, Prioritäten zu setzen und die Teilaufgaben zu verteilen.

Bei der Verteilung von Teilaufgaben (z.B. Erarbeitung einer bestimmten Unterrichtseinheit im Rahmen der „Europäischen Dimension") kann eine Arbeitsteilung beginnen, die nicht nur das Kollegium einer Schule, sondern auch staatliche und andere Service-Einrichtungen der Bildungsplanung, Fortbildung und Informationsvermittlung einbezieht.

Der o.g. Ablauf kann auch durch die Einbeziehung eines Experten/einer Expertin, die zu einer speziellen Fragestellung/Problemstellung eingeladen worden ist, ergänzt werden. Entscheidend ist dabei, daß sich die geladene Referentin/der geladene Referent die Mühe macht, die Fragestellung der jeweiligen Schule/des jeweiligen Seminars zu berücksichtigen und nicht einen ausgearbeiteten Vortrag möglicherweise zum fünften Mal zu referieren.

Diese Hinweise erscheinen mir besonders wichtig, weil die über die Moderationsmethode veränderten Konferenz- und Seminarabläufe nicht selten bei der Erfassung, beim Ordnen von kurz- oder mittelfristigen Arbeitszielen „steckenbleiben" und die Verwirklichung auf sich warten läßt. Die Folge ist dann, daß begonnene, neue Wege in Konferenzen, Besprechungen und Seminaren aufgegeben und erneut Verfahren der „Einwegkommunikation" herausgezogen werden.

3. Unterricht und Moderationsmethode

Inwischen liegen auch Erfahrungen vor, die Moderationsmethode unmittelbar im Unterricht zu nutzen. Die in der Arbeitsmittelstelle des HILF durch eine Gruppe von Studienreferendarinnen vorliegenden positiven Rückmeldungen lassen es wünschenswert erscheinen, die Einbeziehung der zunächst für den Erwachsenenbereich entwickelten Moderationsmethode gezielt an ausgewählten Schulen und Schulklassen verschiedener Schulformen und Schulstufen zu erproben.

Grundsätze zur Stundenplangestaltung

Die Gesamtkonferenz der Offenen Schule Kassel - Waldau hat am 21. 6. 19988 Grundsätze zur Stundenplangestaltung beschlossen und sie auf der Gesamtkonferenz vom 13. 6. 1989 in folgender Fassung bestätigt (geänderte Punkte kursiv):

0. Oberster Grundsatz und Ziel ist die Erstellung eines schülergerechten Stundenplans.
1. *Die 0. Stunde wird in den Jahrgängen 5 - 10 auf Mittwoch und Donnerstag festgesetzt. (0. Std. für 2./3. Fspr. in den Jahrgängen 9/10 sind an allen Tagen möglich).*
2. Montags und freitags findet in den Jahrgängen 5 - 7 Deutschunterricht statt.
3. Lehrkräfte, die am Klassenrat beteiligt sind, haben auch freitags in der 5. Stunde Unterricht.
4. Naturwissenschaften werden auch in den unteren Klassen als Blockstunden gesetzt. *Einzelstunden sind rechtzeitig abzusprechen.*
5. Englisch wird im Jahrgang 5 und 6 einmal als Blockstunde gesetzt (Free Work).
6. Bei der Verplanung des Sportunterrichts wird darauf geachtet, daß nach Möglichkeit mindestens zwei Gruppen aus dem gleichen Jahrgang parallel liegen.
7. Freies Lernen im 8. Jahrgang wird in einer Doppel- und einer Einzelstunde verplant.
8. Für Lehrkräfte mit halber Stelle wird nach Möglichkeit ein freier Tag eingeplant. Falls jemand dies nicht will, muß er/sie es frühzeitig anmelden.
9. Die Verplanung beginnt mit der Vorgabe, nicht mehr als drei Springstunden pro Lehrkraft einzuplanen. Die Mittagspause zählt natürlich nicht als Springstunde.
10. Die 5. Stunde sollte keine Springstunde sein.
11. Klassenlehrer, die an Klassentreff (Mo), Teamsitzung (Di) und Klassenrat (Fr) beteiligt sind, haben mittwochs und donnerstags in der 5./6. Stunde keinen Unterricht.
12. Nach Möglichkeit wird eine Lehrkraft nicht mehr als drei-

mal in der 5./6. Stunde eingesetzt.

13. Jedes Fach ist grundsätzlich in jeder Stunde setzbar und damit jede Lehrkraft auch grundsätzlich in jeder Stunde einsetzbar. Die persönlichen Wünsche zum Stundenplan werden im jeweiligen Lehrerteam gewichtet.
14. Für die Konferenzen der Schulleitung (2), der Teamsprecher (1), der Pädagogikbeauftragten (1), der Zusatzbeauftragten (1) und die Sitzungen des Personalrats (1) und der Projektgruppe Schulsozialarbeit (1) werden Stunden bereits bei der zentralen Verplanung gesetzt.
15. Bei der Planung ist darauf zu achten, daß „ausgewogene“ Tagesabläufe für die Schüler entstehen, also z. B. Kunst, Polytechnik und Sport nicht am gleichen Tag gesetzt werden.
16. *Die Zahl der „teamfremden“ Lehrkräfte in einer Klasse sollte in den Jahrgängen 5 - 8 auf maximal 2 LehrerInnen beschränkt werden.*

4. Literaturhinweise

K. Klebert, E. Schrader, W. Straub: ModerationsMethode, 5. Auflg., Hamburg 1991.

Jörg Knoll: Kurs- und Seminarmethoden, 3. Auflg., Weinheim und Basel 1991.

Dieter Baacke: Kommunikation und Kompetenz, München 1973.

E. Prokop, K. Geißler: Erwachsenenbildung, München und Basel 1974.

Berhard Rathmayer: Forschung für die Praxis, Diss., Innsbruck 1975.

Werner Röhrig: Zum Stellenwert direkter Kommunikation in der Lehrerfortbildung, in: Beiheft zu curriculum konkret, Bd. 8, hrsg. v. der wissenschaftlichen Begleitung des Modellversuchs regionale Lehrerfortbildung, Frankfurt 1977.

Werner Röhrig: Partizipation, Kooperation, Kommunikation, Bausteine eines Regionalen Zentrums, in: Lehrerausbildung in Hessen, Frankfurt 1977.

Helmut Schlicksupp: Kreative Ideenfindung in der Unternehmung, Berlin und New York 1977.

Kurt Spangenberg: Chancen der Gruppenpädagogik, Weinheim und Basel 1974.

H. Wolf, N. Klüsche: Abschlußbericht der Projektleitung für den Auftraggeber, in: Beiheft zu curriculum konkret, Bd. 9, hrsg. v. der wissenschaftlichen Begleitung des Modellversuchs regionale Lehrerfortbildung Frankfurt 1977.

Handlungsorientiertes Lernen in Schule und Betrieb

Dr. Dr. Hans-Dieter Höpfner, Berater für Berufsbildung und Organisationsentwicklung, Berlin

Gründe für handlungsorientiertes Lernen

Ich komme aus Berlin. In dieser Stadt und ihrer Umgebung heißt es in der dortigen Mundart: „Der lernt mir wat." oder „Ick lerne dir wat.". Dieser Umgang mit dem Wort „lernen", hat nach meiner Auffassung nicht nur den Grund, daß in dieser Gegend das grammatikalisch schwieriger zu handhabende Wort „lehren" substituiert wird. Hinter der Form des passiven Gebrauchs des Wortes „lernen" steckt auch Erfahrung. Wie haben diejenigen, die dieses Wort so gebrauchen, das Lernen erfahren? Sie haben in der Schule, in der Lehre und in der Weiterbildung gelernt oder sie lernen noch dort. Es war und ist jemand an diesen Lernorten, der ihnen sagt, was sie zu lernen haben und oft auch wie sie dies zu lernen haben. Er ist der Meister des zu Lernenden, er kann, weiß alles oder er tut zumindest so. Lernen ist seine Sache. Er muß den Stoff schaffen, er ist verantwortlich für das Lernen. Müssen wir uns dann noch über den passiven Gebrauch des Wortes wundern? Wenn Sie jetzt fragen: „Ist das nicht etwas überspitzt?". Dann muß ich Ihnen entgegenhalten: Weshalb treiben wir eigentlich soviel

Aufwand mit der Silbe „selbst“? Wir fordern „Selbstlernprozesse“, „Selbstkontrolle“, „selbständiges Lernen“. Danach gibt es also auch ein Lernen ohne Selbst oder zumindest ohne Selbständigkeit? Und dies scheint, an den genannten Lernorten einen beträchtlichen Umfang zu haben. Diese Tatsache führt nicht nur zu sprachlichen Blüten, sie zeigt Ergebnisse, die uns schwer zu schaffen machen.

Die an den Lehrbemühungen der Lehrenden wenig beteiligten Lernenden wenden sich ab. Sie haben „null Bock“, ihnen ist „langweilig“, die Schule „kotzt sie an“ – um nur einige Äußerungen zu zitieren. Nichtbeteiligung beim Lernen in der Schule trägt aber auch zur Entwicklung einer Einstellung bei, wie sie in einem Comic strip in einer amerikanischen Zeitschrift auf den Punkt gebracht wurde (beschrieben bei Wickert 1994, S. 19f): „In dem Comic strip „Calvin and Hobbes“ geht ein Erstklässer zu seiner Lehrerin, baut sich vor ihrem Schreibtisch auf, hält ihr ein Stück Papier hin und sagt im ersten Bild: „Miß Wormwood, ich möchte, daß Sie diesen Vertrag unterzeichnen.“ Im zweiten Bild erklärt der Schüler: „Er ist eine Vereinbarung, wonach Sie mir einen Ausgleich für jeden Verdienstausfall zahlen, den ich als Erwachsener wegen schlechter Volksschulerziehung erleiden könnte.“ Drittes Bild: Die Lehrerin beugt sich vor und weist mit dem Zeigefinger auf den Knaben: „Wenn du nicht lernst, liegt es an deiner Faulheit, nicht an mir. Geh zurück auf deinen Platz!“ Im vierten Bild sitzt der Knabe zornig auf seinem Stuhl, stiert auf das Pult und meint: „Bei Golly, irgend jemand muß doch zahlen, wenn ich nichts lerne.“

Eine Schule, eine Berufsausbildung, die menschliches Lernen zur bloßen Rezeption verkommen läßt, trägt auch dazu bei, die heute überall beobachtete und beklagte Einstellung zu fördern, die Gesellschaft für seine individuellen Bedürfnisse zu beanpruchen, aber keine Verantwortung für sich selbst zu übernehmen.

Wenn ich vor diesem Hintergrund über handlungsorientiertes Lernen in Schule und Betrieb schreibe, dann will ich nicht als neuer Heilsverkünder mit einer neuen pädagogischen Theorie erscheinen. Man könnte den Eindruck gewinnen, wenn man heute überall von handlungsorientierten Lehr- und Lernkonzepten, handlungsorientiertem Unterricht usw. hört. Es melden sich dann auch schon die Gegenstimmen, die höhnen: „Wiedermal eine neue Theorie.“; „Wiedermal eine neue Wundermethode.“.

Anstatt Ihnen eine neue Wundermethode anzubieten, möchte ich eigentlich nur auf Tatsachen hinweisen, die uns pädagogisch Tätige auf eine seltsame Weise aus unserem Gedächtnis abhanden gekommen sind oder die wir durch unsere Pädagogenbrille all zu selten wahrnehmen. Tatsachen, die aufzeigen, daß Handeln und Lernen eine ganz natürliche Gemeinschaft bilden und nicht erst durch von Pädagogen ausgeklügelte Methoden zu dieser Gemeinschaft verbunden werden müssen.

Betrachten Sie ihre Kinder, bevor sie in die Schule gehen! Ohne daß ihnen in langen Diskursen Grundlagen der Hebelgesetze beigebracht werden, nutzen sie solche, um ein Spielzeug zu erreichen. Sie stellen sich selbst Ziele für ihre Spielhandlungen. Mit diesen selbstgestellten Zielen sind sie dann so bei der Sache, daß sie oft andere menschliche Bedürfnisse „vergessen“. Eine gigantische Fülle von Wissen und Können eignen sie sich durch spielerisches Handeln an. Oder schauen sie auf die Auszubildenden, die grade so die „Grundausbildung Metall“ bestanden und in der letzten Technologiearbeit eine Sechs bekommen haben und die erstaunliche Kenntnisse, Fähigkeiten und Fertigkeiten beim Auseinandernehmen und Zusammenbauen ihrer Motorräder besitzen. Bekommen Sie nicht manchmal auch Minderwertigkeitsgefühle, wenn Sie erleben wie Schüler mit Computer umgehen können, über welches Wissen sie verfügen, wenn es um den Umgang mit diesen neuen Techniken geht?

Alle diese Beispiele zeigen das gelernt wird, um handeln zu können, um in Handlungsbereiche einzudringen und um sich neue Handlungsbereiche zu erschließen. Gelernt wird dabei im Handeln und durch das Handeln. Aus vielen empirischen Untersuchungen zum menschlichen Handeln wurden insbesondere in den letzten drei Jahrzehnten Modelle der Regulation des Handelns, der im Handeln ablaufenden psychischen Prozesse entwickelt. Sie können uns zum Teil recht aufschlußreich erklären, wie Lernen und Handeln zusammenhängen.

Ich greife auf diese Modelle zurück, wenn ich im folgenden den Zusammenhang von Handeln und Lernen näher erläutere und Schlußfolgerungen für die Ausbildung in Schule und Betrieb darstelle.

In fünf Punkten des Zusammenhanges von Handeln, Lernen und Lehren soll dies geschehen.

(Punkt 1) Handeln ist immer an ein Ziel gebunden. Andernfalls spricht man von Operationen. Ziele haben im Handeln eine zweifache Funktion: Erstens sind sie eine geistige Vorwegnahme des Handlungsresultats. Sie sind dabei mehr oder weniger konkret als Bild oder Vorstellung im Gedächtnis enthalten. Zweitens sind sie eine Vornahme des Handelnden, die geistige Vorwegnahme auch zu erreichen. Sie haben also eine kognitive (erkenntnismäßige) und eine motivationale Seite.

Lehrende, die eine „Zielorientierung in Ihrem Unterricht" geben und meinen sie hätten die Lernenden ausreichend motiviert, wenn diese so konkret wie möglich ist, irren. Wenn die Lernenden handeln sollen, dann müssen sie dies auch wollen. Und sie wollen dies nur, wenn sie sich selbst Ziele stellen können, wenn es ihre Ziele sind, die sie in der Handlung verfolgen. Welche sogenannten Lernaufträge lassen dies zu? Die meisten heute in Schule und Betrieb gestellten nicht!

Im Sinne einer Handlungsorientierung müssen Aufgabenstellungen an die Lernenden einen offenen Charakter besitzen.

Jeder Lernende muß sich seine Vorstellungen vom Ziel machen können. Das heißt auch, wenn verschiedene Lernende die Aufgabenstellung bearbeiten, ergeben sich unterschiedliche Lösungen.

(Punkt 2) Vom Ziel ausgehend wird in geistiger Vorwegnahme ein Handlungsplan entworfen. Auf der Basis dieses Entwurfs erfolgt das Vorgehen. Zur Vollständigkeit des Handelns gehört dabei auch das am Plan rückkoppelnde Kontrollieren und das abschließende Bewerten des Handlungsergebnisses und des Vorgehens. Das Bewerten wird unter der Sicht der Wirksamkeit des Vorgehens zur Zielerreichung vorgenommen und auch aus der Sicht der Einsatzmöglichkeiten des Handlungsergebnisses und des beim Handeln Erlernten für weiteres Handeln.

Für handlungsorientiertes Lernen in Schule und Betrieb ergeben sich daraus einige Folgerungen:

- So müssen Lernende lernen ihr Vorgehen geistig vorwegzunehmen, ihr Handeln zu planen. Dies darf nicht ein lästiger abzuhakender Abschnitt der Aufgabenlösung sein, den es schnellstens zu erledigen gilt, um dann „endlich los machen zu können". Die Planungsphase muß mit allen ihren Lernpotenzen erschlossen werden.
  Hier findet eine vertiefende Auseinandersetzung mit der Aufgabenstellung statt. Es werden die verschiedenen Lösungsmöglichkeiten auf der Basis entsprechenden Wissens erarbeitet. Dieses Wissen kann unter anderem auch durch Vorträge der Lehrenden bereitgestellt werden. Eine selbst gewollte Lösung muß sich in einer Diskussion mit anderen Lernenden beweisen. Lernende lernen ihre Lösungsvorschläge zu präsentieren. Und sie lernen es auch mit Frustrationen fertig zu werden, die entstehen, wenn in der Präsentation und Diskussion Änderungen an dem Lösungsvorschlag notwendig werden. Sie lernen darüber hinaus ihren Vorschlag zu verteidigen und für ihr Handeln durchzusetzen.
- Eine weitere Folgerung ist die, daß Aufgabenstellungen Freiheitsgrade für das Vorgehen enthalten müssen. Das

Lernen an Aufträgen oder Aufgaben ist noch lange kein handlungsorientiertes Lernen, wenn die Aufgaben und die Aufträge so aussehen, wie die meisten in Schule und Betrieb. Die dort vorzufindenden Aufgaben haben in der Regel nicht nur eine, „die einzig richtige Lösung", es gibt oft auch nur einen Lösungsweg.

- Dritte und letzte Folgerung für handlungsorientiertes Lernen in Schule und Betrieb unter diesem Punkt ist die, daß ohne abschließendes Bewerten die Handlung unvollständig bleibt und nicht zu den gewünschten Lerneffekten führt. Deshalb ist der Auswertung der Handlung große Aufmerksamkeit zu widmen. Sie sollte zu einem Forum für die selbständige Kontrolle und die Kritik der Lernarbeit werden. Die Lernenden müssen dabei auch die Möglichkeit erhalten ihre subjektiven Interessen zu „veröffentlichen".

(Punkt 3) Das Entwerfen eines Planes gelingt bei komplexen Handlungen nicht bis in die kleinsten Einzelheiten. Bei Volpert, einem der bedeutendsten Vertreter der psychologischen Theorie der Handlungsregulation, heißt es dazu: „Er (der Handelnde-H.D.H.) wird eine Reihe von Fehlern machen... . Diese werden ihm noch manches zusätzlich erschweren, aber er wird auch aus ihnen lernen. Er wird Ansprüche an das Ziel zurückstellen müssen und entdecken, daß so mancher seiner Pläne nicht funktioniert. Aber nur im Extremfall wird er die Sache ganz aufgeben... . Der Ausgangspunkt ist also ein schwieriges, kurzatmiges, teilweise mißlingendes Planen und Ausführen, bei dem der Lernende bereits bestehende Erfahrungen einzusetzen und andere zu übertragen versucht.

Dies letztere sollte festgehalten sein, denn man könnte aus dem Modell der ... Handlungsorganisation auch die Vorstellung ableiten, der Lernprozeß entwickle sich gewissermaßen von unten nach oben; er beginne mit Fertigkeiten, baue darauf etwas flexiblere Handlungsformen auf usw.. Im Leben ist das nicht der Fall (höchstens in der Schule - und im Betrieb - H.D.H. -, und da ist es auch falsch...). Nicht Fertigkeiten sind der Ausgangspunkt, sondern der Versuch, einen Gesamtplan unter Schwierigkeiten zu realisieren.

Den Lernprozeß kann man nun als Aufbau einer entwickelten Handlungsorganisation aus diesen schwierigen Anfangsversuchen heraus beschreiben... : Man lernt, indem man sich immer weniger irrt." (Volpert, 1992, S. 100f)

Handlungsorientiertes Lernen benötigt also keine langen grundlegenden Diskurse durch einen Lehrenden nach dem Motto: „Die Schüler brauchen zuerst einmal Grundlagen, ehe ich mit ihnen komplexere Aufgaben angehen kann." Alle Untersuchungen zum natürlichen (außerhalb der Schule) stattfindenden Handeln und Lernen ergeben das Gegenteil. Das lernende Eindringen in einen Handlungsbereich verläuft immer so, wie im Volpert'schen Zitat beschrieben.

Wo kommt die genannte, stark verfestigte Meinung vieler Lehrender her? Wann ist die Idee der Grundlagenkurse entstanden? Und weshalb hält sie sich in einer Zeit noch so beharrlich, in der viele Berufsbilder sich grundlegend verändern, in der technische Neuerungen so revolutionär sind, daß sie mit bisherigem Grundlagenwissen - wie auch immer angeeignet - nicht mehr erfaßt werden können, in einer Zeit in der Bestehendes in einem Maße wie nie zuvor in Frage gestellt werden muß? Antworten darauf wird es viele geben.

Es sei zu diesem Punkt noch einmal, zusammenfassend gesagt: Handlungsorientiertes Lernen in Schule und Betrieb verträgt sich nicht mit wochen- oder sogar monatelangen Grundlegungen, seien sie theoretischer Natur oder das berühmte Würfelfeilen. Beim handlungsorientierten Lösen von Aufgabenstellungen müssen die Lernenden sich selbst, aus eigenem Antrieb heraus notwendige Informationen beschaffen können. Hierbei kann der Lehrende Hilfen geben, indem er beispielsweise zu einem bestimmtem Sachverhalt auch einen Vortrag hält, indem er Beziehungen zu anderen Wissensbestandteilen aufzeigt und vertiefendes Wissen anbietet. Der

Inhalt seiner Darbietungen muß aber an das Handeln der Lernenden geknüpft bleiben.

(Punkt 4) Den nur für sich Handelnden gibt es in dieser Welt höchstens in seltenen Ausnahmefällen. Das Handeln des Individuums steht immer im Kontext des Handelns mit anderen und für andere. Die individuelle Handlungsregulation hat ihre Entsprechung im kooperativen Handeln. Am gemeinsamen Diskutieren über Ziele, dem gemeinsamen Informieren und Planen des Vorgehens, dem abgestimmten Vorgehen, der möglichen gegenseitigen Kontrolle und bei der gemeinsamen Bewertung des Handelns sind interpsychische (zwischen den Individuen stattfindende) Prozesse beteiligt, die individuelle psychischen Voraussetzungen für das Handeln herausbilden können.

Diese Potenzen kooperativen Handelns sollten für das handlungsorientierte Lernen in Schule und Betrieb genutzt werden. Noch immer finden wir zu wenig Teamarbeit in der Schule und auch im Betrieb lassen die Formen der Teamarbeit noch zu wünschen übrig. Das Arbeiten im Team erfolgt nur sporadisch. Es wird nicht systematisch eingeführt. Die Aufgabenstellungen für die Teamarbeit sind von ihren Anforderungen her oft unzureichend. Teamarbeit muß für das Bearbeiten von Aufgabenstellungen auch benötigt werden, um sie in der gegebenen Zeit und in ihrer Komplexität lösen zu können. Viel zu oft sieht man gelangweilte Teammitglieder herumsitzen.

In dem zuvor erwähnten Modellversuch haben wir die Erfahrung gemacht, daß sich in anspruchsvollen Aufgabenstellungen die Teammitglieder auch gegenseitig zur intensiveren Mitarbeit auffordern, daß sie es sich nicht gefallen lassen durch erhöhten eigenen Kraftaufwand andere „mitzuschleppen." Was nicht bedeutet, daß sie sich nicht gegenseitig helfen würden.

(Punkt 5) Ein Kriterium für die Vollständigkeit von Handlungen ist auch, daß Handlungen nie für sich zu begreifen, zu planen und auszuführen sind, sondern immer in größeren

Handlungszusammenhängen. Das einzelne Handeln muß diesen Zusammenhängen Rechnung tragen. Deshalb gehört zum konkreten Handeln auch das kritische Be- und Auswerten seiner Beziehungen zur gesamten Handlungsumwelt.

Beim handlungsorientierten Lernen in der Berufsausbildung geht es um den Erwerb von Kompetenzen für das selbständige Ausführen einzelner Handlungen, mit ihren Schritten vom Zielstellen bis zum Bewerten. Ziele des handlungsorientierten Lernens sind außerdem arbeitsfeld- und berufsübergreifende Kompetenzen, wie gemeinsam mit anderen oder in Abstimmung mit ihnen die Schritte einer vollständigen Handlung planen und ausführen zu können, sich selbständig in einen neuen Handlungsbereich einzuarbeiten oder sogar sich neue Handlungsbereiche zu erschließen. Handlungsorientiertes Lernen zielt aber auch auf das Individuum und seine Mündigkeit. Es folgt dem BLANKERTZ'schen Grundsatz: „Wer pädagogische Verantwortung übernimmt, steht im Kontext der jeweils gegebenen historischen Bedingungen unter dem Anspruch des unbedingten Zweckes menschlicher Mündigkeit – ob er das will, weiß, glaubt oder nicht, ist sekundär" (Blankertz 1982, S. 307).

Dem Kriterium für die Vollständigkeit des Handelns folgend, daß Handlungen immer in größeren Zusammenhängen zu sehen und aus dieser Sicht kritisch zu bewerten sind, bedeutet es für das handlungsorientierte Lernen in der Berufsausbildung, die Frage zu beantworten: Worauf hin und wofür sollen die Auszubildenden in Verbindung mit Arbeitstätigkeiten Lernen (vgl. Jank und Meyer 1991, S.73)? Dieses „woraufhin" und „wofür" kann sich nicht nur auf das Bewältigen gegenwärtiger und künftiger Arbeitsaufträge beziehen. Es muß die kritische Mitgestaltung der damit verbundenen Tätigkeiten und auch der eingesetzten Technik einfordern. Aus diesem Grunde sollten Lern- und Arbeitsaufträge an die Lernenden gerichtet werden, in denen sie

- herausgefordert sind, eigene Vorstellungen über einen Vorgehensweg, über die Gestaltung von Arbeitsprodukten zu finden und zu erproben;

(und in denen sie)
- mit anderen und für andere Handeln und dabei in vielfältigster Weise kommunizieren;

(Zu diesen aus anderen Gründen bereits genannten Forderungen kommen aus der Sicht des Bildungsbeitrages handlungsorientierten Lernens weitere. Es müssen Aufgabenstellungen an die Lernenden gerichtet werden, in denen sie)
- die informelle Einbindung der Arbeitsplätze in betriebliche und überbetriebliche technisch-organisatorische Strukturen und die damit einhergehenden neuen sozialen und personalen Beziehungen kennenlernen;
- Inhalte und Formen betrieblicher Organisationsentwicklung analysieren, bestehende Organisationsformen kritisch betrachten und neue Organisationsformen selbst erproben;

(in denen sie)
- sich mit der betrieblichen Technik so auseinandersetzen, daß sie Widersprüche und Konflikte des Einsatzes und der Entwicklung dieser aufdecken, daß sie erkennen, daß für die Technikentwicklung und für ihren Einsatz menschliche und soziale Bedürfnisse artikuliert werden können und daß sie solche auch artikulieren lernen;

(und schließlich, in denen sie)
- sich mit Technik und Technologien so auseinandersetzen, daß sie sie nicht nur als Arbeitnehmer kritisch betrachten, sondern daß sie sich auch darüber hinaus als Staatsbürger und Konsument fragen, in welcher Welt mit welcher Technik und Technologie sie leben wollen. (vgl. Hastedt 1991, S. 68)

Welche Aufgaben haben die Lehrenden im Rahmen des handlungsorientierten Lernens in Schule und Betrieb?

Indirekt sind die Aufgaben in dem bisher Dargelegten schon enthalten. Ich möchte sie im folgenden aber noch direkt ansprechen. Für handlungsorientiertes Lernen in Schule und Betrieb müssen die Lehrenden eine neue Rolle im Lehr-

/Lernprozeß einnehmen. Die alte Rolle, die von den eigenen Lehrern und Ausbildern erlernt und zum Teil unbewußt übernommen wurde (Nebenbei gesagt: Es ist erstaunlich, wie wir beim Erlernen verschiedener Rollen in allen Lebensbereichen von Vorbildern Rollenverhalten übernehmen, ohne es zu reflektieren.) – die alte Rolle leistet es für das handlungsorientierte Lernen nicht mehr. Wir können beim handlungsorientierten Lernen nicht mehr der Chef im Unterricht oder im Lehrgang sein, der bestimmt, wo es entlanggeht. Wir können nicht mehr der Mittelpunkt, um den sich alles schart, auf den alles hören muß, sein. Wir werden nicht mehr die Allwissenden, die Alles-Könner die auf dem Podest, abgehoben, an den Lernorten residieren, sein. Beim handlungsorientierten Lernen ist der Lernende das Subjekt des Lehr-/Lernprozesses, er bestimmt wesentlich mit, wie und was gelernt wird.

Der Lehrende organisiert den Lehr-/Lernprozeß so, daß handlungsorientiertes Lernen optimal möglich ist. Er BERÄT die Lernenden in ihrem Lernprozeß. Beraten heißt, zurückhaltend sein mit vorschnellen Angeboten, sich im Hintergrund halten. Der Lehrende als Berater muß sich stets Fragen: „Habe ich alles getan, daß die Lernenden selbst aktiv waren im Denken und Tun?“ „Oder habe ich ihnen zu viel davon abgenommen?“ Habe ich wieder mit meinem Wissen, meinem Können brilliert?“ „Habe ich wieder zuviel gesagt, zulange selbst gesprochen?“

Ein Berater, der moderieren kann, wäre das Ideale. Ein guter Moderator gibt wenig einschränkende Regeln vor und achtet auf ihre Einhaltung. Ansonsten sorgt er dafür, daß die Mitglieder der Moderationsrunde sich aktiv einbringen.

Eine solche Rolle des Lehrenden erfordert auch eine entsprechende Kommunikation. Unsere Kommunikation muß sich von der eines Vorgesetzten-Untergebenen-/Abhängigen-Verhältnisses zu einer partnerschaftlichen verändern. Ist der Lernende Partner so muß ihm der Lehrende durch seine Reaktionsweisen vermitteln, (vgl. Schwäbisch; Siems 1974)

- daß seine Gefühle und Gedanken verstanden, auf- und erstgenommen werden;
- daß der Lehrende engagiert und beteiligt ist;
- daß der Lehrende sich selbst offen mit seinen eigenen Gedanken und Gefühlen einbringt.

Auch in Konfliktsituationen muß der Lehrende partnerzentriert reagieren. Deshalb sollte im Konfliktgespräch handlungsorientiert vorgegangen werden:

Es muß die Störung „angemeldet" werden, ohne einen Vorwurf auszudrücken. Zum Beispiel: „ICH habe das Problem, daß..."

Es sind Hintergrundbedürfnisse der Störung in Wünsche umzuformulieren. Hierbei müssen die am Konflikt beteiligten als selbständige Personen anerkannt werden, die in der Lage sind an der Konfliktlösung mitzuarbeiten. Zum Beispiel: „Ich würde gern... Was können wir dagegen tun? Was würdet Ihr vorschlagen...?"

Wie beim Planen der Aufgabenlösungen werden Lösungsvorschläge zum Konflikt ohne Diskussion gesammelt. Und schließlich wird sich auf eine Lösung geeinigt, zu der alle ja sagen können.

Bei Konflikten mit Einzelnen ist das Einbringen der eigenen Gefühle in das Gespräch, insbesondere zu Beginn, sehr wirkungsvoll. Auf diese Weise können viele Konfliktsituationen entschärft werden. Der Lehrende sollte seine Gefühle direkt äußern, wenn solche Situationen entstehen. Eine indirekte Äußerung von Gefühlen führt in den meisten Fällen zu einer Verzerrung des Konfliktes, es entstehen neue und die Lösungen sind unbefriedigend. Ein Beispiel dafür wäre,

„Ich ärgere mich, wenn ich etwas sage und Sie sind mit so vielen anderen Gedanken beschäftigt." anstelle der Anklage: „Sie hören ja nie zu!"

Neben der direkten Äußerung von Gefühlen sollte der Lehrende seinem Widerpart in der Konfliktsituation immer auch Freiheitsgrade für einen eigenen Beitrag zur Lösung des Konfliktes bieten. Ein simples Beispiel: Auszubildende stören durch lautes Reden die Ausführungen des Ausbilders. Der Ausbilder reagiert: „Seien Sie still!" Bei dieser Reaktion sind weder direkt Gefühle geäußert, noch haben die Auszubildenden Freiheitsgrade einen eigenen Lösungsbeitrag zu leisten. Partnerzentriert kommuniziert wäre:" Ich fühle mich durch das laute Reden gestört."

Ich bin mir sicher – setzt sich eines Tages ein solcher Umgang von Lehrenden und Lernenden durch, dann ist mit dem Bild des Lehrers schluß, das ein Psychologieprofessor während meines Studiums so kennzeichnete: „Lehrer, das ist eine Diagnose." Die deformierte Lehrerpersönlichkeit, die in der Öffentlichkeit so geschmäht wird, die im Streit mit den Bekannten immer recht hat, die beim Arztbesuch schon im Voraus Diagnose und Therapie kennt, die dem Automechaniker die Funktionsweise des Ottomotors erklärt, sie wird der Vergangenheit angehören.

Sie merken, daß handlungsorientiertes Lernen sich nicht nur im Geben und Lösen von entsprechenden Lernaufträgen erschöpft. Ich möchte es einmal zugespitzt formulieren:

Handlungsorientiertes Lernen in Schule und Betrieb ist eine Weltanschauung

Um eine solche Lernform durchzusetzen bedarf es noch vieler und gewaltiger Anstrengungen. Das fängt bei der Aus- und Weiterbildung der Lehrenden an, bezieht die Schul- und Ausbildungsstättenorganisation ein und geht bis zu den Ausbildungsverordnungen und Lehrplänen. Das Ausmaß an notwendigen Veränderungen sollte uns aber nicht davon abhalten, damit zu beginnen.

In dem vorhin erwähnten Modellversuch sind wir ein bisher noch nicht erwähntes Problem für handlungsorientiertes Lernen angegangen: das Problem der Zusammenarbeit von Schule und Betrieb, von Lehrern und Ausbildern. Diese Zusammenarbeit ist wichtig, um lernort- und fächerübergreifendes handlungsorientiertes Lernen zu ermöglichen, um komplexe selbständige Handlungen mit den vielfältigsten Beziehungen ausführen zu können.

Zu diesem Zweck haben wir das Erarbeiten „integrierender Lern- und Arbeitsaufgaben" angeregt. Diese Aufgaben sollen das Lernen mit Arbeitstätigkeiten verbinden. Bei ihnen geht es um den Erwerb beruflicher Qualifikationen (wie z.B. eine bestimmte Anlage montieren zu können, im Team ein Vorgehen planen zu können) und es geht auch um die Befähigung zur kritischen Mitgestaltung von Arbeit und Technik und die dazu notwendigen Einsichten.

An der Entwicklung einer Aufgabe arbeiten mehrere Lehrer und Ausbilder zusammen. Es entstehen so Aufgabengruppen in der Schule und im Betrieb. Die Gruppen kooperieren bei der Aufgabenentwicklung aber auch bei der Begleitung und Auswertung des Lernprozesses zu den Aufgaben. Die Arbeit der Gruppen wird in die Arbeit ständiger Einrichtungen, wie Lehrerkonferenz, Ausbildergruppensitzungen, Ausbildertreffen u.ä. eingebunden. Aus den Aufgabengruppen kommen so wichtige Impulse zur Veränderung der gesamten Ausbildung und ihrer Organisation. Auf einige will abschließend hinweisen:

Die an der Aufgabenentwicklung beteiligten Ausbilder kommen oft aus Meisterbereichen verschiedener Obermeisterbereiche. Während die Meister die Entwicklungsarbeit oft noch mit eigenem Engagement unterstützten, gab es Probleme mit den Obermeistern. Nicht nur, daß sie anfangs über alle Schritte im voraus informiert werden wollten, auch betrachteten sie die bereichsübergreifende Arbeit der Teams mißtrauisch, da sie dadurch in ihrem Bereich nicht mehr „alles im Griff" zu haben glaubten. Durch die Kritik der am Modellversuch beteiligten

Meister aber auch durch die Vielzahl an neuen Aufgaben, die die Mitarbeiter ihrer Bereiche zu lösen hatten und deren Kontrolle die Obermeister nicht mehr nachkamen, mußten sie Verantwortung nach unten abgeben. Die Meister und Ausbilder entscheiden jetzt immer öfter ohne große Hindernisse über den Einsatz von Auszubildenden in den Abteilungen, die Zusammenarbeit von Ausbildern und materiellen Aufwand selbst.

Durch die geforderte Verbindung von Arbeits- und Lernaufgaben werden Lehrer gezwungen sich mit den betrieblichen Gegebenheiten von Arbeit und Technik auseinanderzusetzen. Immer öfter erscheinen Lehrer in der betrieblichen Ausbildung, um sich über die inhaltlichen und materiellen Gegebenheiten zu informieren. Lehrer und Ausbilder stimmen nicht nur im Modellversuchsbereich die Inhalte ihres Lehrens ab, sondern teilweise auch in der übrigen Ausbildung.

In den Aufgabenteams wird mehr und mehr auch der Weiterbildungsbedarf formuliert und die Weiterbildung selbst organisiert. Die Themen reichen dabei von neuen handlungsorientierten Ausbildungsmethoden bis zum Kommunikationstraining.

Das Engagement und die Erfolge der Lernenden beim Lösen der komplexen Aufgabenstellungen nehmen Kritikern bei den Lehrenden Argumente gegen neue Lehr- und Lernformen. Es wächst die Kritik der Lernenden gegen herkömmliche Lehr- und Lernformen und schlechte Abstimmung von Schule und Betrieb. Dies sprechen sie auch deutlich bei Präsentationen ihrer Lernergebnisse aus.

Durch die hohe Eigenaktivität der Lernenden in der Ausbildung und ihre Einbeziehung in die Überarbeitung der Aufgabenstellungen entwickeln sie eigene Vorschläge für mögliche Aufgaben und Lösungsverfahren. Einige Lernende erarbeiteten sogar Materialien zur Unterstützung des handlungsorientierten Lernens nachfolgender Ausbildungsjahrgänge.

Mit meinem Beispiel will ich es noch einmal unterstreichen: Für handlungsorientiertes Lernen werden nicht von heute auf morgen die Voraussetzungen geschaffen. Es wird auch nicht gesetzlich verordnet. Wir müssen alle unseren, anfänglich oftmals noch kleinen, Beitrag dazu leisten, wenn wir ein solches Lernen wollen. Es gilt dabei der Ausspruch, den der chinesische Philosoph Konfuzius vor zweieinhalbtausend Jahren formulierte: „Es ist besser ein kleines Licht anzuzünden, als ständig über die Dunkelheit zu klagen!"

Literatur

Blankertz, H.: Die Geschichte der Pädagogik. Von der Aufklärung bis zur Gegenwart. Wetzlar 1982

Hastedt, H.: Aufklärung und Technik. Grundprobleme einer Ethik der Technik. Frankfurt 1991

Jank, W.; Meyer, H.: Didaktische Modelle. Frankfurt/Main 1991

Wickert, Ulrich: Der Ehrliche ist der Dumme. Über den Verlust der Werte. Hamburg 1994

Volpert, Walter: Wie wir handeln – was wir können. Heidelberg 1992

Rogers, C.: Lernen in Freiheit. Zur Bildungsreform in Schule und Universität. München 1979.

Schwäbisch, L.; Siems, M: Anleitung zum sozialen Lernen für Paare, Gruppen und Erzieher. Hamburg 1974

Jurist schlägt Alarm: Sind unsere Schulen verfassungswidrig?

Klaus-Gerhard Walther (Lehrer), Hohenhorn

Daß in fast allen deutschen Schulen die Kreativität des Nachwuchses nicht gefördert, sondern eher behindert wird, ist bekannt. Daß diese Praxis aber verfassungswidrig sein kann, ist neu. Ein intelligenter Jurist namens Dr. Gerhard Huhn hat sich darüber öffentlich Gedanken gemacht und ein schlaues Buch mit dem Titel „Kreativität und Schule" geschrieben. Darin weist er nach, daß selbst diejenigen Lehrpläne, die angeblich die Kreativität fördern sollen, genau diese Kreativität blockieren. Das Buch sei allen Lehrern und Elternbeiräten, die vor der Kultusbürokratie noch nicht resigniert haben, schon jetzt wärmstens empfohlen. Wir haben einen engagierten Lehrer gebeten, das Buch von Dr. Gerhard Huhn für unsere Leserinnen und Leser zu studieren. Hier das Ergebnis:

Bücher über Schule sind Legion. Sie wurden meistens aus einem pädagogischen Ansatz der Frustration und der Hilflosigkeit gegenüber den mächtigen staatlichen Regelungen geschrieben, die krebsgeschwürartig in den 60er und 70er Jahren anwuchsen und häufig genug die Lehrer zu Handlangern, Erfüllungsgehilfen oder auch Verwaltungsangestellten degradierten.

Umso erstaunlicher und zugleich erfreulicher ist es, wenn ein Jurist darangeht, staatliche Regelungen von Bildungszielen und Unterrichtsinhalten vor dem Hintergrund neuerer Erkenntnisse der Gehirnforschung auf Verfassungskonformität abzuklopfen und zu dem fast revolutionären Ergebnis kommt, daß diese Regelungen zumindest teilweise verfassungswidrig sind.

Freie Entfaltung der Persönlichkeit nicht gegeben

Was Abertausende von Schülern über die Jahrzehnte schon gespürt und geahnt haben, ohne daß sie es auszudrücken vermochten, wird hier Realität. Gerhard Huhn kommt nämlich in seinem Buch „Kreativität und Schule" zu dem aufrüttelnden Ergebnis, daß der Unterricht an staatlichen Schulen zumindest teilweise verfassungswidrig sei, weil er die Entwicklung der Schüler behindere. Artikel 2, Absatz 1 unseres Grundgesetzes (GG) garantiert aber die freie Entfaltung der Persönlichkeit.

Die Grundrechte
Artikel 2
(Handlungsfreiheit, Freiheit der Person)

(1) Jeder hat das Recht auf die freie Entfaltung seiner Persönlichkeit, soweit er nicht die Rechte anderer verletzt und nicht gegen die verfassungsmäßige Ordnung oder das Sittengesetz verstößt.
(2) Jeder hat das Recht auf Leben und körperliche Unversehrtheit. Die Freiheit der Person ist unverletzlich. In diese Rechte darf nur auf Grund eines Gesetzes eingegriffen werden.

Da außer Frage stehe, so Huhn, daß das erklärte Ziel jeden staatlichen Unterrichts die prägende Formung und Bildung des Schülers ist, kann also die Festlegung von staatlichen Bildungszielen und Unterrichtseinheiten als Eingriff in die freie Entfaltung der Persönlichkeit sein. Folglich muß geprüft werden, ob dieser Eingriff verfassungsrechtlichen Anforderungen genügt.

Fehlende „Innere Kommunikation"

Huhn macht es sich nun nicht so leicht, den Begriff „Freie Entfaltung der Persönlichkeit" einfach stehen zu lassen, sondern bemüht sich, das Schutzgut von Artikel 2, Absatz 1 GG im Lichte der Rechtsprechung und Literatur entsprechend anzugehen. Er stellt zu Recht heraus, daß die Entwicklungsprozesse sich nahezu ausschließlich in Kommunikation mit Anderen abspielen. Folglich läßt soch der Entfaltungsprozeß als Kommunikationsprozeß begreifen. Glücklicherweise läßt es Huhn dabei nicht bewenden, sondern dringt auch in einen anderen Kernbereich vor, nämlich den Bereich der „inneren Kommunikation", der mehr ist als nur die sprachliche Dimension.

Huhns Kernfrage lautet sodann, was daraus folgt, wenn der „innere Dialog" nicht mehr nur als eine Verinnerlichung der Kommunikation mit den Mitmenschen, sondern als eine völlig andere Art des Austausches unter anderem auch vor- oder nichtsprachlicher Bewußtseinsinhalte verstanden wird. Trotz einer Reihe von Untersuchungen in der Literatur und entsprechenden Zitaten stellt Huhn am Ende etwas resignierend fest, daß alle in der Literatur beschriebenen Lösungsansätze keine überzeugende Beschreibung des eigentlichen Schutzgutes liefern können. Daher hat sich auch das Bundesverfassungsgericht in der juristischen Ausprägung von diesen Ansätzen nicht beeindrucken lassen und seine Rechtsprechung innerhalb früherer entwickelter Strukturen fortgesetzt. Es bleibt also bisher im juristischen Bereich der Ansatz der „Sphärentheorie", die bis dato lediglich eine Privatsphäre mit möglicher oder tatsächlicher Kommunikation nach außen einschließt und schließlich in ein soziales Feld äußerer gesellschaftlicher Kontakte übergeht. Der Autor Gerhard Huhn dringt nun zum entscheidenden Punkt vor, zu untersuchen, ob diese Sphärentheorie sich angesichts neuerer Erkenntnisse der Gehirnforschung überhaupt noch halten läßt.

Erkenntnisse der Hirnforschung

Um in seinem Buch zum entscheidenden Schlag gegen die Kultusbürokratie auszuholen, untersucht Huhn die gesicherten Erkenntnisse der Gehirnforschung der letzten drei Jahrzehnte, um daraus die Folgen für das Verständnis des Schutzgutes von Artikel 2, Absatz 1 GG abzuleiten. Nach längst gesicherten Erkenntnissen der Hirnforschung besitzt die linke Gehirnhälfte eine Überlegenheit für alle logischen, analysierenden und kategorisierenden Funktionen, d.h. alles, was mit Lesen, Schreiben und Rechnen zu tun hat, die Verwendung von Symbolen, die Beurteilungen, Bewertungen und Begründungen, Abstrahieren und Herstellen von Gedankenverbindungen sind ganz klar in der linken Gehirnhemisphäre lokalisiert.

Im Gegensatz dazu speichert die rechte Hemisphäre, d.h. die rechte Gehirnhälfte, das Wissen, das sich nicht verbal ausdrücken läßt. So wichtige Fähigkeiten wie zum Beispiel das intuitive Erfassen von Situationen und das ganzheitliche Erkennen, das Verstehen von Analogien und Metaphern ist der rechten Gehirnhälfte zuzuordnen. Da die rechte Hemisphäre zudem noch aus völlig verschiedenen Informationsgehalten etwas Gemeinsames oder etwas Neues entwickeln kann, ergibt sich als Fazit, daß das Ergebnis oft mehr ist als die Summe der Teile. Huhn unterstreicht auch, daß die musikalischen Fähigkeiten, das Visualisieren und Phantasieren der rechten Hemisphäre zuzuordnen sind und hält dieses entsprechend für bedeutsam.

Die dualen Konzepte der Hemisphäre

rechts	links
Yin	Yang
Raum	Zeit
Unbwußtes-Es	Bewußtes-Ich
Fühlen	Denken
Metaebene	Objektebene
Tiefestruktur	Oberflächenstruktur
Sein	Ich
Paradigmawechsel	normale Wissenschaft
mythisch	positivistisch

Das zweigeteilte Gehirn

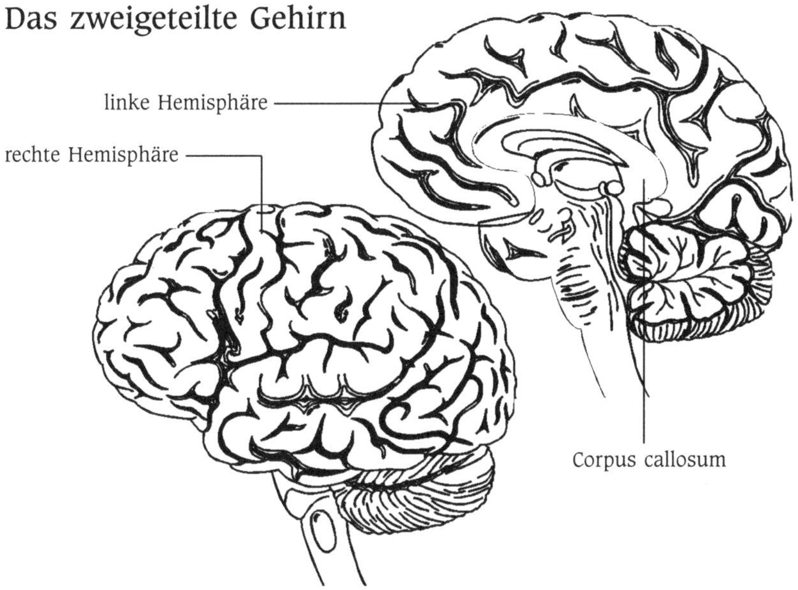

Eine Gehirnhälfte „verhungert“ in der Schule

Im Idealfall sollten nun beide Gehirnhälften so konferieren, daß jede Hemisphäre genau das macht, wofür sie am besten geeignet ist. Wird von diesem Idealfall stark abgewichen, kann es passieren, daß sich eine Seite aufgrund eines Vorteils durchsetzt, die andere Seite hingegen sich bei entsprechenden Aufgaben mehr und mehr zurückzieht. Im schlimmsten Fall hat sich am Ende die weniger geeignete Seite für bestimmte Aufgaben durchgesetzt, das bedeutet, die echten Fähigkeiten des

Menschen können gar nicht eingebracht werden. Um die Folgen und Auswirkungen drastisch darzustellen, greift Huhn auf verschiedene Autoren zurück, die vom „Verhungern" der einen Seite, z.B. der rechten Hemisphäre sprechen, wenn die linke Seite einseitig ermutigt und gefördert wird. Um kreative Prozesse der Ideenfindung und Problemlösung wirklich in Gang zu setzen, bedarf es eines ausgewogenen Zusammenspiels beider Hälften. Da aber bei allen genannten Einzelpunkten immer nur gesagt werden kann, daß es hauptsächlich Leistungen oder Prozesse der einen oder der anderen Gehirnhälfte sein können. Bei einer einseitigen Förderung der linken Großhirnhälfte verliert der Mensch zunehmend sein schöpferisches Potential. Das Bemühen, alles über logisches Denken zu erreichen, läßt Spontaneität, Ideen und Phantasie kaum zu. Die Bildung einer autonomen Persönlichkeit scheint dadurch ausgeschlossen, da die Funktionen beider Hemisphären nicht in der notwendig ausgewogene Balance zusammenarbeiten.

Gezielt zieht Gerhard Huhn aber hier den Psychoanalytiker Arno Gruen heran, der bei Menschen, deren Entwicklung zur Autonomie schon früh blockiert wurde, eine Zunahme an Gewaltbereitschaft, und auch entsprechend potentiell faschistische Strukturen steht. Huhn läßt keinen Zweifel daran, daß die Folgerungen aus der Gehirnforschung für das Schutzgut in Artikel 2, Absatz 1 GG bedeutet, daß der interne Bereich, den er mit dem Begriff „innere Kommunikation" belegt, für die Ausbildung einer ausgeglichenen Persönlichkeit von großer Bedeutung und damit auch besonders schützenswert ist.

Gefährdung der Persönlichkeitsentfaltung

Je freier ein solcher Kommunikationsprozeß im Innern ablaufen kann, desto freier kann sich eine Persönlichkeit entfalten. Folglich wäre durch eine von außen kommende Beeinträchtigung der Autonomie der „inneren Kommunikation" eine Gefährdung der Persönlichkeitsentfaltung gegeben. Huhn kritisiert sehr deutlich, daß die Sphärentheorie völlig unzulänglich ist, da sie ein mechnistisches Bild benutzt, es in Wirklichkeit aber um prozeßhafte und lebendige Vorgänge geht. Nimmt man das Auftreten des Bürgers in der Öffentlichkeit als Maßstab, ist sein Anpruch auf Geheimhaltung oder gar Achtung der Privatsphäre gleich Null. Zwar hat das Bundesverfassungsgericht immer wieder herausgehoben, daß es einen unantastbaren Kernbereich der Persönlichkeit gebe, der von jeder staatlichen Einflußnahme frei zu sein hat, hat aber niemals explizit angegeben, welches Verhalten hierunter fallen könnte. Für Huhn bedeutet dies die totale Schutzlosigkeit im Öffentlichkeitsbereich und der damit verbundene nicht vorkommende Schutz des eigentlichen Kernbereiches. Durch eine Vielzahl von Regulierungen greift der Staat also ständig in die inneren Persönlichkeitsvorgänge seiner Bürger ein.

Für Huhn ergibt sich aus dem bisher Gesagten zwingend, daß die Entwicklung einer neuen Interpretation des Schutzgutes von Artikel 2, Absatz 1 GG erforderlich ist.

Gerhard Huhn bedient sich im folgenden des Schlüsselwortes „Wechselwirkung“, um die Beziehung zwischen Individuum und Gesellschaft und zwischen den Individuen untereinander zu skizzieren. Er betont völlig zu Recht, daß diese Wechselwirkungen sich in inneren und äußeren Kommunikations und Interaktionsprozessen abspielen. Kern der Betrachtung ist folglich der Schutz des freien Ablaufs dieser Prozesse, wobei eben untersucht wird, inwieweit staatliches Handeln die Autonomie der freien Entfaltung gefährden könnte.

Um im Dunstkreis des Rechts-Links-Denkens steckenzubleiben, bedient sich Huhn der viel weiter führenden Überlegung von Bohm („Die impliziete Ordnung“), in der dieser von einem allumfassenden Spiel des Einfaltens und Entfaltens im Rahmen des Universums spricht und dieses „die Eine Bewegung“ nennt (1).

Es geht um die Achtung vor dem Schöpferischen in uns

Aus den Forschungen seiner wissenschaftlichen Kollegen gewinnt Huhn die Einsicht, daß es im Kern um den Respekt oder Nichtrespekt vor den universellen und noch weitgehend unbekannten Potentialen des Menschen geht und von dem, was sich in jedem einzelnen Menschen neu entfalten kann. Mit anderen Worten: Es geht um die Achtung vor dem Schöpferischen, das in uns angelegt ist.

Mit Bezug auf die beiden Gehirnhälften ist das Schutzgut daher die Funktionsfähigkeit und Autonomie der freien „inneren Kommunikation" zwischen beiden Großhirnhemisphären. Folglich muß die bisherige Auffassung des Schutzgutes von Artikel 2, Absatz 1 GG unbedingt um die Komponente des Schutzes der „inneren Kommunikation" erweitert werden.

Der Autor versucht nun zu klären, inwieweit der Staat durch die Gestaltung von Bildungszielen und Unterrichtsinhalten den inneren Kommunikationsvorgang bei Schülern gefährdet. Wenn der Staat also konkret durch die Festlegung von Lernzielen, Aufstellung von Lehrplänen, Bestimmung von Methoden der Leistungsmessung und Bewertung und durch die Art und Weise der Lehrerbildung und Schulorganisation eine Gehirnhälfte der Schüler einseitig bevorzugt, werden die Möglichkeiten der anderen Gehirnhälfte nicht erkannt und nicht anerkannt, möglicherweise sogar als unerwünscht und negativ unterdrückt. Folglich wird diese Gehirnhälfte nicht in der Weise entwickelt, wie dies ohne die Beeinflussung durch diese Faktoren geschehen könnte.

„Je weniger Abweichungs- und Gestaltungsspielraum das Schulrecht für die Entwicklung der rechten Gehirnhälfte der Schüler einem Lehrer oder einer Schule läßt, desto wahrscheinlicher beraubt sich die Gesellschaft der ihr innewohnenden Chancen, ihre Zukunft schöpferisch zu gestalten und für die ungeheure Vielzahl existentieller Probleme kreative und friedliche Lösungen zu finden."

Harsche Kritik am Schulalltag

Mit der letzten Formulierung rückt die Praxis des gesamten Schulalltages ins Zentrum der Kritik. Wenn der Prozeß der „inneren Kommunikation" von störenden äußeren Einflüssen abzuschirmen ist, wird aber automatisch jede staatliche Regelung zu einem Einfgriff in diesen Schutzbereich. Und so gelangt Huhn dann auch sehr schnell zu der Festlegung, daß der staatliche Schulunterricht in seiner bisherigen Gestaltung automatisch einen massiven Eingriff in das Grundrecht der freien Persönlichkeitsentfaltung darstellt.

Jede Regelung von Unterrichtszielen und -inhalten, die in das Schutzgut eingreift, ist also potentiell verfassungswidrig. Angesichts der bei Juristen üblichen Prüfung der Verhältnismäßigkeit stellt Gerhard Huhn lakonisch fest, daß die erstrebte Sicherung des Schutzbereiches durch die Auffassung des Bundesverfassungsgerichtes nicht abgedeckt ist, da es keinen absolut unantastbaren Bereich mehr gibt.

Nach herrschender Meinung in der Literatur und auch nach Auffassung des Bundesverfassungsgerichts wird gefordert, daß die zur Erreichung bestimmter staatlicher Ziele gewählten Mittel in einem vernünftigen Verhältnis zum beabsichitigten Zweck stehen müssen. Der Grundsatz der Verhältnismäßigkeit kann nun nur am konkreten Beispiel staatlicher Regelungen von Bildungszielen in seiner Anwendung überprüft werden.

Lehrpläne halten Überprüfung nicht stand

Für seine Beweisführung hat sich Gerhard Huhn die Richtlinien und Lehrpläne für den Unterricht in der Realschule für das Fach Textilgestaltung des Landes Nordrhein-Westfalen ausgesucht, die er zusätzlich mit Überlegungen zum Unterricht in den Fächern Kunst und Musik in Berlin anreichert. Dabei untersucht er sowohl die einseitige Aktivierung einer Großhirnhemisphäre durch schulische Maßnahmen als auch die Intensität des staatlichen Eingriffs in die Autonomie der inneren Kommunikation.

Da es, wie der Autor vorher schon aufzeigt, viel leichter ist, die Fähigkeiten und Leistungen der linken Gehirnhälfte zu beschreiben, zu messen und zu bewerten und folglich auch Zensuren, Notengebung, Zeugnisse, Prüfungen und Schulabschlüsse weitgehend ausgerichtet sind auf die intellektuellen Leistungen des linken Gehirns, so erfährt die linke Gehirnhälfte schon dadurch eine massive Stimulierung von außen. Das rechte Gehirn fordert aber nun einmal Zeit, Raum und Anerkennung für unbewußte Prozesse und kann seine Fähigkeiten nur unter der Voraussetzung entfalten, daß auch ganz skurrile, plötzliche Einfälle, Bilder und Visionen nicht gleich als unvernünftig zurückgedrängt werden, sondern auch wirklich wahrgenommen und genauer betrachtet werden.

Der Jurist Huhn folgert zu dem bisher Gesagten messerscharf, daß die verfassungsmäßige Relevanz eines Eingriffs sich aus dem Verhältnis der Einseitigkeit der Unterrichtsmaßnahmen einerseits und der Intensität des staatlichen Durchsetzungsvermögens andererseits ergibt. Vorab stellt er fest, daß bei musischen Fächern, in denen gerade die Fähigkeiten des rechten Gehirns ausgebildet und gefördert werden sollen, ein schon relativ geringer Eingriff im Sinne einer einseitigen linkshirnigen Beeinflussung verfassungswidrig ist.

Bei einer Prüfung von Richtlinien für das Fach Textiles Gestalten stellt Huhn schon nach grober Durchsicht eine ganz klare dominierende Aktivierung der linken Hemisphäre fest. Besonders der Abschnitt Lernerfolgskontrolle ist derartig „linkslastig", daß von der rechten Gehirnhälfte eigentlich keine schöpferischen Impulse mehr kommen können. Huhn weist zudem nach, daß selbst in Bereichen, die ein freies Spiel von gestalterischen Impulsen der rechten Gehirnhälfte zulassen könnten, eine Ordnungs- und Handfertigkeitsübung der linken Hemisphäre gemacht wird.

Selbst kreative Fächer blockieren die Kreativität

Huhns Ergebnisse sind erschreckend eindeutig: Obwohl bei diesem Fach die Förderung der Kreativität ausdrücklich als Zielvorgabe genannt wird, dominiert und blockiert die linke Gehirnhälfte angesichts einer Fülle kritischer Beurteilungsanstrengungen. Huhns klares Urteil: Die Richtlinie ist verfassungswidrig! In seiner Untersuchung des Faches Musik in Hinblick auf die Abiturprüfung stellte er einen unverhältnismäßig hohen Anteil von Bewertungseinheiten fest, die der linken Gehirnhälfte zuzuordnen sind. Selbst die entscheidende Rechtshirnaktivierung, die stattfinden kann, wenn Sinn, Bedeutung und Wirkung von Musik erfaßt werden sollen, wird durch die Aufforderung, dieses zu erläutern, besonders unter Prüfungsbedingungen, doch wiederum zu einer Dominanz des linken Gehirns führen.

Bei Huhns wichtigem Punkt der Intensität der Beeinflussung entlarvt er in den Ausführungsvorschriften für die Abiturprüfung in Berlin, worum es eigentlich geht. Wo schulische Gesamtleistung in Noten und Ziffern bemessen wird, zählt nur, was linkshirnig meß- und wägbar ist. Genau da, wo der Staat seinen Durchsetzungswillen derart normiert hat, wo es um Karrierebestrebungen und um Zugangsberechtigungen zu Hochschulen geht, gilt in Wirklichkeit nur noch was das linke Gehirn leistet.

Zu ganz ähnlichen Ergebnissen kommt Huhn auch bei seiner Untersuchung der Rahmenrichtlinien für das Fach Kunst an Berliner Schulen. Huhns klare Aussagen in seinen Schlußüberlegungen gehen dahin, daß neue Vorschriften erforderlich sind, wenn die bestehenden Rahmenpläne und Richtlinien verfassungswidrig sind, um den Anspruch auf freie Entfaltung der Persönlichkeit Genüge zu tun. Huhn fordert aufgrund seiner dargestellten Überlegungen einen Unterricht, in dem es ein ausgewogenes Zusammenspiel unserer inneren Instanzen gibt und den Schülern entsprechend mehr Spielraum zur Aktivierung ihrer rechten Großhirnhemisphäre gelassen wird.

„Gehirngerechter“ Unterricht gefordert

Dankenswerterweise weist der Autor Huhn auf das schon viele Jahrzehnte existierende ganzheitliche Erziehungskonzept von Rudolf Steiner hin und stellt lapidar fest, daß viele Elemente dieses Konzept in frapierender Übereinstimmung mit den Forderungen an einen „gehirngerechten“ Unterricht stehen. Im folgenden skizziert Huhn die „essentials“ der Waldorfschule und weist auf den Autor Christoph Lindenberg hin. Wie bei Rudolf Steiner wird auch bei den meisten anderen Reformpädagogen immer wieder die Bemühung sichtbar, beide Hemisphären zu aktivieren. Auch wenn die Initiatoren ihrer Methoden nicht aus der Gehirnforschung abgeleitet haben.

Huhn hält das 1988 herausgekommene Buch von Michael Le Boeuf „Kreative Kraft, Imagination und Inspiration“ für so bedeutend, daß er ihn über eine halbe Seite zitiert. Wegen der konkreten, durchschlagenden Aussagen soll dieses auch hier geschehen: „Wer 15 bis 20 Jahre lang die Erfahrung macht, daß nur das anerkannt wird, für gut und richtig gehalten und als nützlich betrachtet wird, was seine linke Gehirnhälfte hervorbringt, wird sich mit hoher Wahrscheinlichkeit andere Einsichten und Potentialen verschließen.

In einer an Leistungsnachweisen, Zeugnissen und Beurteilungen orientierten Gesellschaft zählt das Meßbare, Vergleichbare. Die nicht so sehr meßbaren Leistungen der rechten Gehirnhälfte bleiben im schulischen Alltag, in der Universität und im wesentlichen auch bei der beruflichen Karriere in intellektuellen Berufen völlig unbeachtet. So ist zu vermuten, daß fast ausschließlich diejenigen Erzieher, Lehrer und Professoren werden, die sich mit den Leistungen ihrer linken Gehirnhälfte hervortun können – und diese haben selbstverständlich diejenigen ihrer Schüler und Studenten für die geeigneteren und begabteren, die ihrerseits betont linksseitig orientiert denken.

Je weniger Abweichungs- und Gestaltungsspielraum das Schulrecht für die Entwicklung der rechten Gehirnhälfte der

Schüler einem Lehrer oder einer Schule läßt, desto wahrscheinlicher beraubt sich die Gesellschaft der ihr innewohnenden Chancen, ihre Zukunft schöpferisch zu gestalten und für die ungeheure Vielzahl existentieller Probleme (Umweltzerstörung, Energieerzeugung, Arbeitslosigkeit, militärische Konfliktpotentiale, Hunger und Katastrophen) kreative und friedliche Lösungen zu finden."

Lehrer als Erfüllungsgehilfen

Abschließende kritische Würdigung des Buches von Gerhard Huhn: Mit seinem Buch „Kreativität und Schule" hat Gerhard Huhn eine Tür aufgestoßen, die bei der bestehenden Struktur unserer Gesellschaftsordnung wohl nur durch einen Juristen hat aufgestoßen werden können. Die Brisanz dieses Buches liegt darin, daß hier ein Jurist über seine ursprünglichen Felder hinaus unter Zuhilfenahme anderer Fachbereiche (Medizin/Gehirnforschung) das Herzstück des gegen die Entwicklung des Menschen gerichteten Schul- bzw. Bildungssystem erfolgreich ad absurdum führen konnte. Das gesamte Buch ist in seinem Aufbau zwingend und logisch und in seinem Resultat auch absolut überzeugend; wenn man überhaupt von einer Schwäche dieses Buches sprechen will, kann man nur auf die nicht genügend herausgestellte Rolle der Lehrkräfte verweisen, deren unheilvolle Erfüllungsgehilfenrolle bei Gerhard Huhn praktisch vernachlässigt wird und nicht ganz zufällig nur zum Schluß zitiert wird.

Tatsächlich erweisen sich die Lehrer in ihrer großen Mehrzahl als Verstärker der einseitigen Bevorzugung der linken Gehirnhälfte. Sie selbst werden dadurch auch entscheidend in ihrer eigentlichen Entwicklung ge- und behindert und können ihre „Autorität" zumeist nur auf den Krücken eines allumfassenden Bewertungssystems wahren. Man kann Gehard Huhn nur wünschen, daß viele Menschen durch seine aufgestoßene Tür gehen werden und endlich den so notwendigen ganzheitlichen Ansatz in der Bildung realisieren können. Weiterführende

Fragen wie z.B. das klassische „Cui bono?“, wem nützt eigentlich dieses Bildungssystem, sollten einmal in einer gesonderten Betrachtung angegangen werden.

Worum es geht

Kleine Übung zum Selbstprobieren der „Inneren Kommunikation“:

1. Ergreifen Sie einen Gegenstand, der in Ihrer Reichweite liegt. Nehmen Sie ihn in die Hand und betrachten Sie ihn.
2. Beschreiben Sie während Sie den Gegenstand betrachten, wie er sich anfühlt.
3. Überlegen Sie, während Sie den Gegenstand betrachten und betasten, welchen Geruch er haben könnte.
4. Beobachten Sie sich selbst, während Sie Ihre Überlegungen über den Gegenstand anstellen, den Sie in Ihrer Hand betrachten und betasten.
5. Beurteilen Sie Ihre Beobachtung über sich selbst, während Sie überlegen, welchen Geruch der Gegenstand ausströmen konnte, den Sie in der Hand halten, betrachten und betasten.

Sie haben jetzt fünf Wahrnehmungen zugleich in Ihrem Bewußtsein organisiert. drei sinnliche Wahrnehmungen (betrachten, betasten, selbstwahrnehmen) und zwei geistige (überlegen, beurteilen). Wiederholen Sie diese kleine Übung in Ihrer Vorstellung, indem Sie für ein, zwei Minuten Ihre Augen schließen und vergleichen Sie anschließend das vorstellungsmäßige Tun mit dem verwirklichen.

Bei der zweiten Übung können Sie eine Art „Hin und Her“, einen Konflikt in Ihrem Bewußtsein wahrnehmen. Die linke Hemisphäre ist fas überfordert und versucht deshalb, einen Teil der Aufgabenstellung an die rechte Hemispähre zu delegieren. Das wesentliche an diesen kleinen Übungen besteht in der Tatsache, daß Ihre Hemisphären während der zweiten Übung unwillkürlich miteinander kommunizieren; ansonsten wären Sie nicht in der Lage gewesen, den inneren Konflikt wahrzunehmen.

Die Übung wurde zum Buch „Das neue Gehirn" von Johannes Holler entnommen. Sie ermöglicht, praktisch nachzuvollziehen, daß die rechten und linken Hirnhälften miteinander kommunizieren.

Dr. jur. Gerhard Huhn

Jahrgang 45, Jurastudium und Referendariat in Berlin, Tätigkeit als Lehrer für Deutsch in Schweden 1968, seit 1972 neben dem Studium Tätigkeit als Trainer (Kommunikation, Motivation, Führung) und Führungskraft in der Schweiz (1972 - 1974). Assistenz der Geschäftsführung der Gesellschaft für betriebliche Weiterbildung, Berlin (1980 - 1981).

Danach bis 1986 selbstständiger Rechtsanwalt. Aufbau des Synchron Verlags mit Büchern zur Umsetzung der Gehirnforschung in praktischen Alltagsnutzen.

Seit 1987 Gesellschafter des Instituts für Integratives Training, Parsdorf bei München.

1990 Dissertation bei Professor Ingo Richter, Universität Hamburg, über die Verfassungswidrigkeit staatlicher Regelungen von Bildungszielen und Unterrichtsinhalten vor dem Hintergrund neuer Erkenntnisse der Gehirnforschung.

1992 Lehrauftrag an der Hochschule der Künste, Berlin, Fachbereich Gesellschafts- und Wirtschaftskommunikation.

Anmerkung

(1) Seite 79, Abschnitt 2, ab Zeile 5: „Eine Bewegung stelle das im Grunde Wirkliche dar, so daß all das, was man gewöhnlich als Wesen, Objekte, Formen usw. ansieht, relativ stabile, unabhängige und autonome Erscheinungsweisen der Einen Bewegung ist daher Einfalten und Entfalten."

(entnommen aus: „Raum & Zeit", Januar 1994, S. 13 - 18)

Brevier der Neuland-Moderation

Michael Tosch, Trainer und Moderator, Mainz

Anfang der 70er Jahre begann in Deutschland die Arbeit mit der Moderation. Nachdem das Quickborner-Team die Grundsätze entwickelt hatte und die ersten ModeratorInnen mit Karten und Klebepunkten ihre Teilnehmer begeisterten, manche aber auch verwirrten, war in der Folgezeit die Moderation nicht mehr aufzuhalten. Immer mehr Trainingsanbieter hatten Moderationsseminare im Programm. Immer mehr wurde die Pinwand zum Symbol der Gruppenarbeit. Viele Moderationsanwender entwickelten im Laufe der Zeit durch eigene Erfahrung, Interpretation oder Zufall eigene Regeln und modifizierten Prozesse und Arbeitstechniken. Das Institut Neuland hat zusammen mit einem internationalen Expertenteam die Moderationsmethode entscheidend weiterentwickelt.

Dieses Brevier soll dazu beitragen die Begriffsverwirrung unter den ModeratorInnen abzubauen.
Das Gesamtthema wurde in folgende Rubriken unterteilt: siehe Stichwortverzeichnis Seiten 271 bis 273.

I. Die Moderation
II. Moderierte Veranstaltungen

III. Aspekte der Moderation
IV. ModeratorIn
V. Arbeitstechniken der Moderation
VI. Ablauf einer Veranstaltung
VII. Arbeitsergebnisse
VIII. Hilfsmittel der Moderation
IX. Visualisierung

Unter diesen Rubriken sind alphabetisch sortierte Suchbegriffe zu finden, die entweder auf die Seite verweisen, unter der die Erklärung nachgelesen werden kann bzw. einen Verweis auf den Begriff, der in der Neuland-Moderation verwendet wird.

Antworten: Diese entstehen durch Fragen, die in der Gruppe gestellt werden. Fragen und Antworten werden entweder auf Karten notiert oder direkt an der Pinwand aufgeschrieben. Es gibt keine guten oder schlechten Antworten, höchstens gute oder schlechte Fragen (➔ *Fragetechnik*). Um Antworten zu erhalten, können unterschiedliche Fragetechniken eingesetzt werden. ➔ *Karten-* oder *Zuruffragen* dienen dazu, als „Offene Frage" (➔ *Fragetechnik*) formuliert, ein großes Antwortenspektrum zuzulassen. Um Entscheidungen oder Bewertungen zu bekommen, bieten sich ➔ *Punktfragen* an.

Anwärmphase: ➔ *Phasen moderierter Veranstaltungen*

Arbeitsergebnisse: Werden handlungsorientiert als Maßnahme formuliert und im ➔ *Maßnahmenkatalog* festgehalten. Es empfiehlt sich, am Ende der Veranstaltung, die Beziehung der Beteiligten zu den erzielten Arbeitsergebnissen zu reflektieren.

Bewerten: ➔ *Punktwertung*

Blitz und Donner: ➔ *Symbole*

Buchstabengröße: ➔ *Schrift*

Büroarbeit: Hier sind Pinwände als variabel einsetzbare Medien von Vorteil, vor allem bei:
- Besprechungen,
- Tageseinteilungen bzw. -plänen,
- Präsentationen,
- Entwicklung von Ideen und Problemen sowie
- als Organisationsmedium.

Clustern: ➔ *Karten sortieren*

Co-ModeratorIn: Gleichberechtigter Partner/Partnerin (empfehlenswert) oder für Visualisierungsaufgaben oder einen anderen vorher festgelegten Part. Die ModeratorenIn können sich wechselseitig ablösen. Besonders bei größeren Gruppen (ab zehn Teilnehmern) oder bei schwierigen Situationen mit hoher Teilnehmerbetroffenheit sind zwei Moderatoren von Vorteil. Zum einen spielt hier der Betreuungsaspekt einer größeren Gruppe eine Rolle und zum anderen ist es für zwei ModeratorenInnen leichter gruppendynamische Vorgänge zu erfassen und aufzufangen.

Dokumentation: ➔ *Fotoprotokoll*

Doppeln: ➔ *Karten sortieren*

Dramaturgie: Die Dramaturgie ist die Ablaufplanung einer Moderationsveranstaltung. (siehe Muster)

Dramaturgie

Seminar-Thema: Trainer:
Ort: Anfangszeit:
Teilnehmerzahl: Datum:

Nr.	Arbeits-form	Arbeitstechnik	Arbeitsschritt	Hilfsmittel	Wer	Zeit pro Schritt	Endzeit

In einer Dramaturgie werden folgende Punkte festgehalten:
- Einzelne Aktionsschritte,
- Arbeitsform (z.B. Plenum, Gruppenarbeit oder Einzelarbeit),

- benötigte Hilfsmittel
- benötigte Zeit pro Schritt (min.) und
- jeweilige Endzeit.

Einpunktabfrage: ➔ *Punktfragen*

Einpunktfrage: ➔ *Punktfragen*

Einsatz der Moderation: Folgende Anwendungsfelder der Moderation sind heute gegeben:
- Kommunikationsprozesse in Besprechungen und Konferenzen
- Problemlösungsgruppen (z.B. Projektarbeit, Workshops, Qualitäts-Circle, Problemanalyse, Ideenfindung und Problemlösung)
- Lernprozesse in der Schule, in der Erwachsenen-Aus- und Fortbildung, auf Kongressen und in Seminaren
- Verkaufssituationen, Präsentationen und Gespräche zwischen Berater und Klient

Einzelarbeit: Arbeitsform, bei der jeder alleine arbeitet. Wie bei der Gruppenarbeit ist eine exakte Anweisung erforderlich. Die Einzelarbeit kann auch über die Veranstaltung hinaus bis zum nächsten Treffen (Hausarbeit) vereinbart werden. Anschließend findet vor allen Beteiligten eine Präsentation der Ergebnisse statt.

Farbgestaltung: Die neuen Empfehlungen zur Farbgestaltung sind:

Gelb sollte in folgenden Phasen bzw. Situationen der Moderation eingesetzt werden:
- Phase der Ideenfindung
- Kreativitäts-Techniken
- vorhandenes Wissen auszutauschen
- Erfahrungsaustausch

Orange sollte in folgenden Phasen bzw. Situationen der Moderation eingesetzt werden:
- Vertiefungsphase
- Strukturierung
- Lösungssuche
- Gruppenarbeit
- Arbeit auf der Beziehungsebene

Rot sollte in folgenden Phasen bzw. Situationen der Moderation eingesetzt werden:
- Maßnahmen definieren
- Konflikte erzeugen
- Widerspruch einlegen
- Vereinbarungen treffen
- Regeln aufstellen
- Contra-Schemata
- Themen emotionalisieren

Blau sollte in folgenden Phasen bzw. Situationen der Moderation eingesetzt werden:
- Fakten präsentieren
- Tatsachen erläutern
- Informationen geben
- Sachthemen
- Wissensvermittlung
- Einzelarbeit

Grün sollte in folgenden Phasen bzw. Situationen der Moderation eingesetzt werden:
- Feedback geben
- Konsens festhalten
- Erkenntnisse aus Konflikten visualisieren
- Kompromisse finden
- Zusammenfassungen schreiben
- im Rahmen von Pro-Schemata

Weiß sollte in folgenden Phasen bzw. Situationen der Moderation eingesetzt werden:

- Rahmen beschreiben
- Organisation festlegen
- offene Punkte-Liste

Faserschreiber: → *Marker*

Filzstift: → *Marker*

Fotoprotokoll: Das Fotoprotokoll ist die Dokumentation einer moderierten Veranstaltung. Alle (bzw. ausgewählte) Pinwände werden mit dem Pinwand-Protokollkopierer per Scanner-Technik kopiert und die Bilder anschließend entsprechend vervielfältigt (Fotokopierer). Die Beteiligten erhalten so eine für sie nachvollziehbare Ablaufdokumentation, die ihnen bereits während oder unmittelbar nach der Veranstaltung ausgehändigt wird. Außenstehende, die nicht anwesend waren, können den Ablauf nur schwer nachvollziehen. (→ *Maßnahmenkatalog*)

Fragetechnik: Damit werden Prozesse in Gang gesetzt. Fragestellungen sollen Antworten bringen, die bisher noch nicht bekannt sind. Durch Fragen können Diskussionen ausgelöst werden und Ansichten formuliert werden. Entscheidend dabei ist, daß alle gestellten Fragen und gefundenen Antworten visualisiert werden. Wichtig ist, daß kein Beitrag verlorengeht. Kein Beitrag wird als richtig oder falsch bewertet. Jeder Beitrag ist wichtig.

Anforderungen an gute Fragen:

1. *Offene Fragen stellen* – Im Gegensatz zu einer „geschlossenen Frage“, die von Teilnehmern nur mit Ja oder Nein beantwortet werden, stimuliert eine „offene Frage“ zum Nachdenken und produziert so bei den Befragten ein größeres Spektrum von Antworten. Offene Fragen beginnen mit den Fragewörtern: wie, wann, wo, wer, wodurch, etc.

2. *Meinungen, Erfahrungen und Ideen erfragen* – ModeratorIn formuliert Fragen, die zu einer Vielfalt von Antworten

führen und fragt nach Meinungen, Erfahrungen oder Ideen der Beteiligten. Vorteil: Diese Antworten kann ModeratorIn nicht bewerten und muß sie damit zulassen.

3. *Persönliche Betroffenheit auslösen* – Die Frage soll dazu führen, daß sich die Befragten in Beziehung zur erfragten Situation sehen. Bei der Frage: „Welche Probleme gibt es in Ihrer Firma?“, sehen sich die Teilnehmer eher als außenstehenden Betrachter und Bewerter. Die Frage „Von welchen Problemen sind Sie an Ihrem Arbeitsplatz betroffen?“ führt dazu, daß sie sich selbst in der Situation sehen und ihre persönliche Betroffenheit beschreiben.

Ganzheitliches Lernen: Der Mensch ist ein komplexes Lebewesen. Seine Aufnahmekanäle, die Sinne, sind sich ergänzend aufgebaut. Das Lernen, eine der zentralsten Fähigkeiten des Menschen, wird demzufolge von einer Vielzahl von Faktoren beeinflusst. Der Ansatz des ganzheitlichen Lernens trägt dieser Gegebenheit Rechnung. Die wichtigsten Aspekte ganzheitlichen Lernens sind:
- Mit den Sinnen lernen und arbeiten
- Gezielter Einsatz von Farben
- Gestaltung des Lern- und Arbeitsumfeldes
- Berücksichtigung von Lern- und Arbeitsrhythmen
- Zweckgerichteter Einsatz eines Methoden- und Medien-Mix
- Verwendung lern- und arbeitsgerechter Hilfmittel
- Vereinbarung und Einsatz von Spielregeln
- Berücksichtigung einer speziellen Grundhaltung (Philosophie)
- Aneignung eines Selbstverständnisses und Verhaltens als ModeratorIn
- Einsatz von gruppendynamischen und humanistisch-didaktischen Methoden

Gewichten: ➔ *Punktfragen*

Gruppenarbeit: Unter Gruppenarbeit wird eine Zusammenkunft von 3 – 8 Teilnehmern zu einem definierten Anlaß und für eine bestimmte Zeit verstanden. Gruppenarbeit wird in einer Vielzahl unternehmerischer, schulischer und lerntechnischer Situationen und Prozesse eingesetzt. Sie dient der intensiven Auseinandersetzung mit einem Themenbereich und nutzt dabei gruppendynamische und interaktive Prozesse.

Einsatzgebiete der Moderation bei Gruppenarbeit:
- Anweisung zur Gruppenarbeit
- Visualisierung der Gruppenarbeitsentwicklung
- Präsentation des Ergebnisses

Gruppenzuordnung: Um Themen oder Probleme in kleinen Gruppen bearbeiten zu können, ordnen sich die Teilnehmer den Überschriften der Themenliste zu, die sie bearbeiten wollen. Die Teilnehmer schreiben ihren Namen jeweils auf eine kleine runde Karte und pinnen diese an die Überschrift, die sie bearbeiten wollen. Es ist durchaus nicht der Normalfall, daß Probleme mit der höchsten Priorität auch zur Bearbeitung ausgewählt werden. Es ist eher so, daß sich die Beteiligten den Überschriften zuwenden, bei denen sie Einflußmöglichkeiten sehen.

Häufeln: → *Punktfragen*

Herzsymbol: → *Symbole*

Hinführung: → *Phasen moderierter Veranstaltungen*

Induktives Systematisieren: → *Karten sortieren*

Kartenabfrage: → *Kartenfragen*

Kartenflut eingrenzen: Wenn die Kartenanzahl begrenzt werden soll, formuliert ModeratorIn z.B.: „Welche schwerwiegenden Probleme ...., wichtigen Themen ....., ungewöhnliche Ideen .....?“ Durch die hinzu gefügten Adjektive begrenzt jeder Teilnehmer für sich selbst die Anzahl der Antworten.
Alternative: Bei großen Gruppen (15 oder mehr Teilnehmern)

lassen sich Zweiergruppen bilden. Die Teilnehmerpaare schreiben gemeinsam Karten und schränken dadurch die Kartenflut ein.

Kartenfragen: Zu einem definierten Problem, ausgedrückt in einer Frage, werden die Beteiligten aufgefordert, Ideen, Meinungen, Beiträge, Gefühle zu äußern. ModeratorIn weist die Beteiligten darauf hin, daß die Beiträge anonym bleiben können. Wenn später Erläuterungen zu einer Karte notwendig sind, braucht der Autor sich nicht zu erkennen geben. Die Beiträge der Beteiligten werden von diesen auf Karten geschrieben. Diese Vorgehensweise hat den Vorteil, daß sich alle gleichzeitig an der Ideenproduktion beteiligen können und nicht nur einer antwortet, wie es bei herkömmlichen Diskussionen üblich ist. Nicht nur der rhetorisch Starke kommt zu Wort, sondern alle. Außerdem muß sich jeder, der eine Karte schreibt in der Länge der Aussagen einschränken. Prinzip: Alle Beteiligte können so viele Karten schreiben wie sie wollen. Wie eine zu befürchtende Kartenflut eingrenzt werden kann, steht unter ➔ *Kartenflut* eingrenzen!

Hinweise auf Regeln zum Kartenschreiben: Speziell bei ungeübten Gruppen ist auf folgende Regel hinzuweisen. Damit die Karte weithin lesbar ist:

- mit Filzstift (oder Wachskreide) in schwarzer oder dunkelblauer Farbe schreiben
- Stift so halten, daß beim Schreiben eine Struktur in der Schrift entsteht (Kante des Filzstiftes und nicht Spitze oder Ecke benutzen; evtl. vorherige Schreibübung machen)
- Groß-/ Kleinschrift (nicht nur Großbuchstaben) verwenden
- maximal sieben Wörter und drei Zeilen je Karte

Tips für die Praxis:

- Alle Karten zulassen!
- Auch Karten mit gleichen oder ähnlichen Aussagen (Das zeigt nur, daß mehrere Teilnehmer gleiche Gedanken hatten). Wenn ModeratorIn eine doppelte Karte entfernt, kann sich der Autor/die Autorin dieser Karte dadurch betroffen fühlen, „Nebenkriegsschauplätze" können entstehen.
- Auch Karten, die „scherzhaft" oder als „Blödel"-beitrag gemeint sind, aufhängen (ModeratorIn ist nicht für die Meinungen und Aussagen der Teilnehmer verantwortlich).
- Es gibt eine Ausnahme: ModeratorIn entfernt, nach Rücksprache mit der Gruppe, solche Karten, die andere Teilnehmer oder auch Nichtanwesende diffamieren.
- Teilnehmer können jederzeit eigene Karten wieder zurückziehen.
- Die geschriebenen Karten werden entweder durch die Beteiligten selbst aufgehängt (angepinnt) oder durch die ModeratorIn eingesammelt.

Karten sortieren: Die Karten werden zu → *Klumpen* zusammengefaßt. Durch die Sortierung gleicher oder ähnlicher Aussagen erhalten Gruppe bzw. ModeratorIn eine Übersicht darüber, in welche Aspekte das Problem oder die Fragestellung aufteilbar sind.

Folgende Spielregeln ergeben sich für den Moderator:

1. Alle Karten ansprechen.
2. Alle Aussagen müssen angesprochen werden.
3. Die Teilnehmer sind in das Sortieren einzubeziehen bzw. es sollte die Strukturierung sogar ausschließlich von den Beteiligten vorgenommen werden.
4. Der Autor der Karte kann im Zweifelsfall über die Zuordnung entscheiden.
5. Bei unterschiedlichen Meinungen über die Zuordnung läßt ModeratorIn die Karte doppeln.
6. Es ist gefährlich, wenn die Oberbegriffe zu den Klumpen zu pauschal formuliert werden.

Drei Vorgehensweisen haben sich bewährt:
1. In Problemlösungsprozessen:
Frage oder Problemstellung an die Pinwand schreiben. Beteiligte zum Kartenschreiben aktivieren. Die Karten werden von den Teilnehmern ungeordnet angepinnt. Vorlesen der einzelnen Beiträge. Durch Diskussion die Beteiligten einbeziehen und die Karten sortieren. Dabei entstehen automatisch Felder mit gleichen oder ähnlichen Aussagen (➔ *Klumpen*), die im Anschluß mit gemeinsam definierten Oberbegriffen überschrieben werden.

2. Wenn es darum geht, Meinungen zu erfragen:
Die Beteiligten schreiben aufgrund der formulierten Fragestellung Karten. ModeratorIn sammelt die Karten ein und pinnt die Karten erst an, wenn die Kartenproduktion langsam zurückgeht. Jede Karte wird der Gruppe gezeigt und von den Teilnehmern zugeordnet.

3. Wenn die Teilnehmer aktiviert werden sollen:
Die Beteiligten schreiben die Karten und hängen sie ungeordnet auf. Alle Beiträge werden vorgelesen. Danach fordert ModeratorIn die Beteiligten auf, nach ihrem Gefühl und Eindruck Oberbegriffe zu benennen. Diese schreibt ModeratorIn auf ovale Karten und pinnt diese auf einer freien Pinwand an. ModeratorIn fordert die Beteiligten auf, ihre Karten unter die jeweiligen, durch die Teilnehmer geschaffenen Überschriften zu hängen.

Kartentechnik: Die Beteiligten schreiben Karten (➔ *Kartenfragen*) oder die Beteiligten antworten auf eine Frage durch Zuruf und ModeratorIn schreibt die Antworten selbst auf Karten auf (➔ Zuruffragen).

Klebepunkt: ➔ *Punktfragen*

Klebestreifen: Klebestreifen werden benötigt, wenn fertige Pinwand-Plakate an den Wänden des Arbeitsraumes befestigt werden sollen und keine weiteren Pinwände mehr zur Verfügung stehen. Zudem lassen sich daraus auch Namensschilder fertigen (➔ *Namensschilder*).

Klumpen: ➔ Karten sortieren

Klumpenbildung: ➔ Karten sortieren

Kommentarkarte: Karte in Form einer Sprechblase, die ergänzend an visualisierte Beiträge gehängt wird, um diese noch zu verdeutlichen. Bei gruppendynamischen Sitzungen kann es von Vorteil sein, die Aussagen einzelner Teilnehmer in den entsprechenden Sprechblasen zu visualisieren.

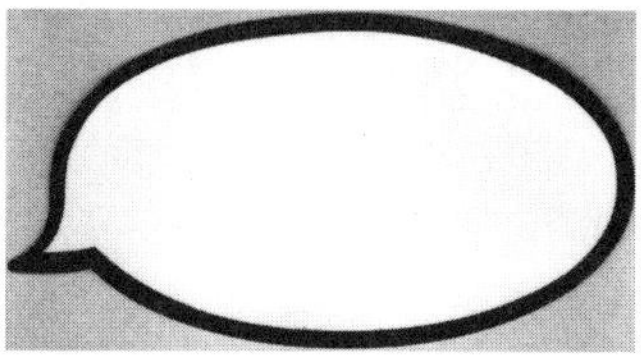

Konfliktpfeil: ➔ *Symbole*

Konstruktive Kritik: ModeratorIn kann dabei die Regeln des Brainstorming verwenden. Alex F. Osborn empfiehlt in seinem Buch „Applied Imagination“ (1963) folgenden Fragenkatalog, um Verbesserungsvorschläge zu machen: Kann ich eine Aussage evtl.anders verwenden, adaptieren, modifizieren, substituieren,rearrangieren, umkehren, oder kombinieren? Diese Art des Kritisierens ist besonders in der Phase der Bewertung und Entscheidung zu beachten, wenn Einzelne sich mit ihren Meinungen und Lösungsvorschlägen oder Erfahrungen so stark identifizieren, daß sie sich nur schwer davon lösen können. Um die Beteiligten für „konstruktive Kritik“ zu sensibilisieren, sind Spielregeln ein geeignetes Mittel. Spielregeln, die zu Beginn der Veranstaltung aufgestellt werden oder die in der konkreten Situation, die durch einen Beteiligten transparent gemacht wird, als Lösungsweg angeboten werden. (➔ *Spielregeln*)

Korrektur-Pads: Kleine Selbstklebestreifen, die zum Korrigieren der Visualisierung auf der Pinwand eingesetzt werden. Wenn sich Beteiligte oder ModeratorIn verschrieben haben oder Passagen auf der Pinwand unleserlich machen wollen, kleben sie einfach Korrektur-Pads darüber. Korrektur-Pads entsprechen in Farbe und Struktur dem Pinwandpapier und fallen nicht auf.

Launy: ➔ *Symbole*

Lernsequenz: ➔ *Phasen moderierter Veranstaltungen*

Listen: (auch Speicher genannt) sind in unterschiedlichen Situationen und zu diversen Zwecken einsetzbar. Je nach Inhalt tragen sie ihren Namen in:
- Problemliste,
- Themenliste,
- Maßnahmenkatalog,
- Teilnehmerliste,
- Offene Punkte-Liste, usw. ein

Beispiel: *Themenliste*

Nr.	Thema	Wertung	Rang

Zu Beginn der Arbeit werden „Zwischenspeicher" angelegt. Hierbei handelt es sich um Listen (auf Pinwänden), die der Gruppe ständig vor Augen bleiben. Eintragungen in Listen erfolgen nur mit Zustimmung der Gruppe. Ein typischer Verlauf: Eine Kartenfrage wird geklumpt. Aus den Klumpen zusammengehörender Beiträge wird ein Thema oder ein Problem formuliert, das auf die Themen- oder Problemliste übertragen wird. Auch Einzelbeiträge haben ihren Platz auf der Liste. Sind alle Themen auf der Liste eingetragen, kann bei Bedarf eine Bewertung oder Gewichtung (➔ *Punktfragen*) der Probleme vorgenommen werden. Das ist sinnvoll, wenn eine weitere

Bearbeitung erfolgen soll. Die Liste hilft bei Folgeveranstaltungen die Gruppenmitglieder, besonders jene, die neu hinzugekommenen sind, auf die bevorstehende Arbeit einzustimmen. Im Verlauf der Veranstaltung kann die Problemliste in ihrer Funktion als Speicher weiter ergänzt werden, und genau so können Überschriften als erledigt gekennzeichnet werden, die nach Meinung der Gruppe bedeutungslos geworden sind.

Marker: Faserschreiber bzw. Filzstifte werden in verschiedenen Ausführungen angeboten:
Für die Teilnehmer: Moderations-Marker (Tusche auf Wasserbasis) in den Farben blau oder schwarz (rot und grün lassen sich schlecht dokumentieren)
Für Trainer oder ModeratorIn: Trainer-Marker (Tusche auf Wasserbasis) in den Farben schwarz, rot, blau und grün

Maßnahmenkatalog: Ergebnis einer Arbeitssitzung. Er nimmt die beschlossenen Maßnahmen in Form einer Liste auf.
Folgende Rubriken sollten dort enthalten sein:

Nr.	Nummer der Maßnahme
Maßnahme	Beschreibung der Maßnahme (so konkret wie möglich)
Wer	Der für die Durchführung Verantwortliche sollte bei der Erstellung des Kataloges anwesend sein
Mit wem	Sonstige Beteiligte
Bis wann	Konkretes Datum (incl. Jahreszahl)

Der Maßnahmenkatalog ist damit das Ergebnisprotokoll der Veranstaltung.
Tips für den Moderator: Den Maßnahmenkatalog unter Umständen gleich zu Beginn der Veranstaltung einbringen, es ist das Ziel der Veranstaltung ihn zu füllen (kann zur Spielregeleinhaltung genutzt werden). Alle können den Katalog ständig sehen und seine Entwicklung verfolgen. Am Ende läßt er sich mit einem → *Pinwand-Protokollkopierer* dokumentieren, die Vervielfältigungen können von den Teilnehmern sofort mitgenommen werden.

Beispiel: *Maßnahmenkatalog*

Nr.	Maßnahme	Wer	Mit wem	Bis wann
1				
2				

Mehrpunktabfrage: ➔ *Punktfragen*

Mehrpunktfrage: ➔ *Punktfragen*

Moderation: Die Moderation ist eine der erfolgreichsten Methoden der Arbeit in und mit Gruppen. Sie bezieht die Menschen in Prozesse der Planung, der Problemlösung oder des Lernens mit ein, so daß sie die Prozesse selbst gestalten und damit beteiligt werden. Die Betroffenen werden zu Beteiligten. Daß das auch noch Spaß macht und zu besseren Ergebnissen in kürzerer Zeit führt, macht den Einsatz der Moderation natürlich auch ökonomisch interessant.

Moderation ist, wenn
- davon ausgegangen werden kann, daß die Beteiligten reif genug sind, um ihre Probleme selber lösen zu können,
- berücksichtigt wird, daß die Menschen in die erforderlichen Prozesse einbezogen werden und sich dabei selbst Mittel und Wege der Vorgehensweise suchen können,
- die Wertehaltung dazu führt, daß auch andere Meinungen, Betrachtungsweisen und Standpunkte ihre Daseinsberechtigung haben und zu tolerieren sind,
- beherzigt wird, daß viele Menschen mehr wissen als ein Einzelner,
- man akzeptiert, daß der Mensch ein gefühlsbetonte Wesen ist und deshalb zu ausschließlich rationalen Handlungen gar nicht fähig ist.

Moderationssequenz: ➔ *Phasen moderierter Veranstaltungen*

ModeratorIn: Er/Sie bietet den Beteiligten auf der einen Seite Vorgehensweisen an, um Probleme zu lösen oder zu lernen.

Andererseits soll er/sie die sozialen Prozesse erkennen und situativ regeln. Zur Aufgabe gehört es, die Art und Weise des Vorgehens zu erklären und Menschen zu motivieren, die Aufgabenstellungen selbst in die Hand zu nehmen. Das geschieht dadurch, daß ModeratorIn versucht, die Teilnehmer für die geplanten Abläufe und Prozesse zu sensibilisieren und entsprechende Spielregeln vereinbart. Zu seinen Aufgaben gehört, im weiteren Verlauf auf die Einhaltung der vorher gemeinsam vereinbarten Spielregeln zu achten.

ModeratorIn kann sich in der Beziehung zu den anderen Gruppenmitgliedern in unterschiedlichen Rollen wiederfinden:
- Kollege unter Kollegen
- Vorgesetzter seiner Mitarbeiter
- sowohl Mitarbeiter als auch seine Vorgesetzten sind in der Gruppe
- Spezialist unter Spezialisten
- Laie unter Spezialisten
- Wechselspiel zwischen Trainer und Moderator

Die Haltung des Moderators/der Moderatorin wird von folgenden Leitgedanken getragen:
1. ModeratorIn gesteht jedem Autonomie zu. Wer Informationen oder Hilfe benötigt, darf sich an jeden wenden.
2. ModeratorIn fühlt sich nicht verletzt oder in der Autorität unterminiert, wenn er/sie nicht im Mittelpunkt steht.
3. Er/sie akzeptiert Störungen und thematisiert sie, falls sie die gemeinsame Arbeit behindern.
4. ModeratorIn nimmt eigene Gefühle und Bedürfnisse ebenso wichtig, wie die der anderen. Er ist aber vor allem Dienstleister im Sinne der Gruppe.
5. ModeratorIn sollte Fragen nicht selbst beantworten, sondern läßt Teilnehmern Zeit und Raum zur Entwicklung.
6. ModeratorIn holt die Beteiligten dort ab, wo sie stehen.
7. ModeratorIn gibt die Macht des Allein-Verantwortlichseins für alles auf, was geschieht und was nicht geschieht.
8. ModeratorIn ist nicht mächtiger als andere, sondern Partizipant. Er/sie geht davon aus und plant, Wissen und

Fähigkeiten anzubieten, ohne sie anderen aufzuzwingen.

Namensschilder: In Seminaren, Konferenzen und Problemlösungssitzungen tragen die Teilnehmer vorgefertigte Namensschilder oder finden auf ihrem Tisch ein vorbereitetes Schild mit Namen vor. Da es in moderierten Gruppen a) keine Tische gibt und b) die lockere Form des Beisammenseins im Vordergrund steht, ist es besser, wenn sich die Teilnehmer ihr Namensschild selbst herstellen, indem sie ihren Namen auf einen Klebestreifen schreiben und den Streifen an ihrem Kleidungsstück (wo auch immer) befestigen. ModeratorIn benötigt dazu entweder fertig vorgeschnittene Klebestreifen von ca. 10 cm Länge, oder läßt die Streifen von den Teilnehmern selbst produzieren. Besonders empfehlenswert sind allerdings selbstklebende Namensschilder. Das Tragen von solchen Namensschildern trägt zur Auflockerung bei.

Oberbegriff: ➔ *Karten sortieren*

Offene Stichwortabfrage: ➔ *Zuruffragen*

Phasen moderierter Veranstaltungen: Bei Zusammenkünften von Menschen sind die Vorgehensweise und der Ablauf der Veranstaltung einer gleichbleibenden Gesetzmäßigkeit unterworfen.

1. Phase: Die Menschen kommen an und lernen sich kennen
2. Phase: Die Ziele werden definiert und vereinbart

Beginn der Moderationssequenz:

3. Phase: Einstieg, Hinführung zur Thematik
4. Phase: Informieren und Ideen sammeln
5. Phase: Bewerten und Entscheiden Vertiefen und konkretisieren

6. Phase: Prozesse werden reflektiert

Dieses Schema taucht immer wieder auf, wobei die einzelnen Phasen je nach Anlaß von unterschiedlicher Zeitintensität sein können.

Die Menschen kommen an und lernen sich kennen (1. Phase)
Die Beteiligten der Veranstaltung treffen ein. Die Teilnehmer kennen sich gut, da sie ständig miteinander zu tun haben. Oder sie sind sich unbekannt. Zwischen diesen beiden Ausprägungen wird sich die Situation zu Beginn einer Veranstaltung immer darstellen. Zu Anfang gilt es eine Atmosphäre zu schaffen, in der sich die Ankommenden wohl fühlen und miteinander Kontakt aufnehmen können.

Die Ziele werden definiert und vereinbart (2. Phase)
Durch das Thema ist bereits ein Rahmen vorgesteckt, indem sich die Veranstaltung bewegt. Zu Beginn ist es sinnvoll, gemeinsam mit den Beteiligten die Zielsetzung zu diskutieren und zu klären, welche Bestandteile für den einzelnen von Bedeutung sind. Dazu gehört der rein inhaltliche Rahmen. Welche „Lehrziele“ bei Lehrveranstaltungen, welche „Problemlösungsziele“ bei Problemlösungssitzungen haben die Veranstalter? Welche „Lernziele“, „Arbeits- oder Ergebnisziele“ haben die Teilnehmer? ModeratorIn klärt die Erwartungen der Teilnehmer. Dazu ist es allerdings unbedingt erforderlich, daß die Beteiligten über die Ausprägungen informiert werden bzw. sind. In dieser Phase sollte nicht nur das „was“, sondern auch das „wie“ geklärt werden. Wie gehen wir miteinander um? Spielregeln sind zu vereinbaren. (→ *Spielregeln*) Beide Phasen sind die grundlegende Voraussetzung, um die Arbeitsfähigkeit der Gruppe herzustellen und zu erhalten!

Beginn der Moderationssequenz: Einstieg, Hinführung zur Thematik (3. Phase)
Folgende Aktivitäten sind hilfreich, um einen Einstieg zu gestalten:

- Aktivitäten der Beteiligten transparent machen

- Moderatoren stellen Fragen
- Präsentation eines Problemkomplexes
- Sensibilisierende Übungen, Spiele oder Themensequenzen

Informieren und Ideen sammeln (4. Phase)

Informationen werden gegeben oder ausgetauscht, Ideen werden produziert, Erfahrungen werden transparent gemacht, es wird etwas erlebt. Das Prinzip, das dahinter steht: Jeder gibt seine Informationen (Wissen, Meinungen, Erfahrungen, Gefühle, etc.) ab. Alles wird visualisiert. Jeder wird von allen informiert. Hierzu setzt der Moderator besonders die ➔ *Kartenfrage* oder/und die ➔ *Zuruffrage* ein.

Bewerten und Entscheiden (5. Phase)

Die Beteiligten bewerten, beziehen Standpunkt, kritisieren, melden Zweifel an, setzen sich auseinander, entscheiden, es wird detailliert geplant. Zur Bewertung und Entscheidung setzt ModeratorIn folgende Arbeitsschritte ein:

- Klumpen bilden (Strukturierung von Aussagen)
- Punktfragen
- Problemlisten
- Wechsel der Gruppenarbeitsform (Gruppen-/Einzelarbeit)
- Präsentation
- Diskussion
- Maßnahmen planen

Nachdem die Beteiligten sich mit den ausgetauschten Informationen auseinander gesetzt haben und diese bewertet wurden, können sie jetzt damit neue Erfahrungen sammeln. Bei Trainings und Seminaren gilt es, erlernte Dinge zu üben, anzuwenden oder in Rollenspielen zu simulieren. Bei problemlösenden Veranstaltungen geht es darum, zu planen und zu Ergebnissen zu kommen. Am Ende soll ein ➔ *Maßnahmenkatalog* stehen.

Prozesse werden reflektiert (6. Phase)

Diese Phase dient dazu, Erfahrenes und Verhaltensweisen zu reflektieren. Es geht um gegenseitiges Feedback. Die Reflexion erfolgt für

a) den Ablauf (Welche Schritte , welche Arbeitstechniken waren hilfreich? Welche Dinge sollten wir verbessern? Wie sind wir mit dem Ergebnis zufrieden?)

b) die Spielregeln (Welche Spielregeln waren gut? Welche Regeln sollten beim nächsten Mal besonders beachtet werden?)

Pinwand: Die Pinwand ist unverzichtbares Zubehör für die Moderation. Vorteile der Pinwand sind ihre große Arbeits- und Visualisierungsfläche und die Möglichkeit Kommunikationskarten mit Nadeln an ihr zu befestigen.

Im Gegensatz zu anderen Medien (Flip-Chart, Overhead-Projektor oder Tafel), an denen eigentlich sinnvoll nur ein Präsentator oder Trainer (Lehrer) arbeiten kann, ist die Pinwand das demokratische Hilfsmittel für alle Teilnehmer. Alle können ständig an ihr arbeiten. Interaktion ist nicht nur erlaubt sondern Arbeitsprinzip. Für einen optimalen Ablauf einer moderierten Veranstaltung, kalkuliert ModeratorIn für je zwei Teilnehmer eine Pinwand.

Pinwandpapier: Fertig zugeschnittenes Papier, das auf die Pinwand gepinnt wird. Das Papier ist in einem hellen Braunton (Arbeitscharakter) gehalten und kaum sichtbar liniiert (Erleichterung beim Ziehen senkrechter Linien) oder in Weiß. Da qualitatives Pinwandpapier (Recycling-Papier) beim Beschriften nicht durchnäßt, läßt es sich von beiden Seiten benutzen (umweltfreundlich).

Pinwand-Protokollkopierer: Der Pinwand-Protokollkopierer ist ein Dokumentationshilfsmittel. Mit einfacher Bedienung lassen sich Aufzeichnungen auf Pinwänden, Flip-Charts und Schreibtafeln durch Scanner-Technik kopieren. Das Gerät besteht aus einem Bildsensor (der das eingestellte Motiv abtastet) und einem Thermodrucker. Das Ergebnis ist ein ca. DIN A4 großes Blatt, das fotokopierbar ist. Auf diese Art kann ein → *Fotoprotokoll* erstellt werden.

Pinwand-Technik: → *Moderation*

Präsentation: Vorteile einer Pinwand-Präsentation:
- Das Interesse der Zuhörer wird geweckt (Neugierde).
- Die Hauptpunkte des Vortrags können klar und überzeugend herausgestellt werden.
- Der Präsentator verfügt so (ganz nebenbei) über einen roten Faden, der Irrtümer und Weglassungen ausschaltet.
  Und: Andere Notizen werden nicht benötigt.
- Diese Form des Vortrages setzt eine rechtzeitige und umfassende Vorbereitung voraus.

(→ Vernissage)

Priorisierung: → *Punktfragen*

Problemliste: → *Listen*

Problemlösungssitzungen: In Problemlösungssitzungen kommen Menschen zusammen, um nach Lösungen für definierte Probleme zu suchen.

Phase: Ideenfindung

1. ModeratorIn klärt die Rolle
2. Ziele und Spielregeln werden vereinbart
3. Das Problem wird von einem Experten präsentiert
4. Die Teilnehmer setzen kreative Techniken ein, um Lösungen zu finden. z. B.: Brainstorming, Umformulierung des Problems, Analogietechniken

Regeln: Keine Kritik, alle Ideen sind zugelassen
Alle Aussagen visualisieren (Karten schreiben)

Phase: Bewertung und Entscheidung

5. Alle Aussagen (Karten) nach Oberbegriffen ordnen
6. Alle Beteiligten erarbeiten individuelle Lösungsvorschläge
7. Präsentation der Lösungen
8. Herausfinden der Gemeinsamkeiten
9. Entscheidung

10. Analyse potentieller Probleme
11. Maßnahmen planen
12. Reflexion

Folgende Einsatzgebiete der Moderation sind bei Problemlösungssitzungen möglich:
- zur Festlegung der Tagesordnungspunkte
- zur Information der Beteiligten durch Schaubilder, Abläufe, Erklärungen, etc.
- zur Anwendung von Kreativitätstechniken wie Brainstorming, Verfremdung, etc.
- zur Visualisierung des Gesprächsverlaufs
- beim Einsatz von Entscheidungstechniken
- zur Aufstellung eines Tätigkeits- oder Maßnahmenkataloges
- zur Reflexion
- zur Protokollierung

Punktabfrage: ➔ *Punktfragen*

Punktekleben: ➔ *Punktfragen*

Punktfragen: (andere Begriffe: Bewerten, Häufeln, Punkten, etc.) Punktfragen können auf unterschiedliche Art und Weise durchgeführt werden. Die zwei klassischen Varianten sind die Einpunkt- und die Mehrpunktfrage.

1. *Punktfragen zur Meinungstransparenz (Einpunktfragen)* – Diese Technik dient dazu, Meinungen in der Gruppe transparent zu machen und damit jedem Klarheit über das Meinungsspektrum zu verschaffen. Auswertung von Einpunktfragen – Um Mißverständnissen nach der Beantwortung durch Punktkleben vorzubeugen, läßt ModeratorIn die Antworten kommentieren. ModeratorIn fragt: „Welche Situationen meinen Sie?“, „Was wollen Sie ausdrücken?“, „Was verbirgt sich dahinter?“. Die Beteiligten erhalten die Möglichkeit, sich verbal, also über den geklebten Punkt hinaus zu äußern. Die Antworten, die die Beteiligten ModeratorIn zurufen, werden auf die Pinwand

(zu dem jeweiligen Punkt) oder auf Karten (falls ModeratorIn diese später nach Kriterien sortieren will) notiert, um die Hintergründe der einzelnen Punktung zu dokumentieren. Um daraus Entscheidungen abzuleiten, muß die Gruppe einen Entscheidungsprozeß durchlaufen. Die Einpunktfrage dient ausschließlich dazu, die Meinungen oder Stimmungen in der Gruppe deutlich zu machen.

2. *Punktfragen zur Bewertung (Mehrpunktfragen)* – Wenn aus einer Vielzahl von Themen, Ideen oder Problemen eine Auswahl getroffen werden soll, wählt ModeratorIn dazu die Mehrpunktfrage. Gleichgültig ob bestimmte Themen der Gruppe vorgegeben werden (z.B. Liste mit Tagesordnungspunkten einer Besprechung) oder ob die Gruppe sich die Themen- oder Problemliste selbst erarbeitet hat, die Bewertung durch Punkte führt zu einer höheren Identifikation der Beteiligten mit der weiteren Vorgehensweise. Wieviel Klebepunkte bekommt jeder Teilnehmer? Die Faustregel lautet: Anzahl der Themen (oder Probleme) dividiert durch zwei. Hat die Gruppe z.B. 15 Probleme, die bewertet werden sollen, erhalten die Teilnehmer jeweils sieben oder acht Punkte. ModeratorIn vergibt allerdings höchstens zehn Klebepunkte für einzelne, da es sich als sehr schwierig erweist z.B. aus einer Liste von 40 Themen die 20 wichtigsten auszuwählen. Wenn alle Punkte verklebt sind, zählt ModeratorIn die Punkte aus. Daraus entsteht für die Gruppe eine Rangreihe. Gewichtung der Klebepunkte bei der Mehrpunktfrage – (auch Häufeln genannt) Empfehlung: Ein Thema mit maximal zwei Punkten bewerten, da sonst von den Teilnehmern zu wenig differenziert wird. Die Gewichtungsregel muß erklärt werden und wird durch ModeratorIn auch immer visualisiert. Danach wird in Anwesenheit der Gruppe eine Rangreihe ermittelt. Dazu zählt ModeratorIn die Punkte pro Thema aus und schreibt die Rangzahlen in die dazugehörige Spalte.

Für alle Varianten der Punktfragen gilt:
- Die Fragestellung wird visualisiert und transparent gemacht.

- Alle Beteiligten erhalten gleichfarbige Klebepunkte!
- ModeratorIn gibt den Teilnehmern die Punkte in die Hand (um die Hemmschwelle des Aufstehens zu überwinden).

Punktwertung: ➔ *Punktfragen*

Folgende Einsatzgebiete der Moderation sind bei Qulitätszirkelgruppen sinnvoll:
- Findung und Abgrenzung der Stärken und Schwächen (Probleme)
- Festlegung der Tagesordnungspunkte
- Visualisierung des Gesprächsverlaufs
- Aufstellung eines Tätigkeits- oder Maßnahmenkataloges
- Vorinformation der Beteiligten durch Schaubilder, Abläufe, Erklärungen, etc.
- Anwendung von Kreativitätstechniken wie Brainstorming, Verfremdung, etc.
- Protokollierung

Rangreihe: ➔ *Punktfragen*

Reflexion: ➔ *Phasen moderierter Veranstaltungen*

Regeln: ➔ *Spielregeln*

Schrift: Übungskarte mit Buchstaben

Empfehlungen:
- Verwenden Sie visualisierungsgerechte Filzstifte oder Faserschreiber.
- Nehmen Sie den Stift so in die Hand, daß Sie mit der breiten Kante schreiben

- Verwenden Sie Groß- und Kleinbuchstaben in Druckschrift.
- Halten Sie die Ober- und Unterlängen der Schrift kurz.
- Schreiben Sie die Buchstaben eng aneinander und machen Sie Wortabstände deutlich erkennbar.

Sequenz: ➔ *Phasen moderierter Veranstaltungen*

Spielregelliste: ➔ *Spielregeln*

Spielregeln: Vor Beginn einer Veranstaltung werden Spielregeln vereinbart, um so ein Instrument zu haben, mithilfe deren die Arbeitsfähigkeit der Gruppe gewährleistet werden kann. Das geschieht am besten dadurch, daß die Beteiligten sich selbst ein Regelwerk erarbeiten. Die gefundenen Regeln werden auf einer Spielregelliste festgehalten. Ist eine Gruppenarbeit zur Spielregelvereinbarung (z.B. aus zeitlichen Gründen) nicht möglich, empfiehlt es sich, ein Spielregelposter zu präsentieren und über die wichtigsten Regeln entscheiden zu lassen.

Spielregel-Empfehlungen: *Jeder ist für die Zielerreichung mitverantwortlich!* Das ist die zentrale Spielregel. Wie kann Mitverantwortung in die Tat umgesetzt werden? Dadurch, daß Spielregeln angewandt werden. Beispiele für weitere Spielregeln:
- Alle Aussagen visualisieren
- Beseitigung von Störungen hat Vorrang
- Konflikte thematisieren
- Jeder sorgt für Ordnung

Eine weitere Vereinbarung lautet:
Wir wollen dafür sorgen, daß die Regeln eingehalten werden! Es läßt sich z.B. vereinbaren, daß bei Nichteinhaltung der Spielregeln die grüne Karte gezeigt wird. Damit wird signalisiert, daß es wieder „vorwärts“ gehen soll. Rote oder gelbe Karten haben eher eine negative Auswirkung, da die Beteiligten sich wie beim Fußball „vom Platz gestellt“ fühlen.
Nachdem ein Teilnehmer/eine Teilnehmerin die grüne Karte hebt, fragt ModeratorIn, was gemeint ist. In vielen Fällen wird

deutlich, daß die Verbesserungsvorschläge von den anderen Teilnehmern mitgetragen werden.

Spielregelverstöße: → *Spielregeln*

Stichwortfragen: Die Teilnehmer liefern Antworten zu einer gestellten Frage in Stichwortform, durch Schreiben von Karten (Kartenfragen) oder durch Zuruf (Zuruffragen).

Störungen: → *Spielregeln*

Strukturierte Fragen: Strukturierte Fragen setzt ModeratorIn ein, wenn in Kleingruppen gearbeitet wird oder bestimmte Aspekte im Vordergrund des Interesses stehen. Dazu wird auf einer Pinwand eine Struktur vorbereitet, auf der bestimmte Felder mit Fragen und Überschriften vorgegeben sind. Die Beteiligten produzieren Karten und hängen sie in die dafür vorgesehenen Felder.

1. *Pro und Contra-Schema* – ein Schema der Vorstrukturierung. Hier gilt die Regel: Jedes Gruppenmitglied kann mindestens ein Pro- und ein Contra-Argument zu einer formulierten These oder Frage nennen.
   Beispiel: „Atomkraftwerke sind unbedingt erforderlich!"
   Pro: ohne Atomstrom ist unsere Energieversorgung gefährdet; Atomstrom können wir für andere Zwecke verwenden; an unserem Know-how auf diesem Gebiet hängt ein großes Auslandsgeschäft.
   Contra: hohe Wärmebelastung für unsere Umwelt; was wird aus dem Atommüll?; wir müssen uns daran gewöhnen, in Zukunft mit weniger Energie auszukommen.

2. *„Aus-der-Sicht-von" – Schema* – Diese Frage ist hilfreich, wenn eine Gruppe Maßnahmen beschließen soll, von denen andere betroffen sind. Es kann so aufgeteilt werden, daß die Beteiligten gefragt werden, welcher Personenkreis insgesamt betroffen ist. Dann: „Wie stellt sich unser Problem, unsere Maßnahme den Betroffenen dar? Welche Betrachtungsweise

vermuten wir? (aus der Sicht von: Betriebsrat, Unternehmensleitung, Sekretärin, Kunden und ....). Am einfachsten ist es, wenn die Beteiligten wieder Karten schreiben, die sie selbst zuordnen.

Beispiel: „Vor- und Nachteile der Mitbestimmung!"
aus der Sicht der Gewerkschaften, Unternehmer, Arbeitnehmer, leitender Angestellten

Diese Frage ermöglicht allen Beteiligten unterschiedliche Standpunkte einzunehmen und fördert so das Verständnis für andere Ziele.

3. *„Fünf-Kapitel-Überschriften"* – Schema – ModeratorIn fordert die Teilnehmer auf, zu einem Thema ein Buchkonzept zu erarbeiten und dazu fünf Hauptkapitel inhaltlich in Überschriften zu beschreiben. Jeder schreibt fünf Karten, welche die Kapitel-Überschriften seines „Buches" darstellen. Die Karten werden angepinnt und ergeben so eine Vielfalt von Meinungen und Darstellungen zum Thema. Das Schema eignet sich besonders gut, wenn Unsicherheit in der Gruppe aufkommt, ob ein Thema auch ausreichend behandelt wurde.

Beispiel: „Abhängigkeit der Mitarbeitermotivation von der Bezahlung!"

Teilnehmerbeitrag 1:
- Keine gerechte Bezahlung, keine Leistung.
- Die Leistung steigt proportional zur Entlohnung.
- In den Grenzbereichen treffen die Aussagen 1. und 2. nur bedingt zu.
- Gute Leistungen sind eine Selbstverständlichkeit.
- Die Mitarbeiter sollen ihre Motivation von zu Hause mitbringen.

Teilnehmerbeitrag 2:
- Eine gerechte Bezahlung führt nicht zur Begeisterung, son-

dern nur dazu, daß keine Unzufriedenheit aufkommt.
- Andererseits ist eine angemessene Bezahlung die notwendige Basis, um motivieren zu können.
- Außerplanmäßige, finanzielle Leistungen bringen eine kurzfristige Motivation, wirken aber nicht langfristig.
- Die Grundhaltung der Führungskräfte hat mehr Einfluß auf die Motivation als Geld.
- Durch gute Motivation steigt die Leistung und damit auch die Möglichkeit, besser zu bezahlen.

4. „Konzentrische Kreise" - Schema - Jedes Gruppenmitglied nennt mindestens je ein Argument, das
1. direkt zum Thema gehört,
2. mittelbar zum Thema gehört,
3. entfernt zum Thema gehört.

Dieses Schema hat den Vorteil, daß die Beteiligten ein Thema gut strukturieren können und daher die Identifikation mit dem Ergebnis sehr hoch ist.

Beispiel: „Maßnahmen sollen geplant werden. Die Struktur könnte sein:"
1. Das müßte sofort unternommen werden.
2. Das ist auch noch zu bedenken.
3. Das ist nicht von Bedeutung.

oder
„Die Beteiligten an einer Präsentation stellen die Forderung auf:"
1. Das wollen wir unbedingt in der Präsentation hören.
2. Das möchten wir lieber anderweitig erfahren.
3. Das sollte besser weggelassen werden.

Strukturierte Kartenfrage: ➔ *Strukturierte Fragen*

Strukturierung: ➔ *Karten sortieren*

Symbole:
Fragezeichen - Teilnehmer, denen eine visualisierte Aussage

unklar ist, verwenden hier ein Fragezeichen. Antworten bzw. Ergänzungen, die sich aus Fragen ergeben, werden auf eine ➔ *Kommentarkarte* geschrieben und zum Fragezeichen gehängt.

Konfliktpfeil – Möchte jemand an einem Gesprächsbeitrag Kritik üben bringt er/sie einen Pfeil an der entsprechenden visualisierten Aussage an und drückt aus, daß er/sie damit nicht einverstanden ist. Will jemand zusätzlich zum angebrachten Pfeil seinen Konflikt auch verbalisieren, visualisiert ModeratorIn die Beiträge des Kritikers (Blitz) und des Kritisierten (Donner) mit Kommentarkarten.

Sympathieherz – Will ein Teilnehmer seine Zustimmung oder besondere Begeisterung zu einem visualisiertem Gedanken ausdrücken, kann er das mit dem Herzsymbol. Ähnlich wie bei dem Konfliktpfeil, wird über diese Bewertung gesprochen.

„Launy“ – Durch ein Gesichtssymbol, das sich die Teilnehmer anheften, kann jeder sofort die Stimmung einzelner oder der Gruppe erkennen. Die Arbeitsfähigkeit der Gruppe beeinflussenden Stimmungen können so signalisiert und somit thematisiert werden.

Sympathieherz: ➔ *Symbole*

Tätigkeitskatalog: ➔ *Maßnahmenkatalog*

Teilnehmermarker: ➔ *Marker*

Themenkatalog: ➔ *Listen*

Themenlisten: ➔ *Listen*

Themenspeicher: ➔ *Listen*

Trainermarker: ➔ *Marker*

TZI-Dreieck: Das Modell der „Themenzentrierten Interaktion“ (entwickelt von Ruth Cohn) macht verständlich, welche Kräfte eine Gruppe beeinflussen. Das Dreieck enthält folgende Komponenten:

ICH: Jeder Teilnehmer/jede Teilnehmerin verfolgt individuelle Ziele. Das sind nicht nur formale Ziele und Absichten, sondern vielmehr emotionale Aspekte, wie Egoismus, Triebe, Streben nach einerseits Macht oder nach andererseits Geborgenheit, verletzte Gefühle etc. Dadurch entstehen Kräfte, die das Zusammenarbeiten und die Ergebnisse in der Gruppe beeinflussen.

WIR: Die Teilnehmer entwickeln ein Gefühl sozialer Zugehörigkeit. Daraus entstehen Beziehungen zueinander, zu „Cliquen“ oder zur gesamten Gruppe. Das sind Kräfte, die das Zusammenarbeiten und die Ergebnisse beeinflussen.

ES: Das ES ist die Sache, das Ziel, das es zu erreichen gilt. Das ES ist dem ICH und dem WIR gegenüber gleichüberechtigt.

Balance von ICH/WIR/ES: Wenn ModeratorIn mit einer Gruppe arbeitet, ist es seine Aufgabe, dieses Dreieck in der Balance zu halten. Kurzfristige Ungleichgewichtszustände können dem Prozeß durchaus wichtige Impulse geben. Wenn ein Dreieck aus der Balance Gerät, kann dieses wiederhergestellt werden, indem ModeratorIn entweder Übergewicht auf der einen Ecke wegnimmt oder mehr Gewicht auf die beiden anderen Ecken zugibt.

Also:
- Übergewicht auf der ICH-Ecke (z.B. durch Dominanz eines Teilnehmers)

Lösung: Dominanz abbauen (Spielregeln anwenden) oder ignorieren und mehr Gewicht auf die Gemeinschaft, die Gruppe (das WIR) legen, z.B. durch Kleingruppenarbeiten und gleichzeitige Betonung der Ziele.

- Übergewicht auf der WIR-Ecke (z.B. „Friede-Freude-Eierkuchen"-Situation in der Gruppe)

Lösung: Mehr Individualarbeit, Einzelegoismen entwickeln lassen und gleichzeitig Betonung der Ziele.

- Übergewicht auf der ES-Ecke (z.B. das Ziel und die Restriktionen dominieren alles)

Lösung: Mehr Gewicht auf die ICH- und WIR-Ecke durch Stimulation des Gemeinschaftsgefühls und zusätzlicher Ansporn individueller Aspekte (z.B. Spaß zulassen).

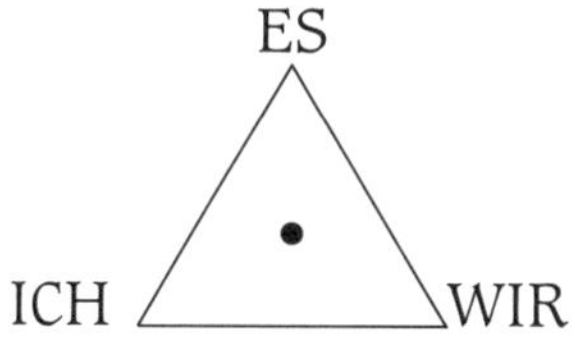

Umformulierungen: In der richtigen Formulierung einer Frage oder einer Problemstellung ist oft schon die Lösung versteckt. Umgekehrt werden die Problemlöser durch eine „schlechte" Problemformulierung in die Irre geschickt oder blockiert. In Problemlösungsgruppen übernimmt ModeratorIn zunächst die vorgegebene Problemstellung oder -formulierung des Experten und läßt dazu spontane Lösungsansätze schreiben. In einem weiteren Schritt wird das Problem um- oder neuformuliert. ModeratorIn erreicht, daß das Problem in völlig neuem Zusammenhang gesehen wird, neue Aspekte erkannt werden und die Teilnehmer sich so von eingefahrenen Gleisen lösen können.

Verdeckte Stichwortabfrage: → *Kartenfragen*

Vernissage: Besondere Variante der Präsentation, bei der die Beteiligten von Pinwand zu Pinwand gehen und ihre Fragen, Meinungsverschiedenheiten, Zustimmungen und Ergänzungen an den Ergebnissen anbringen. Die angebrachten Symbole werden anschließend diskutiert. Bei der Vernissage ist eine starke

Beteiligung und Auseinandersetzung mit den Ergebnissen anderer feststellbar. (Symbole)

Vertiefen: → *Phasen moderierter Veranstaltungen*

Visualisierung: Durch die Visualisierung (optische Darstellung) aller Gesprächsbeiträge und Ideen ist es den Teilnehmern möglich
- den „roten" Faden zu behalten,
- Gedanken anderer nachzuvollziehen,
- in abgehandelten Gesprächsteilen „nachzublättern".

Darunter versteht man die Möglichkeit, das gesprochene Wort zu ergänzen und dadurch Mißverständnisse zu vermeiden. Visualisierung muß übersichtlich sein, das gesprochene Wort soll nicht ersetzt, sondern ergänzt, unterstützt und sogar erweitert werden.

Hinzukommende können
- an den momentanen Gesprächsstand anknüpfen,
- den bisherigen Gesprächsverlauf erkennen,
- den Informationsstand der Gruppe erreichen.

Folgende Anordnungen bieten sich an:

Die *Symmetrie* bedient sich der Spiegelachse. Sie eignet sich zur Darstellung von komplexen, vielleicht sogar konträren Sachverhalten.

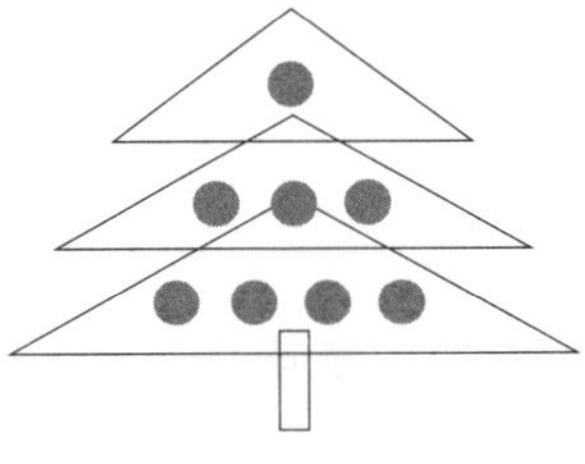

Die *Reihung* ist die Grundstruktur für Listen und Tabellen. Die Elemente sollten in gleichen Abständen und in der gleichen Richtung angeordnet werden.

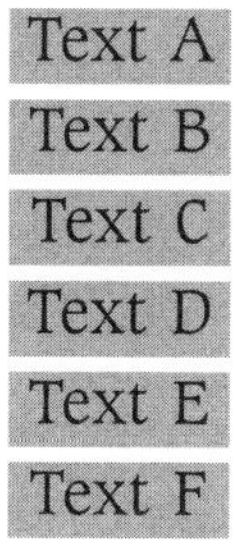

Der *Rhythmus* verlangt einen gleichmäßigen Wechsel von Elementen oder die Anordnung einer Elementengruppe.

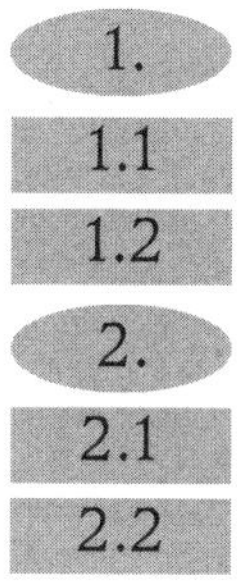

Dynamik erlaubt eine weitgehende Lösung von Sachzwängen und ermöglicht dem Visualisierenden ein Höchstmaß an Kreativität und Spontanität. Sie dient der Darstellung von Offenheit und Vielfältigkeit.

Moderations-Regeln für die Visualisierung:
- Nutzen Sie gleiche Farben und Formen für dieselben Sinnzusammenhänge.
- Visualisierung ist für die Gruppe da.

Visualisierungstechniken: ➔ *Visualisierung*

Visualisierungsregeln: ➔ *Visualisierung*

Warming-up: ➔ *Phasen moderierter Veranstaltungen*

Zielvereinbarung: Zuerst stellt ModeratorIn die einzelnen Lernsequenzen, die Problemlösungsschritte oder die Diskussionspunkte vor, je nach Veranstaltungsart. Die einzelnen Schritte werden genau erklärt, die Vorgehensweise wird beschrieben, auch das angestrebte Ziel. Danach definieren die Teilnehmer, welche Themen für den einzelnen wichtig sind, in welcher Ausprägung jeder was erreichen möchte. Die Ergebnisse werden im Plenum diskutiert. Danach entwickelt ModeratorIn gemeinsam mit den Beteiligten eine entsprechende Vorgehensweise.

Zurufabfrage: ➔ *Zuruffragen*

Zuruffragen: Auf eine vom ModeratorIn visualisierte und erläuterte Frage rufen die Beteiligten die Antworten zu. ModeratorIn visualisiert die Aussagen auf der Pinwand oder schreibt Karten mit dem Frageinhalt. Für die Fragestellung gilt gleiches wie bei der Kartenfrage. Durch die offene Art der Antwort ergeben sich zum Teil auch andere Einsatzmöglichketen. Die Anzahl der Antworten ist meist geringer als bei der ➔ *Kartenfrage*. Gegenüber der Kartenfrage hat die Zuruffrage den Vorteil, daß der ausgesprochene Beitrag stimulierend auf die anderen Teilnehmer wirkt und Assoziationen in Form von neuen Ideen bewirkt, oft von Vorteil bei der Suche nach kreativen Problemlösungen.

Stichwortregister Seite

IV. ModeratorIn

V. Die Arbeitstechniken der Moderation

VI. Ablauf einer Veranstaltung

VII. Arbeitsergebnisse

VIII. Hilfsmittel der Moderation

IX. Visualisierung

Literatur- und Quellenverzeichnis

K. Klebert, E. Schrader, Straub, G. Walter:
KurzModeration, Verlag Windmühle GmbH, Hamburg

B. Langmaack, Braune, M. Krickau:
Wie die Gruppe laufen lernt, Psychologie Verlags Union, München

R. Neuland, M. Neuland: Ein nützlicher Ratgeber für Flip-Chart Benutzer, Institut Neuland, Eichenzell

K. Lumma: Strategien der Konfliktlösung, Verlag Windmühle GmbH, Hamburg

M. Neuland: Ganzheitliches Lernen, Institut Neuland, Eichenzell

M. Neuland: Farben in der Moderation, Institut Neuland, Eichenzell

Für Ihre Notizen

Für Ihre Notizen

Michéle Neuland:

Neuland-Moderation

1995

Die Moderation ist eine der erfolgreichsten, interaktiven Arbeits- und Weiterbildungsmethoden. Ein interdisziplinäres Expertenteam von Neuland hat in zweijähriger Arbeit die Methode entscheidend weiterentwickelt. Die Innovationen sind durch wissenschaftliche Arbeiten und Erfahrungen bedeutender Praktiker der Moderationsmethode abgesichert und belegt. Ein ganz entscheidender Aspekt der Innovationen ist die Einbeziehung ganzheitlichen Lernens. Es bildet die Klammer um die einzelnen Arbeitstechniken der Moderation. Das Buch beinhaltet zahlreiche Beispiele und praktische Tips, auch für erfahrene Moderationsanwender. Die Vielfalt der Anwendungsmöglichkeiten der Moderation wird ebenso beschrieben wie die wissenschaftlichen Hintergründe zur Ganzheitlichkeit. Aktualität und umfassendes Basiswissen rund um die Moderation werden dieses Buch zu einem modernen Standardwerk machen. Unverzichtbar für jeden Weiterbildner, Pädagogen und all jene, die in und mit Gruppen arbeiten.

Art.-Nr. 64120 DM 98,00

M. Tosch, M. Neuland, R. Neuland:

Neuland-*Moderation*

Die Moderation ist eine der erfolgreichsten, interaktiven Arbeits- und Weiterbildungsmethoden.

Ein interdisziplinäres Expertenteam von Neuland hat in zweijähriger Arbeit die Methode entscheidend weiterentwickelt. Die Innovationen sind durch wissenschaftliche Arbeiten und Erfahrungen bedeutender Praktiker der Moderationsmethode abgesichert und belegt. Ein ganz entscheidender Aspekt der Innovationen ist die Einbeziehung ganzheitlichen Lernens. Es bildet die Klammer um die einzelnen Arbeitstechniken der Moderation.

Das Video (2 x 40 min.) zeigt in didaktisch nachvollziehbaren Schritten die einzelnen Elemente der Neuland-Moderation. Praktische Beispiele und die Vielfalt der Anwendungsmöglichkeiten (wie Problemlösungs-, Lernprozesse, Besprechungen u.a.) runden den Film ab. Das Begleitheft „Brevier der Neuland-Moderation" erläutert die einzelnen Begriffe zur Moderationsmethode. Praktische Tips und die leichte Handhabbarkeit machen das Bre- vier zu einem hilfreichen Nachschlagewerk. Ein Film mit vielfältigen Einsatzmöglichkeiten: orbereitung für eine Moderation, in Trainingssituationen, als Nachbe- reitung bzw. Auffrischung der Kenntnisse. Dieses Video, in Kombination mit dem „Brevier der Neuland- Moderation", ist unver- zichtbar für Weiterbild- ner und all jene, die in und mit Gruppen arbeiten.

VHS, 2 x 40 min. Laufzeit

Art.-Nr. 64075 DM 327,75

„Die moderierte Besprechung“

Länge: 18 min., VHS, Buch „Die moderierte Besprechung“

Auf anschauliche Weise wird im ersten Teil des Films eine Besprechung im Comicstil gezeigt – uneffektiv, wirr, unbefriedigend für alle Beteiligten. Im zweiten Teil zeigt der Film eine moderierte Besprechung in logischen, praktischen Schritten. Der Betrachter erlebt die Vorteile einer Methode, die jede Besprechung bereichern und verändern wird.

Art.-Nr. 64004 DM 199,00

Ein Plus für die Schule

Peter Nissen, Uwe Iden
KURSKORREKTUR SCHULE
Ein Handbuch zur Einführung der Moderations-Methode im System Schule für die Verbesserung der Kommunikation und des Miteinander Lernens.
Band 1 der Reihe ModerationsMethode in der Praxis, Herausgegeben von Einhard Schrader,
220 Seiten, geb., zahlr. Abb., DM 39,80
ISBN 3-92278-43-9

KursKorrektur Schule macht den Einstieg in die ModerationsMethode leicht. Punktgenau auf den Schulbedarf zugeschnitten finden Sie hier 15 Beispielabläufe, die sofort in die Praxis umsetzbar sind. Abläufe, die Anregungen vermitteln, wie Sie Konferenzen zielgerichtet und ergebnisreich führen, Elternabende problem- und teilnehmerorientiert gestalten sowie Unterrichtsstoffe lebendig und engagiert vermitteln. Die Beispiele entstammen der Kollegiums- und Leitungsebene (4 Abläufe), der Zusammenarbeit mit den Eltern (3 Abläufe) und der induviduellen Ebene (7 Abläufe aus dem Unterricht). Eine ausführliche Einführung in die Grundlagen der Methode und wie man sie in das System Schule integrieren kann, runden das Buch ab. Als Herausgeber garantiert Einhard Schrader, einer der Erfinder der Methode, den Qualitätsstandard. Ein Buch für jeden, der sich mit dem „Erlebnislernen und Erlebnislehren" neu aus-einandersetzen möchte.

In Vorbereitung:
A. Redlich, B. Richter
SCHWIERIGE GESPRÄCHE
Ein Praxisleitfaden für Schulleitung und Lehrerfortbildung. Fallbeispiele und Verhaltensplanspiel.
ca. 180 Seiten, ca. DM 30.–, ISBN 3-92278-63-3
Schulleiter und Lehrer werden zunehmend mit kritischen Gesprächssituationen konfrontiert, die es gilt, souverän und sicher zu bewältigen.Dieser Praxisleitfaden vermittelt Anregungen, das eigene Kommunikationsverhalten zu überprüfen und eine konstruktive Gesprächsatmosphäre herzustellen. Die Fallbeispiele bieten dazu ein breites Übungsfeld.

Windmühle GmbH
Verlag und Vertrieb von Medien
Postfach 551080 • 22570 Hamburg
Telefon 040/86 83 07
Telefax 040/86 63 123